悪党研究会◉編

南北朝「内乱」

岩田書院

はしがき

本書は、二〇一七年六月十七日に開催された悪党研究会主催シンポジウム「南北朝「内乱」」の成果論文集である。昨今、南北朝・室町期研究の進展がめざましい。とりわけ政治史・軍制史の分野において、公武関係、初期室町幕府機構や守護支配などの解明が進んだことで、政治過程の分析が極めて精緻化し、重要な成果をもたらしている。このように、南北朝・室町期研究は、室町幕府との連続性を含めた議論とともに活発な研究状況にあるのだが、その一方で、南北朝の「内乱」という視点が、近年の研究にて後景化、さらには欠落している状況がみうけられる。当該期社会の大きな特徴をあげるならば、皇統の分裂にともなう約六十年という長期間かつ列島を巻き込む全国内乱に発展したことであろう。しかし、近年の研究で、「内乱」それ自体が注目されることはなく、南北朝内乱が室町幕府成立の過渡期的な評価に止まっている場合もみられ、「内乱」という重要かつ深刻な研究課題が欠落しているのではないだろうか。かかる状況を踏まえ、本シンポジウムは、あらためて南北朝内乱の「内乱」という側面に焦点をあて、「内乱」から見通せる社会の実態を明らかにすることを目的に企画されたのである。

そもそも日本史学側では、「内乱」そのものの語義(「動乱」「戦争」の使用の是非も含め)に関した十分な議論は、これまで蓄積されておらず、「内乱」の捉え方は論者によって一定していない。それゆえ、本シンポジウムでは、「内乱」を共通テーマとして掲げつつも、あえて「内乱」に関する共通見解をあらかじめ統一することはしなかった。論者それぞれの見解から「内乱」をあらためて正面から問い直すことで、いったい何が見えてくるのか。本シンポジウムは、昨今の研究状況に鑑みた、実験的な試みでもある。

本書には、十一本の論文を二部に分けて収録している。

第Ⅰ部「シンポジウム」は、先述した「南北朝「内乱」」シンポジウムの成果であり、当日の報告者三名に、当日のコメンテーター佐藤公美氏の報告を加えて原稿化した四本の論文からなっている。

市沢哲「十四世紀内乱を考えるために―『太平記』再読―」は、『太平記』を信頼・経験・時間的経過の新視点を導入して読み直し、中世社会固有の人間関係の延長線上に内乱のプロセスとダイナミズムを見据え、今後の内乱史研究が進むべき指針を提示している。廣田浩治「楠木一族と南北朝内乱―楠木正儀の地域支配―」は、これまで看過されてきた楠木正儀の、地域権力としてのあり方を関係文書の博捜から明らかにすることで、幕府・南朝と地域社会の狭間で苦悩する、戦争権力楠木氏の実態とその限界を論じる。徳永裕之「南北朝期の名主・荘官職相論と守護被官の形成」は、内乱の内在的要因が鎌倉末期から激増する名主・荘官層の職をめぐる紛争にあり、その内実が在地での「相伝」と「軍忠」という正当性をめぐる由緒の対立関係であるとし、内乱そのものの本質に据える。佐藤公美「「内乱」の歴史の射程―悪党研究会シンポジウム「南北朝「内乱」」へのコメント―」は、本シンポジウム全体と各報告内容へのコメントを通じて、名主・荘官・沙汰人を「ローカル・エリート」と概念化するなど、「内乱」を媒介に日本中世史とイタリア中世史での共有可能な枠組みを追求し、両者を架橋する重要な提言がされる。また、「シンポジウム討論〈要旨〉」は、報告に引き続き、櫻井彦氏を司会として行われた当日の討論内容の要旨を記録したものである。

第Ⅱ部「特論」には、各報告者の報告内容やシンポジウム当日の議論を踏まえ、それぞれの問題関心に引き付けて「南北朝「内乱」」というテーマのもとに寄稿していただいた論文を収めた。

蔵持重裕「「太平記」にみる庶民の活計 二題―交換と世評―」は、略奪や噂を通じて、戦争が准日常化された内乱を生き抜く人々の、社会や生活それ自体を成り立たせる要因を『太平記』の記述から探る。渡邉浩史「良慶・大進房・姫鶴女―正和四年兵庫関悪党事件の背景―」は、交名の分析から、当該期の兵庫関が延暦寺を含む複数の権門と関係を結ぶ金融・運送業者の連合体であったことを指摘する。山野龍太郎「東国武士と南北朝内乱―武蔵国足立郡三室郷の平氏一族を中心として―」は、足立郡三室郷の平氏一族の動向を追い、内乱期東国武士の本領における秩序維持を論じる。牡丹健一「紀伊国飯盛城合戦の実像―六十谷定尚の考察を中心に―」は、飯盛城合戦の経過と歴史的意義を、湯浅党六十谷氏の分析から再検討を加える。徳永健太郎「建武新政下の宇佐大宮司職相論―到津公連の評価をめぐって―」は、先行研究で宇佐宮の一円荘園制による地域権力化契機とされた建武政権が、むしろ地域に混乱と反発を生み出したことを明らかにする。渡邊浩貴「建武政権・南朝の武力編成と地域社会―武者所職員の事例から―」は、武者所職員に地域権力としての性格を見出し、同機関が南朝の中央―地方における軍事行動の媒介たる機能を有したことを指摘する。小林一岳「南北朝内乱と悪党・地域秩序・幕府―伊勢国大国荘を中心に―」は、大国荘悪党事件に取材して、幕府と地域間の複線的な紛争解決ルートをあきらかにし、地域秩序と国家秩序とが複雑に絡まり合う様相を示す。

「南北朝「内乱」」をテーマとしたシンポジウム当日の各報告と討論内容、本書に掲げた各論考をみても、多種多様な論点が提示されていることが了解されよう。南北朝時代を、あらためて「内乱」を切り口に再考するという、我々の当初のシンポジウム企画の目的はおおよそ達成することができたといえる。もちろん、「内乱」を再度正面に据えて考えていくことの試みは始まったばかりである。当該期の社会を、「内乱」を窓として見通した先に何が見えてくるのか。今後も悪党研究会では会員ともども議論していきたい。大方のご叱正を賜れれば幸いである。

渡邊　浩貴
牡丹　健一

目次

I　シンポジウム

十四世紀内乱を考えるために
―『太平記』再読―

市沢　哲

はじめに

　十四世紀内乱―ここでは鎌倉幕府の滅亡から南北朝期の内乱をこう総称する―は、かつては中世という時代を前後に画する社会変革期として分析されてきた。近年、このような研究史を批判的に継承しながらも、様々な新しい観点からの研究が進められている。簡単に振り返ってみても、公武関係論、初期室町幕府諸機構に関する研究、悪党と一揆に代表される地域諸勢力の動向に関する研究、軍事指揮権や恩賞付与の構造と展開に関する研究、合戦の実態に関する研究、加えて最近では南朝研究をタイトルに冠した書籍や、伝記も多く発表されている。また、内乱から平時への展開の特色を地域ごとにまとめ、列島規模で総括する試みもなされるようになってきた(1)。

　このようななかで、十四世紀内乱を分析する新しい視角について改めて考えるというのが、本報告に課されたテーマであるが、右のような多様な視点が提示されている状況を踏まえると、包括的な問題提起を行うことは容易ではない。そこでここでは、具体的な目標を、『太平記』を素材として十四世紀の合戦の実態を復元し、そこから内乱について考える視点を模索することに定めたい。ではなぜ、今さらこのような素朴な作業を行うのか、以下その理由を述べておきたい。

まず第一に、合戦の場に注目することは、内乱を動態において把握する基本的な方法になると考える。十四世紀内乱を社会変革という観点から分析してきたかつての議論は、社会全体を包括する大きな仮説を提示しえたが、それは、内乱の原因と結果(意義)を強い因果関係で直結させる議論の枠組みによるところが大きかった。その結果、個々の歴史的主体の行動や、ミクロな動きが内乱というマクロな動きにどう展開していくのか等、内乱の動態については、その議論の枠組みに従属させて理解することになった。(2) 多様な観点からの研究が進みつつある今、人々が合戦においてどのように行動したのかという、個別的な分析の積み重ねから内乱の実態を再構築していく作業が、改めて必要だと考える。

第二に、『太平記』を内乱史研究の史料としてどう活用するのかという問題がある。最近、『太平記』が固有の歴史観(「太平記史観」)をもっていることを強調する傾向がある。(3) 確かに『太平記』は客観的叙述で貫かれている史料ではなく、扱いに慎重さが必要である。しかし、十四世紀内乱を考える上で、『太平記』は古文書・古記録等の文字史料にはない二つの特徴的な記述を持っている。ひとつは、合戦の道具、施設、人々の行動上の決まり事など、「あたりまえ」であるが故に一般の一次史料には残りにくい具体的な身辺雑事とでもいうべき記述である。今ひとつは、軍忠状に見られるようなある個人を通じて見える合戦とは異なる、俯瞰的に合戦全体を見る記述である。俯瞰的叙述については、一次史料の裏付けをとることが難しいものが多く、取り扱いに注意が必要であるが、合戦の展開過程がどのように理解されていたのかを考えるうえで他にない手がかりとなる。

このように、『太平記』の記述は、内乱、合戦のダイナミズムの研究にとって貴重な史料といえる。かつて川合康氏は「平家物語史観」の存在を指摘する一方で、『平家物語』から治承寿永内乱の実態を鮮やかに復元した。(4) 本報告もその手法にならいたいと考える。

一　近年の研究成果―呉座勇一『戦争の日本中世史』の問題提起―

以上のように本報告の目的を定めるならば、合戦の実態研究について新しい提言を行っている呉座勇一氏の著書『戦争の日本中世史』(5)について言及しなければならないだろう。同書において呉座氏は、内乱の実態研究に関わる新しい二つの論点を提示している。以下これらについて検討することにしたい。

氏が提起した新しい論点の第一は、内乱に対する人々の意識・認識への注目である。個々の歴史的主体の認識をそのものとして論じることは容易なことではないが、歴史学にとっては挑戦的なテーマといえるだろう。その必要性、研究対象としての魅力について、かつて戸田芳実氏は次のように述べている。

> 言葉はまだないのですが、交通を呼び起こす一種の活力というんでしょうか、歴史的な活力、つまりよそとつながらざるをえないとか、つながらずにはおかない、人を駆り立ててそれこそどこかへ行ってやろうとする、焼物を持って山を越えて売りに行こうとする、これがいったい何だろうということです。こういう概念は歴史学にはまだありません。生産なら生産力という概念がありますが、交通力とでもいうような力、最近はやりの活力といったようなものですね、そういうものが確かに背景にある。（中略）そういうものに迫ったらもっと歴史は面白くなるんじゃないかと思いますが、そのような夢を持っております。(6)
>
> （傍線筆者）

右の戸田氏の発言からずいぶんと経つが、その方法論はいまだ本格的に検討されていない。そのこと自体が、問題の困難さを示している。今回の呉座氏の指摘は、その課題性を再確認したものといえるだろう。

では、呉座氏はどのようにこの課題に応えているのだろうか。例えば氏は、実際に一族の多くが戦死した事例（例えば陸奥国行方郡の相馬氏等）や、高幡不動尊の胎内文書にみられる内乱に対する武士たちの消極的な姿勢、一族の戦死を想定した相続方法（「危機管理型相続」）の採用等に注目し、武士たちが内乱という「災難」から身を守るのに必死であったことを強調している。そしてかかる指摘と背中合わせに、氏は「武士たちが南北朝内乱を〝成り上がり〟の好機と捉え、喜び勇んで戦場に向かったかのごとく論じてきた」「武士たちを変革の主体と見なす「階級闘争史観」に根ざした捉え方」(7)を批判している。

しかしこのように考えるならば、武士たちがなぜ戦争に参加したのか、その理由が直ちに問題になるだろう。すべての武士が山内経之のように、出陣を要求する圧力に屈するだけだったのか。また、そのような圧力を大将たちは常に持ち得たのか。(8)「喜び勇ん」だかはともかく、彼らには出陣する理由があったのではないだろうか。これらの疑問は決して新しい問いではない。そのことは、私戦と公戦のリンク論(9)がすでに論じてきた問題である。確かに内乱は武士たちにとって過酷なものであったであろう。しかし、内乱に巻き込まれまいとする武士の意識を出発点にすることは、内乱の複雑さを見失うことになるのではないだろうか。

また、呉座氏は合戦における名分と武士の意識について、以下のように述べている。

戦後歴史学は「階級闘争史観」に基づき、武士たちの反権威の動きを高く評価し、「武士たちにとっては恩賞が全てであり、北朝と南朝のどっちが正統か、といった名分論は関係なかった」と説明してきた。だが、（中略）リスクの大きい遠征に従軍してきた武士たちにとって、大義名分もそれなりに意味を持っていたのではないだろうか。何のために戦っているのか分からない、という徒労感は、武士たちの戦争観に大きな影響を与えたと考えられる。(10)

しかし、都を追われた足利尊氏が、自身を官軍とするために持明院統の院宣を求めたように、合戦の旗印はむしろ計画段階も含めた軍事行動の後から付いてくるものである。つまり、動機自体に名分があるのではなく、自己保存の行動を社会的に意味づけるために名分がある。また、それ故に名分は名分として意味をもち、社会のなかで機能したのであろう。そう考えるなら、「何のために戦っているのか分からない」という徒労感を武士たちが持ち、それが彼らの戦争観に大きな影響を与えたという議論が成り立つのか疑問である。

さらに、呉座氏は内乱の収束を考える際にも、武士たちの意識に注目している。氏は戦後歴史学が「なぜ内乱が終わったか」という問題を問うてこなかったことを批判し、変化を嫌い、冒険を避け、安定を求める気持ちが武士たちの間に芽生えてきたことに注目すべきだとする。長期にわたる内乱が、武士たちに安定を志向させるという氏の指摘は、人々の行動に「経験」がどのような影響を及ぼすか、という問題として受け止めるべき重要な論点である。意識と並んで「経験」を歴史学で扱うことは容易ではないが、今後考えていかねばならない課題だろう。

以上のように、呉座氏の提起の重要性を認めつつも、個々の武士の主観的意識を想定し、それを起点に内乱を描く手法は、逆に内乱の複雑さや内乱そのものの成り立ちを見えにくくする問題を生じさせていると考える。しかし、問題の難しさを考えれば、批判するのは簡単である。ではこの問題に取り組むために、さしあたり何から考えるべきであろうか。

本論では、個々の主体の意識や認識を直接対象とする困難を避けて、意識や認識が共有される仕組みや、認識の共有によって人々の行動が組織されるプロセスに注目することにしたい。というのも、先の呉座氏の議論がそうであるように、主体の意識・認識は、主体が行動を起こす契機、さらにいえば行動が集団化していく契機を考えるために問われているからである。言い換えるなら、人々の集団的行動がどう組織されるのか、その前提に意識・認識を共有するどのような仕組みがあるのか、を考えることにしたい(11)。

呉座氏が提起した第二の論点として注目すべきは、内乱の画期性を強調し、鎌倉末期の在地紛争(悪党事件)の延長線上に南北朝内乱をとらえる見解を批判したことである。その理由として氏は、①悪党事件は「超時代的」にみられる紛争である、②近隣武士との抗争である悪党事件と、日本全国を武士が転戦する内乱を、同じ土俵で論じることはできない、③十四世紀内乱は長期的かつ大規模なもので、多くの死傷者を伴う過酷な戦争であった、という三点を挙げている。

しかし、①については、荘園制の転換のなかで悪党が生み出されるメカニズムの解明などを通じて、悪党問題は当該固有の問題として検討が深められている。これを「超時代的」と断じることは悪党研究を通じて当該期の社会・政治を考える回路を経ち切ってしまうことになるだろう。加えて、超時代的にみられる事象であっても、それがどのような問題として国家に取り上げられ、国家がとった対応が何をもたらしたのかを考慮する必要もある(12)。

次に②については、内乱が大規模化する基底に私戦(悪党事件)と公戦のリンクがあるとするのが、現在の研究の到達点である。そして、この私戦と公戦のリンク論(以下、〈リンク論〉とする)の肝要は、私戦と公戦の関係を問うところにある。したがって、両者を分離してその違いを強調することは、両者の関係を問題にする〈リンク論〉の要点を摑み損ねることになる。

第一の論点にも通底するが、そもそも呉座氏の議論では〈リンク論〉が正面から論じられていないのではないだろうか(13)。そのことが、武士の消極性の過度の強調や、在地の紛争と内乱を分離した議論を生み出す原因になっているように思える。本論でも述べるように、内乱の展開は〈リンク論〉に収まり切らない側面をもつが、〈リンク論〉は現時点で内乱を構造的に捉える有力な枠組みであるだけに、論及が必要だろう。

さらに、ここでは紙幅の関係上、見通しを示すにとどめざるをえないが、悪党も鎌倉幕府の両使遵行も南北朝内乱も、暴力を組織化する基本的な方法は当該地域の暴力（地域勢力）の系列化にある。この点で、悪党・両使・内乱は目標を遂行するための方法を共有しているといえる。内乱もこのような広がりの中でとらえた方が、その特質が明らかになるのではないだろうか。

最後に③については先に述べたことと重複するが、以下のように考える。南北朝内乱が長期的かつ大規模なものであったことは氏の指摘通りである。また、内乱が人々にとって過酷な経験であったことも否定しがたい。しかし、このように総括してしまうと、内乱期を生きた主体の行動を受動態においてとらえることに重きを置くことになる。内乱状態をつくり出しているのも個々の主体であるから、「過酷さ」を念頭に置きつつも、実態の考察がそれに引き付けられ過ぎないように、内乱期を生きた主体の行動を見つめ直す必要がある。

以上、呉座氏の議論の成果と課題について検討してきた。これらを念頭に置きつつ、以下では『太平記』を読み直し、個々の武士の行動と内乱状況をどう架橋するかについて考える。前半では『太平記』における合戦の具体的な叙述に、後半では鳥瞰的な叙述にそれぞれ注目し、論を進めることにしたい。

二　城・案内者・戦場の視線―『太平記』再読 その一―

1　南北朝内乱期の「城」(14)

先に述べたように、『太平記』には合戦に関わる具体的な記述が豊かに残されているが、そのなかでもしばしばあらわれるのが、合戦に際して構築される「城」に関する記述である。

これらの記述から導き出される城の姿は、堀・鹿垣(塀)・逆茂木・木戸・櫓で構成される砦のような施設である。このような施設をもつ城の姿は、聖衆来迎寺蔵の『六道絵』のうち、「人道苦相」Ⅱ幅に描かれている城砦―周囲には鹿垣が張り巡らされ、その切れ目に軍勢を出し入れする木戸をもうけ、木戸の上に櫓が組まれている―に見出すことができる(図1)。この『六道絵』が作成されたのは、正和二年(一三一三)以前と考えられるから[15]、この絵は、鎌倉幕府が倒壊する以前の武力衝突の様子をモデルにしていると考えられる。そうするならば、制作者の最も身近にあったモデルは、悪党事件のような地域紛争であったと考えるのが自然であろう。鎌倉後期の地域紛争と内乱の連続性については、すでに小林一岳氏が指摘するところであるが[16]、合戦で用いられる施設についても、そのことが確かめられる。

それでは、このような城をめぐって、どのように合戦が展開したのだろうか。『太平記』はこの点についても豊かな記述を残している。

Aかねての廃立には、「前なる兵は、向かひ合うて合戦を致し、後ろなる足軽は、櫓を掻き、塀を塗り、向かひ城を取りすましたらんずる後、漸々に敵の城を攻め落とすべし」と儀せられたりける[17]

B山名伊豆守時氏、子息中務少輔、三千余騎にて(敵の倉懸城に)押し寄せ、城の四方の峯々二十三ケ所に陣を取り、鹿垣を二重三重に結ひ廻し、逆木しげく引つ懸けて、矢懸かり近く詰めたりける[18]。

Aでは、前面で戦う武士の後ろで足軽が「向かひ城」を構築し、敵の城に徐々に迫っていくという戦術が示されている。Bでは、山名軍が敵の城の周りに構えた多くの「陣」の様子が描かれているが、その「陣」は鹿垣を結いめぐらして逆茂木を並べたもので、先に見た「城」と同様の構築物であった。

右にみてきたような城をめぐる攻防は、軍忠状の中にもあらわれる。例えば、摂津国多田院御家人の槻並近藤範家軍忠状[19]の三条目には「参蔵寺城被縮黀之間、為南手、荒神塚取陣畢」、五条目には「為夜討城東峯責上、追籠御敵、迫城、構向城畢」と記されている。まさに、敵城に迫るために「陣」「向城」がとられているのである。

こうした前線の砦の構築を経て、範家は同じ軍忠状の六条目で、「城東一二木戸堀破越、終日合戦仕畢」と、堀を越え木戸を破って敵の城に攻撃をかけたことを述べている。また、範家と同じ多田御家人の槻並近藤永基は、堀を越えるために「向河合城南責口、一族等相共埋堀」たことを軍忠として注進している。[20] 堀を埋めることについては、

図１　『六道絵』に描かれた城砦
（『六道絵』「人道苦相」部分、聖衆来迎寺蔵）

『太平記』にも記述が散見される。

C寄手、すでに堀の前までかづき寄せ、埋め草を以て堀を埋め、焼草を積んで櫓を焼き落とさんとしける時、(21)

D黒丸城を攻められるべしとて、堀溝を埋めんために、埋め草三万余荷を国中の人夫に持ち寄せさせ、(22)

右のように、城攻めに際しては「埋め草」が集められ、堀を埋めるのに使われた。さらに堀とともに、城の防御機能を担った重要な施設が櫓であった。Cによれば「焼草」を櫓の下に積んで火をつけ、焼き落とす戦術が使われたことがわかる。さらに千早城合戦に関する『太平記』と手負注文に見られる、櫓に対する攻め手側の対応をみてみよう。

E面なる兵に軍をさせて、後ろなる者は手々に鋤鍬を以て、山を掘り倒さんとぞ企てける。げにも大手の櫓二つは、夜昼三日が間に、なんなく掘り崩してけり。(23)

F茅破屋城大手箭倉の下の岸を掘之時、今日四月廿日、若党新三郎顕宗、腰骨をすこし右（中）へよりて被射了、(24)

Eは『太平記』に描かれた宇都宮氏配下の紀清両党、Fは手負注文にみられる和泉国御家人和田氏の櫓に対する攻撃の様子であるが、いずれも櫓の下を掘り崩す戦術をとっている。おそらく、向い城をとる場合と同じように、武士が櫓からの攻撃を防ぎ、その背後で足軽や若党が櫓を掘り崩す戦術がとられたのであろう。以上のように、『太平記』と軍忠状等を組み合わせることで、城をめぐる合戦(25)の具体像はかなり明らかになる。

2 「案内者」の役割

敵側の拠点を攻略するために、右のような戦術がとられたとするならば、向い城を構築するための資材、堀の「埋め草」、櫓を焼落とす「焼き草」等の物資と、それらを使って作業をする人力を集めることが必要となる。この点で注目されるのが、『太平記』にあらわれる加賀国住人上木家光[26]という人物である。一次史料上では確認できない人物ではあるが、十四世紀の内乱の実態を考える上でその行動は興味深い。

Gその日の軍奉行は、上木平八郎家光、人夫六千余人に、まくり楯、掻楯、埋め草、塀柱、勢櫓の具足どもを持たせて参りたりければ、[27]

右の記述によると、家光は「軍奉行[28]」と呼ばれ、城攻めに必要な物資と人員を徴集する力量を持った国人であった。彼が徴集した物資のうち「塀柱、勢櫓の具足」とは、Aを踏まえると、簡易な向い城を構築するための資材であったと推測される。

この時、家光は新田義貞の軍勢に味方していたが、義貞の死後は足利方の斯波高経に属し、高経と共に越前国黒丸城に籠城した。その際、家光は高経に対し、先年黒丸城は義貞の攻撃に対して持ちこたえたが、今回は事情が異なるので、退却すべきだと進言した。家光はその理由を以下のように述べたという。

Hその故は、先年この所へ向かひ候ひし敵どもは、皆々東国、西国の兵にて、不知案内に候ひし間、深田に馬を馳せ籠めて、堀溝に落ち入つて、つひに大将（新田義貞）を流れ矢の先に懸け候ひき。今は御方に候ひつる者ども多く敵になつて候ふ間、寄手皆城の案内を知らぬはなくして候。[29]

この家光の進言を受けて、高経は加賀国に退却する。地域勢力の動向が合戦を左右するということは当然のことであるが、ここでは彼らが在地に関する情報を持っていることが強調されていることに注目しておきたい。この後、家光は在地の情報を知る人間として、再びクローズアップされることになるからである。

さて、その後再起した高経は新田の残党畑氏が籠る鷹巣城を攻撃するが[30]、逆に斯波方の向い城が畑勢の夜襲によって次々に落とされた。攻め手は自分が構えた向い城を落とされて、味方の嘲弄を受けることを避けようと、密かに敵の鷹巣城に兵粮や酒肴を贈るという情況に陥った。このような中、家光が畑に数百石の兵粮を贈ったという噂が流れ、大将高経の陣の前には「畑を打たんと思はば、先づ上木を斬れ」という高札が立ち、家光は窮地に立たされる。ここには、合戦の停滞に対する遠征軍の焦りと不安の矛先が、在地の案内者に向けられている状況が見て取れる。

一方、追いつめられた家光はこのような状況を「口惜しき事に思ひて」、一族だけで早朝に鷹巣城に攻撃をかけた。それを見た味方の行動を『太平記』は次のように描いている。

I自余の寄手、これを見て、「城の案内者たる上木が俄に寄するは、いかさま落とすべき様ぞあるらん。上木一人が高名になすな。寄せよや、者ども」とて、（中略）さしも険しき鷹巣の山坂十八町を一息に上がりて、切岸の下半町ばかりを攻めたりける。

つまり遠征軍は、在地の案内者である家光が行動を起こすには、それなりの勝算があるはずだと判断し、戦功を家光に独り占めさせせまいと、釣られて鷹巣城攻撃に向かったのである。ここにも遠征軍の在地の案内者への依存を読み取ることができる。

また、康安二年（一三六二）八月、摂津において楠木正儀は守護佐々木道誉の代官箕浦氏を破るが、その合戦の状況を『太平記』は「（守護方の）中白一揆の勢三百余騎は、国人なれば、案内を知つて、いつの間にか落ち失せけん、一騎も残り留まらず。ただ守護の家人わづかに百四、五十騎ぞ、思い切つたる体に見えて、二ケ所にひかへて居たりける」[31]と記している。案内者の動向は、遠征軍にとって戦局を左右するきわめて重要な関心事であった。

逆にいうなら、案内者は地域に対しても遠征軍に対しても大きな影響力を持っていたのであり、彼らが内乱に関わっていくことが、内乱状況が地域に広がっていく契機になったと考えられる。

3　戦場の視線

さらに、Ⅰからは、家光の行動を遠征軍が凝視していた様子がうかがえる。これを手がかりとして、次に戦場における視線の問題に言及することにしたい。

『太平記』によると、康安二年頃南朝方にあった桃井直常は信濃から越中に入って同国を平定し、加賀へと破竹の勢いで進撃していた。ところが、直常の陣営はある出来事をきっかけに、一瞬にして崩壊してしまう。『太平記』が描くその顚末を追ってみよう。(32)

戦いに勝利した夜、直常は「評定」すべき案件があり、周囲に告げずに二里ばかり離れた味方の城に出向いた。ちょうどその折り、直常の「執事」が、降参した加賀の国人たちを大将の「見参」に入れるため、大将直常の陣を訪れた。しかし、直常は不在で、「執事」が「近習」にその所在を尋ねると、「どこに行ったのかわからないし、宵から大将の姿が見えない」という答えが返ってきた。その後の出来事を『太平記』は次のように記している。

J陣を並べたる外様の兵ども、これを聞いて、「さては、桃井殿落ちられにけり」と燥ぎて、われもいずくへか落ち行かましと、物具を着るもあり、捨つるもあり、馬に乗るもあり、乗らぬもあり、ひたひしめきにひしめく間、焼き棄てたる火、陣屋に燃え付いて、燎原の炎盛んなり。(33)

つまり、大将の不在はすぐに外様に知れ渡り、一時的な外出を退却と誤解した彼らは我先にと逃げ出し、合戦に勝ったにもかかわらず、直常の陣は一気に崩れ去ってしまったのである。

ここで注目したいのは、大将の不在という情報がすぐさま陣営全体の知るところとなったことである。外様たちは在地の案内者の行動を凝視したように、大将のふるまいをも凝視していたのではないだろうか。『太平記』にはそのことを推測させる記述が他にもある。合戦に敗れ、夜になって味方が落ち行くことを察した新田義宗は、味方の戦線離脱を食い止めるために要路に関所を据えるとともに、大将自らが退却の意思のないことを陣営に知らしめようとした。

K「今夜一定越後、信濃へ引つ返さんずらんと、われを疑はぬ軍勢あるべからず。舟を沈め、糧を捨てて、二度帰らじと云ふ心を示すは、良将の謀なり。皆馬の鞍を下ろし、鎧を脱いで、引くまじき気色を人に見せよ」とて、大将義宗、鎧脱ぎ給へば、士卒、悉く鞍を下して馬を休む。(34)

この記述からは、義宗が夜になって自分に向けられる味方の視線を強く意識して行動していることがうかがわれる。この視線の方向性の意味を、従軍している武士の側から逆に考えてみよう。

次に掲げるのは、下総国の武士野本朝行の行動を記した軍忠状の一部である。朝行は建武二年(一三三五)関東から足利尊氏に属して上洛したが、その後尊氏の九州敗走途上に兵庫にとり残された。軍忠状はその状況を次のように語っている。

L同(二月—市沢注)十一日、摂津国手嶋河原合戦之時、於河原被取御宿陣之処、俄兵庫江御帰之間、其夜被召具御共畢、

同十二日、左馬頭殿、自兵庫摩耶城御発向之間、御共仕之処、皆以可有打死之由、被相触之間、存其旨之処、亦俄被召御舩之刻、夜陰之間、朝行不存知之、不御共仕之条、失本意畢、且雖相似不忠之至、西国居住一族等、猶以如此、朝行当所不案内上、御敵已近付来之間、失為方而無力交入京都、(後略)(35)

これによると二月十一日の夜、大将は摂津国手嶋河原に宿陣しながらも急遽兵庫に移動し、翌十二日は「皆以可有打死」との触れが出ていたが、大将は夜になって舟で兵庫を脱出したという。いずれの場合も、夜に大将が移動しはじめる点が興味深いが、とくに注目すべきは後者である。大将の退却は夜陰の中で行われたため、朝行はそれに気づ

くことができず、「不案内」の地に取り残され、敵に降伏せざるを得なかった。外様にとって、大将の没落を知らないことは、敵にとり囲まれた「不案内」な場所に置き去りにされることを意味したのである。

こうしてみると、従軍した武士たちは、案内者や大将の行動に注意を払いつつ、自分の行動を選択していく必要があったのであり、それが両者に対する凝視、濃密な視線を生み出すことになったと考えられる。そしてかかる視線の集中によって、情報の共有と拡散が一気に進むことが、遠征軍全体の動向に大きな影響を与えたのであった。

4　降参

次に、降参・裏切りなど、主を変えたり、帰属する陣営を替えたりする行為について考えることにしたい。これらの行為は『太平記』のなかにしばしばあらわれ、『太平記』が内乱を描こうとする際の、重要な素材となっている。例えば、『太平記』は観応の擾乱で高一族が滅亡したことを述べた後で、内乱が深刻化し長引く原因を次のように語っている。

M今、元弘以後、君と臣との諍ひに、世の変ずる事、わづかに両度に過ぎざるに、天下の人、五度、十度、敵に属し、御方になり、心を変ぜぬは稀なり。ゆゑに、天下の諍ひ止む時なくして、合戦の雌雄未だ決せず。(36)

つまり、人々が節操なく味方を替えることが、内乱の根本にあるというのである。このように、『太平記』は武士たちが主を変えることを嘆くのであるが、その一方で、必ずしも降参や主を替えることを、道徳的に劣った行動とは価値づけていないことが注目される。

新田義興の首を取った足利方は首実験に際して、かつて義興に属していた武将を呼び出した。彼らは「この三、四年が先、数日相馴れ奉りし事ども申し出だして、皆涙を流し」た。これに対して周囲の人々は「見る人、悦びの中に涙を添へて、ともに袖をぞ濡らしける」[37]と、降参者への同情をあらわにした。このように降参は必ずしもネガティヴな履歴ではなく、内乱を生き抜くために人々がとらざるを得ない行動として、それが伴う悲哀を含めて共感される側面があったのである。

また、具体的なことは十分に解らないが、降参には一定の「作法」があったらしいこともうかがえる。敗走する足利勢を追う新田義興・義治は、降参した敵への対応に手間をとられたことを『太平記』は次のように記している。

O追つ懸けて行く処に、降参の者どもが、馬より下り、おのおの対面して色代しける程に、これにあひしらはんと所々にて馬をひかへ、会釈し給ひける間、軍勢皆北ぐるを追うて、東西へ隔たりぬ。[38]

ここに見える「色代」とは一般的には挨拶という意味であるが、ここでは降参を互いに確認する行為を指しており、降参に「作法」があったことを推測させる。このように降参がすでにある程度まで様式化していたとするならば、それはありうる行為として広く認められていたことを意味するのではないだろうか。

「家人型」と「家来型」の主従関係[39]の提起以来、中世の主従関係がルーズであることは共通認識になっているが、十四世紀の内乱に限って言えば、先に見てきたような、外様がなじみのない戦地への遠征に従軍するという合戦の構造も、降参の意味づけに影響を与えたと考えられる。内乱のあり方は、一般的にはネガティブにみられる降参を、生き残るための手段として認める方向へと導いていった可能性を指摘しておきたい。

さらにこのことと、武士たちがしばしば帰属を替えることが内乱を長引かせたという『太平記』の記述をあわせて考えると、内乱の長期化は必ずしも内乱の悲惨さだけを意味しない。個々が生き残るためにとった行動が、内乱を長引かせたのであり、内乱の長期化は悲惨な結末を避け続けたことによってもたらされたとも考えられるのである。

さらに、大名や大将級の武将たちですら帰属を替えることが珍しくなかったことは、十四世紀の内乱を戦う勢力の対立が、譲れない大義や、あるべき政治の姿をめぐる争いのような、深刻な価値観の対立を含んだようなものではなかったことを示唆している(40)。先にも述べたように、むしろ大義名分はそのような性質の対立を覆い隠し、説明し直すために動員されたのではないだろうか。

以上、とりとめのない議論に終始したが、論点をたどり直しておこう。まず、遠征軍が臨む合戦においては、当時の戦術上、城の構築、敵の城攻撃のための資材調達や、現地の情報に通じた案内者の果たす役割が重要であった。彼らはその重要性から、合戦場においてその行動が味方から凝視される存在でもあった。戦場にはそのような視線の方向性の濃淡があり、大将の動向も戦場の情報に疎い「よそ者」である遠征軍から凝視されていた。大将の進退が彼らを不案内かつ敵のいる土地に置き去りにしかねなかったからである。かかる中心に向けられた「凝視」が、個々の主体の判断を集団的な行動へと媒介するある種の装置として機能していた。

そして、このような不安定な遠征軍は、保身のために降参や裏切りを常とせざるを得なかった。また、これらの行為がしばしばとられたことは、『太平記』のよく記すところである。しかし、これら自己を守る行為はとくに道徳的に劣った行為とは認識されていなかった。かかる合戦の構造によって内乱が長期化した可能性がある。また、このような合戦のあり方は、南北朝内乱が大義名分によって組織されるような戦争ではなかったことを示している。

従来から〈リンク論〉では、地域内部の矛盾が内乱と結びつく構造が指摘されてきたが、それが現実のものとなるためには、案内者の動向や、大将へのまなざしなどの、集団的な行動が起こるより直接的な契機、仕組みが必要だったのではないだろうか。以上の議論はその一端をかすめたに過ぎないが、このような直接的契機を、中世社会という歴史的固有性の中で考えていくことが今後とも必要であると考える。

次に節を改め、『太平記』が鳥瞰的な視点から、合戦をどう描いているのかを検討することにしたい。

三　合戦の始まりと終わりについての仮説的展望―『太平記』再読 その2―

ミクロな争いがマクロな内乱へとどう展開していくのか、という問題は、私戦―公戦の〈リンク論〉によって、ある程度の見通しを得られている。しかし、「公戦の呼び込み」とは逆のベクトルで戦争が拡大する可能性も考えられる。『太平記』には、外部から地域に軍勢が進駐してくることで、比較的規模の大きい対立の構図が作り出されていく叙述がみられる。

1　合戦の始まり

例えば、『太平記』が描く暦応元年（一三三七）の越前国での合戦の様相（図2参照）を再現してみよう。(41)

①越前国金崎の合戦で敗れた新田義貞が残党を召集し、杣山城で挙兵。

②幕府は斯波高経と舎弟を大将とし、北陸道七ヶ国の勢をつけて下向させる。斯波勢は、越前の国府に陣を取る。

③両軍の小競り合い、にらみ合いが続く。

④新田配下の畑時能の手配で、加賀国の敷地氏、山岸氏および上木平九郎(42)が越前・加賀国境の細呂木に城を取り、越前の「国中」を押領する。

⑤この事態を受けて、足利方だった平泉寺は両勢力に分裂し、新田側に味方した衆徒は三峯に籠る。

⑥三峯に伊自良氏(43)が合流する。これによって近辺の地頭は「力を失い」、自焼して越前国府の斯波の陣に合流する。以後、「北国これより動乱して、汗馬の足を休め得ず」という状態となる。

⑦義貞は三峯に籠る平泉寺衆徒の大将派遣要請に応えて、脇屋義助を派遣する。

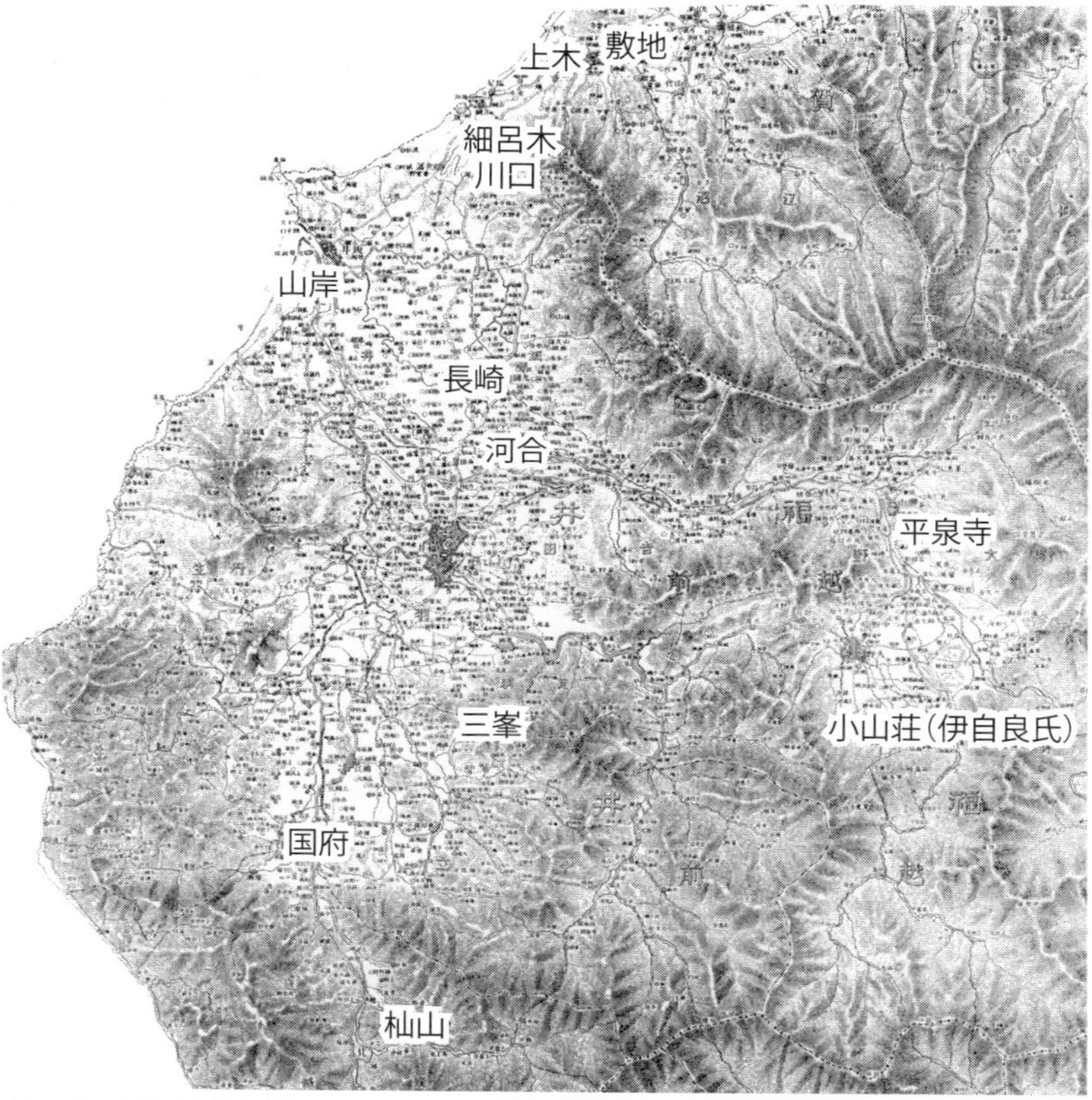

図2　越前国 関係図（『日本歴史地名大系』18福井県（平凡社、1981年）の附録をベースマップとした）

⑧「牒使」の手引きで、加賀の新田勢（畑・敷地・山岸・上木ら）が越前に侵攻、長崎・河合・川口に城を構えて、斯波勢の拠点である国府に迫る。

⑨高経は国府に楯籠もる一方で、国中を敵に押さえさせないため、「山々峰々」三〇余箇所に城を構える。

右のように、他国の軍勢の越境を契機に地域勢力の分裂が加速し、自焼して一方の陣に合流する、挙兵して然るべき大将の派遣を要請する、勢力範囲を確保するため各所に城を構築する、等の動きが活発化する。この事例からは、外部からの圧力に地域の勢力が行動の選択を求められ、日常の均衡が崩れて内乱状態へと展開していく過程をみてとれるのである。

さらに、右で見たような状況が広域で同時に進行していくとすれば、その背後には情報の拡散と共有があったと想定される。それがどのような「装置」（人々の関係性や場の特殊性）に媒介されているのかという問題も、内乱史研究の課題であろう。

2　内乱の収束

一般的に南北朝内乱の終結といえば、幕府方の勝利と総括するのが一般的である。確かに中央の政権のあり方から考えればそう答えるしかない。しかし、先に述べたように、内乱における対立が深刻な価値観の対立を意味しないとすれば、幕府の勝利をその政策や政権構想（そういう確固としたものがあるか自体も検討が必要であるが）の勝利として意味づけるだけでは内乱の収束を説明し切れない。

では、『太平記』は、合戦の終結をどのように描いているのだろうか。『太平記』の描く合戦は、必ずしも誰かの勝利で終わらない。物語の終末部に至っても、将軍は大名の動きをコントロールできず、彼らの動向に右往左往する状態であり、内乱を総括する勝利者であることを強く印象づけるように記述されていない。

このような『太平記』の「すっきりしない」叙述は、かえって合戦や内乱の終わり方について考えるヒントを示唆している。それはつまり、合戦・内乱の収束は必ずしも「誰かの勝利」として終わるのではなく、「戦争がうまく行かなくなること」、「戦争の遂行が困難になること」であると考えてみてはどうか、ということである。冒頭で、呉座氏の提言を取り上げ、合戦に対する認識や感情をどう対象化するかという問題に言及したが、例えば「戦争がうまくいかなくなる」事態の分析は、「厭戦」という「感情」を把握する一つの方法となる可能性を秘めていると考える。

以下、『太平記』が「戦争がうまくいかなくなる」様相をどのように描いているかを検討することにしたい。舞台は康安二年（一三六二）、当時南朝方にあった山名勢の丹波攻めである。(44)

①山名方の小林民部丞が、自軍だけで丹波国に侵攻する（但馬国勢は、国内に敵方の城があることを理由に、山名勢に従軍せず）。

②足利方の丹波守護仁木義尹、丹波国和久郷に陣を取り、戦線は膠着する。

③京都より仁木勢への援軍が篠村に到着。「当国の兵ども、心を両方に懸けていづ方へか付かましと思案しける者ども」は、仁木方が強勢と判断し、篠村に集結。

④小林、討ち死に覚悟で撤退せず、逆に篠村を攻撃する姿勢を見せる。

⑤篠村の軍勢は人数で小林勢に勝りながらも、小林の攻撃を恐れて引き籠る。

⑥小林、兵粮につまって帰国する。これをもって、仁木側は勝利を宣言する。

右の事例の場合、他国の軍勢が入り込んできても、目立った戦闘が起こらなかった。その理由として、初期の段階では日和見を決め込み、その後一方の優勢が確定すると雪崩を打って味方につき、結果的には敵方の攻撃的な姿勢におびえて合戦を回避するという、地域の勢力の動向があった。

つまり、外部から地域に入り込んできた大将の動員や命令に、地域側が従わないことが、「戦争がうまく行かなくなる」ことの一つの条件であった。先に述べたように、地域勢力の分裂が内乱を成長させるとすれば、それを地域の側が回避することは、内乱の進行を停滞させることにつながった。このような地域側の反応が、公戦を停滞させた事例は、他にも『太平記』に散見される。

P（四国より）備前に押し渡りて、後陣の勢を待ちけるに、相順ふ四国の兵ども、己が国々の私戦を捨てかねて、大将に属せず、備前、備後、備中三ヶ国の国勢は、皆野心を含める者どもなれば、憑むべきにあらずとて、大将、唐河に陣を取りながら、徒らに月日をぞ送られける。(45)

Pの前段では、自国の安定を優先して外部の大将（細川頼之）の動員に応じない地域勢力の態度が描かれている。これは先に見た①の段階と類似している。また、後段は大将が日和見する地域勢力をあてにできない状況が描かれており、これも先の事例と通底する。

以前にも触れたことがあるが(46)、東国で活動していた北畠親房は、南朝方に味方しながらも親房の指揮下に入らず、独自の行動をとろうとする小山氏の勧誘に手を焼いた。そのような中、小山朝郷の任官を吉野に直奏した人物が新田義興の家中にいることを厳しく非難し、その原因を「如此事も、面々しかじかと不評定申、又一遍ニ不思定之間」(47)と指弾している。大将からみれば、地域勢力の流動化は自身の軍事編成を進めていく契機となると同時に、動員の対象が統制を欠いていることが、その障害となる場合もあったのである。

3　一揆の二面性とそのゆくえ

このように考えたとき、在地で結ばれる一揆の意味が問われることになる(48)。在地の一揆的な結合は、指揮官の軍事編成の基盤になる一方、指揮官への反抗の基盤にもなったからである。例によって、『太平記』にこのような一揆的な結合がどのようにあらわれるのか検討してみよう。

例えば、桃井直常が信濃国から越中国に進出したときの国人の反応（J）は、「当国の守護尾張大夫入道の代官鹿草出羽守が国の成敗猥りなるによつて、国人挙つてこれを背きけるにや」(49)と記されている。守護代と国人たちが対立し、後者が守護代に対抗する結合を形成していた可能性が読み取れる。これは後の『大塔物語』にみられる対立の構図と似ている点でも注目される。

また、畠山道誓が南朝攻めから離脱した関東の国人たちの所領を没収したことに対し、国人たちは次のように反応したという。

Q暫くは訴訟を経て廻りけるが、余りに事興盛しければ、宗徒の者ども千余人、神水を飲んで、詮ずる所、畠山入道を執権に召し仕はれば、毎事御成敗に随ふまじき由を、左馬頭殿（足利基氏）へぞ訴へ申しける。(50)

さらに興味深いのは、国人たちが集団的に大将に対抗的な姿勢をとる『太平記』の記述が、その末尾の三十巻代の後半に入って散見されるようになることである。これは内乱の展開の中で在地の一揆が形成され、展開していくこととシンクロしていると考えられる。

かつて述べたように、地域を越えた勢力と所縁をたよって結合し、外部の勢力を呼び込んでくる悪党的な結合がもたらした混乱の克服と内乱への対応が、一揆形成の基盤になっていた。(51)そう考えるならば、一揆が支配の基盤として有望な選択肢であったことはむしろ当然で、幕府にとってはそのような一揆と向き合い、一揆を基盤に組み込んでいくことが必要であった。

その一例として、貞和二年（一三四六）の幕府法「諸国狼藉条々」に注目してみよう。

R一　号一揆衆致濫妨事

近年或押領他人之所領、対専使妨遵行、或為散私宿意、率党類及合戦云々、造意之企難遁重科、所詮就守護並使者注進、須処罪科、但随事体可有軽重焉、(52)

従来この法を、幕府による一揆禁止令とする見解が示されてきた。(53)しかし、この法の趣旨は一揆そのものの禁止ではなく、「一揆衆と号して」上裁を受容しない集団行動を禁止することであった。一揆の存在を前提としながらも、一揆の向くベクトルを整序することが、幕府の政治課題であったことをこの法は示している。

さらに、一揆が持った都鄙関係を安定させるかかる性質は、内乱期に荘園領主が現地に対して示した法のなかにも見出せる。

S一、自国司・守護方、自然沙汰出来之時者、公文・田所・船所以下令談合、可致其沙汰事、

一、同沙汰之時、臨時急事、若三人之会合難叶者、先相窮子細、於面々令他行者、随庄家之居合可致其沙汰、相互無偏執以公平可為先事、

（中略）

一、庄内輩、以私意趣、閣領家、内々令和讒国司・守護、令悩庄内輩《有之》云々、事実者太可然、□(如カ)此輩載起請詞可注進事、[54]

右は興福寺三面僧坊衆が彼らの評定で決定された事項を、讃岐国神崎荘に下した全一四箇条からなる下文のうちの、一・二・十条である。一条目・二条目では、公文・田所・船所の三人の荘官に対して、国司、守護との間で問題が生じた時、彼らが意思を統一することが求められている。具体的には極力三者の談合を持つべきで、他行の者がいるときは残ったメンバーで「無偏執」「公平」を先として決定することが命じられている。十条目では、ある「荘内輩」が領家を差しおき、「私意趣」をもって、勝手に国司や守護と交渉し、他の「荘内輩」を悩ます者がいることが問題とされている。これらの条目から、荘園領主から見れば、荘内の主だったメンバーの意見が統一され、対外交渉のあり方も整序されていることが、現地の安定のために必要な条件と考えられていたことがうかがわれる。このように、一揆がもった地域秩序安定のためのしくみは、幕府や荘園領主の支配の基盤としての意味を持ったのである。

以上繰り返すならば、在地秩序の流動化、在地の分裂が内乱拡大のエネルギーであった。それをもたらす要因とし

て、従来指摘されてきた私戦に加え、外部からの編成の圧力による地域の勢力均衡の破壊も無視できない。そう考えると、内乱の収束は、在地にあっては、一揆に見られるような対外的関係を律し、外部からの圧力に抗する地域の集団的秩序の形成によってもたらされる。そして同時に、その秩序が幕府の支配体制の一つの基盤となると考えられるのである。

むすびにかえて—今後の課題—

ミクロな地域での矛盾や紛争が、マクロな内乱にどう展開していくのか、逆にマクロな内乱がどのように収束していくのか、そのプロセスとダイナミズムを中世社会固有の人間関係のあり方等からトレースする、というのが本論の基本的な問いであった。そして、かかる観点から『太平記』を読み直すことで、その手がかりを得るとともに、『太平記』の史料としての新たな可能性を見い出せるのではないかと考えた。

本論での作業は、その答えにはほど遠いが、信頼・経験・時間的経過など人々の行動に大きな影響を与える要因でありながら、これまで内乱史研究ひいては政治史の議論に組み込めてこなかったこれらの要素をどう扱うべきか、議論が深まることを期待したい。

しかし、このような観点をとる場合、留意しておくべき問題がある。それは、内乱をとらえる深度の問題である。本論では、武士の行動様式に注目した結果、ほぼ武士と武士の関係で内乱を論じてしまっている。その点で、高橋典幸・海津一朗氏が呉座氏に向けた批判(55)—領主制の深部から内乱を問うてきた研究史の批判的継承の必要性—を、本論も等しく受けなければならない。また、内乱が何を民衆にもたらしたのかという、川合氏らが追究してきた課題(56)に対しても向き合えていない。

社会の深部の問題や、人々の日常の営みが、何に媒介されて内乱と結びつくのか、そしてその媒介のされ方自体が内乱をどう導いていくのか、一貫した議論が必要であることを自戒の念をもって確認し、一旦稿を閉じたい。

註

(1) 紙幅の関係で、本論と直接関連しない研究論文については、列記を割愛した。

(2) 例えば、従来建武新政について研究する際、新政が早くに崩壊したという歴史的結果から、それを「時代錯誤」、「失政」と評価する傾向があった。しかし、結果論に偏重すると、建武新政が持った歴史的な可能性や意義はかえって見失われる恐れがある(拙稿「中世公家政権の転換―建武新政の歴史的前提」『日本中世公家政治史の研究』校倉書房、二〇一一年)。

(3) 例えば呉座勇一編『南朝研究の最前線』(洋泉社歴史新書y、二〇一六年)の「はじめに」、同書所収の谷口雄太「新田義貞は、足利尊氏と並ぶ「源氏嫡流」だったのか?」等。

(4) 川合康『源平合戦の虚像を剥ぐ』(講談社学術文庫、二〇一〇年、初版一九九六年)。

(5) 呉座勇一『戦争の日本中世史』(新潮社、二〇一四年)。なお、同書は批判の対象とする先行諸研究を、戦後歴史学＝マルクス主義＝人民闘争史と一括するなど、研究史の捉え方に問題がある。

(6) 戸田芳実「私の古道遍歴」(『中世の神仏と古道』吉川弘文館、二〇一〇年、初版一九九五年)。

(7) 呉座註(5)著書、一四七頁。なお、呉座氏の南北朝内乱論に対しては、戦争が領主に外側から降りかかってくるように捉えられている点が従来より問題とされている。高橋典幸氏は、一九八〇年代以来の内乱研究が、内乱は在地領主の存在形態、行動様式そのものに由来することを論じてきたことを踏まえ、内乱を在地領主にとって外的な危機と割り切ることはできないと呉座説を批判している（二〇一二年度歴史学研究会大会報告批判「呉座報告批判」『歴史学研究』九〇〇号、二〇一二年）。同様に海津一朗氏も、呉座説は戦争を所与の前提として領主の外側においており、内乱の発生・展開過程と在地諸勢力との関わりが対象化されていないと指摘している（「書評　呉座勇一著『日本中世の領主一揆』」『史学雑誌』一二五―四、二〇一六年）。

（8）この点については、氏自身、大将が容易に武士を動員できなかったことを指摘している（一九九頁以降）。

（9）小林一岳『日本中世の一揆と戦争』（校倉書房、二〇〇一年）。

（10）呉座註（5）著書、一七二頁。

（11）拙稿「太平記とその時代」（市沢編『太平記を読む』吉川弘文館、二〇〇八年）は、そのささやかな試みである。

（12）山田徹氏は、このような観点から悪党問題の再定置を図っている（「鎌倉後期～南北朝期研究の諸論点」『日本史研究』六五八号、二〇一七年）。

（13）もちろん氏の著書の中に〈リンク論〉を想起させる記述がないわけではない。例えば、武士の兄弟対立のような家内部の争いは「超歴史的」に存在するが、「南北朝期の一族間紛争の特徴は、一族内部の対立が上部権力同士の抗争と結びつくこと」で、それにより「地域でも大規模な戦闘が発生した」という指摘がある（一六四頁）。

（14）南北朝内乱期の城郭戦の新しい成果として、城郭を群として捉え、連携によって敵の撃退を図ったとする高橋典幸「南北朝期の城郭戦と交通」（東京大学日本史学研究室紀要別冊『中世政治社会論叢』、二〇一三年）がある。また、城郭戦も含めた南北朝期の戦術については、呉座「南北朝期の戦術と在地領主」高橋編『戦争と平和』竹林舎、二〇一四年）がある。

(15)　聖衆来迎寺の六道絵の制作年代については、山本聡美「国宝『六道絵』の修復と移動」(泉武夫・加須屋誠・山本聡美編『国宝六道絵』中央公論美術出版、二〇〇七年)参照。
(16)　小林註(9)著書。
(17)　『太平記』20―10。『太平記』の引用は、兵藤裕已校注の岩波文庫本『太平記』(一)~(六)による。引用箇所は、同書に習い、「巻番号―章段番号」で示す。
(18)　『太平記』36―6。
(19)　暦応元年十一月二十七日付多田御家人槻並近藤彦六範家軍忠状(『能勢町史』第三巻別冊、『中世史料追録』、二〇〇一年、二二号文書)なお、呉座氏は南北朝期の向い城について言及する中で、向い城を敵城に攻めかかる拠点というより、心理的圧迫を加えるための施設であった、としている(呉座註(5)論文)。しかし、本論で示したように、向い城は攻撃拠点としての役割を果たす場合もあった。
(20)　暦応四年七月日付多田御家人槻並近藤又七永基軍忠状(同右二三号文書)。
(21)　『太平記』17―1。
(22)　『太平記』20―3。
(23)　『太平記』7―4。
(24)　正慶二年四月二十日付和田助家合戦手負注文(『岸和田市史』第六巻、一九七六年、中世史料編一三九号文書)。
(25)　この時期に造られた城のすべてが、このような簡易な施設であったというわけではない。建武三年から数年にわたって、西摂津・東播磨の湯山街道沿いに勢力を展開した南朝方の金谷経氏を西側から追討するべく、赤松勢は近隣勢力を「志染軍陣」の軍陣に集結させた(拙稿「南北朝内乱からみた西摂津・東播磨の平氏勢力圏」歴史資料ネットワーク編

『地域社会からみた源平合戦』岩田書院、二〇〇七年、「建武・暦応の西摂津・北摂津合戦」『新兵庫県の歴史』三、二〇一一年）。その軍陣の跡と考えられるのが吉田住吉山遺跡（三木市志染町）である。同遺跡は大きな堀切を持つ大規模な城で、内部には鉄を加工する施設を備え、大量の金釘が集められていることや、鎧の部品である小札が多く出土するなど、軍勢の集結地であることに加え、武器を製造、加工し、前線に供給する役割を担っていたと考えられる。合戦によっては、この規模の城郭も築造されたことに注意しておきたい。なお、同遺跡については兵庫県立考古博物館編『吉田住吉山遺跡群』本文編・図版編（二〇一一年）、池田征弘「南北朝時代の戦闘状況を如実に示す巨大な城跡」（『新発見日本の歴史』22、朝日新聞社、二〇一三年）参照。

(26)　私見の限り上木家光に関する一次史料は残されていないが、越中国との国境近くの加賀国江沼郡上木（現在の大乗寺市上木町）がその名字の地と考えられる。

(27)　『太平記』20—9。

(28)　一般に軍奉行とは、大将の下にあって合戦の手配や軍忠の確認をする存在として理解されている。『太平記』にあらわれる軍奉行も同様の意味で使われているが、そのなかでも家光のケースはやや異例で、大将の「執事」的な存在ではなく（執事については史料J関連の本文記述を参照）、現地の案内を知り補給を支える、まさに案内者というにふさわしい。なお、案内者については、川合康「治承・寿永の内乱と在地社会」（同『鎌倉幕府成立史の研究』校倉書房、二〇〇四年）参照。

(29)　『太平記』21—7。

(30)　『太平記』23—3。以下鷹巣城合戦の史料も23—3による。

(31)　『太平記』38—10。

(32)『太平記』38は、康安二年(九月に貞治に改元)に諸国で宮方が蜂起したことを描いている。直常の北陸転戦は、38―4「越中軍の事」として収録されており、康安二年に懸かる話とされているようである。

(33)『太平記』38―4。

(34)『太平記』31―3。

(35)建武四年八月日付野本朝行子息鶴寿丸軍忠状(『大日本古文書　熊谷家文書』二二五号文書)。この軍忠状は朝行の死後、子息の鶴寿丸によって作成されたものである。

(36)『太平記』29―13。

(37)『太平記』33―8。

(38)『太平記』31―1。

(39)佐藤進一編『日本人物史大系』第二巻中世(朝倉書店、一九五九年)所収の佐藤・大隅和雄「時代と人物　中世」、および佐藤『南北朝の動乱』(中公文庫二〇〇五年、初版一九六五年)参照。

(40)この点については、シンポジウム当日の佐藤公美氏のコメントより大きな示唆を得た。

(41)『太平記』19―3。この合戦については、高橋註(14)論文でも、『太平記』によるトレースがなされている。また、この合戦に関する一次史料としては、やや時期が後のものになるが、暦応二年三月以降越前国で斯波高経に属して転戦した能登国の武士、得江頼員の軍忠状等が残っている(『福井県史』資料編2中世所収の尊経閣文庫所蔵文書一三～二二号文書。

(42)上木平九郎は前出の上木家光のこと。上木は加賀国大乗寺川の河口、敷地は大聖寺川流域、山岸は『太平記』19―3では、加賀国武士のように記されているが、名字から推測すると、越前国坂井郡の日野川河口の三国湊付近の武士と考えられる。この三者が互いに水上交通で結びつきやすい位置にあることが注目される。

(43)　伊自良氏は、鎌倉末期に越前国大野郡小山荘地頭であったことが知られる(『福井県史』通史編二中世、一九九四年)。これにより、地図(図2)上では小山荘故地のうち、「地頭方」に拠点をプロットした。

(44)　『太平記』38―3。『太平記』ではこの合戦を、康安二年に懸けて記述している(同38―1参照)。

(45)　『太平記』36―6。

(46)　拙稿「南北朝内乱期における天皇と諸勢力」(拙著註(2)所収)参照。

(47)　年欠五月二十五日付法眼宣宗書状(『大日本史料』六―六、興国二年五月二十五日条)。

(48)　この時期の一揆については、久留島典子「領主の一揆と中世後期社会」(岩波講座『日本通史』中世三、一九九四年)参照。また、拙稿「一四世紀政治史の成果と課題」(『日本史研究』五四〇号。二〇〇七年)では、地域の諸アクターが地域を越えて外部の勢力と関係を取り結ぶ悪党的関係が、地域に混乱をもたらしたことを前提にして、地域内部のアクター同士が「外部」との付き合い方(例えば戦争における味方の統一、合力の制限、訴訟ルートの一本化など)をルール化したところに一揆の意味があることを指摘した。その後呉座氏は、内乱期の一揆(契状)を「「家」内部での対立が「戦争」と結びつくことによって内紛が激化し、ひいては「家」が滅亡してしまう」(註(5)一八六頁)ことを防ぐために結ばれた「戦時立法」であると指摘した。外部との関係を律することに一揆の特色とみる点において、拙稿と呉座説は通底する。以下の議論はこの見解を基盤としている。なお、このような視点をとる際に注意すべき問題については、「むすびにかえて」参照。

(49)　『太平記』38―4。

(50)　『太平記』36―14。

(51)　註(48)拙稿。

(52)　諸国狼藉條々(貞和二　十二　十三沙汰)(『中世法制史料集』第二巻室町幕府法、岩波書店、一九五七年、追加法第二六～三〇条)のうち、第二九条「号一揆衆致濫妨事」。

(53)　小林一岳「貞和二年室町幕府平和令をめぐって」(悪党研究会編『悪党と内乱』岩田書院、二〇〇五年)。

(54)　建武二年十二月日付興福寺三面僧坊衆会評定下文案(『南北朝遺文』四国・中国編二一三号文書)。

(55)　高橋註(7)論文、海津註(7)論文。

(56)　川合註(4)(28)著書。

楠木一族と南北朝内乱
―楠木正儀の地域支配―

廣田浩治

はじめに

鎌倉幕府滅亡から南北朝内乱にかけて活躍した楠木氏の研究は、楠木正成に集中している。正成の評価は、戦前の皇国史観における忠臣・楠公から、戦後歴史学における悪党・北条氏被官へと、大きく変わった。しかし正成以降の楠木氏研究はいまだに低調である。

楠木正成の子息で正成・正行の後を継いだ楠木正儀《まさのり》は室町幕府に一時服属し、戦前から不忠の臣とされてきた[1]。しかし正儀は、南朝を支え二十年以上にわたり河内・和泉両国を支配して楠木氏の全盛期を築いた人物である。『太平記』第三十一巻は、劣勢の南朝天皇の軍勢を救援しなかった正儀を父正成や兄正行に劣る「心少し延びたる者」とするが、一方で『太平記』第三十四巻は、不利な戦いを避けて戦局に冷静に対処する正儀を「元来思慮深」と評価する。さらに『太平記』第三十六巻は、正儀を南朝の京都奪還戦争に批判的な人物として描いている。正儀は幕府との和平交渉の担当者であり、これまでの研究も正儀を和平派と評価し、南朝朝廷の強硬路線と正儀の対立が指摘されている[2]。

とはいえ、従来の楠木正儀研究はあくまで南朝研究・南北朝内乱政治史研究の一部に過ぎず、内乱期における楠木正儀の権力の歴史的意義を正面から追究した研究になっていない。また正儀の時期を含む楠木一族についても、依然研究が乏しい状況である。

南北朝内乱の楠木氏を考えるには楠木正儀を中心とした考察が欠かせず、そのために、長期間にわたる正儀の河内・和泉の支配構造の分析が必要である。これまでにも河内・和泉の地域史研究の立場から、堀内和明氏や筆者が正儀期の楠木氏を考察し、楠木正儀を地域権力と評価している。(3)この成果を踏まえて、正儀を含む楠木一族総体の地域支配の特質およびその権力の性格を考察することが課題である。

河内・和泉は楠木一族の支配領域であり、南朝にとっても最も重要な基盤である。同時に幕府と南朝の勢力圏が接する畿内の南北朝内乱の激戦地域であった。楠木一族の権力を考えるには、激戦地域の内乱における戦争のあり方や、内乱期固有の地域社会のあり方と楠木一族を関連させた考察が欠かせない。また河内・和泉でも中河内・北河内・泉北は激戦地域であるが、南河内や泉南は楠木氏の支配が安定した地域であった。以上の点を踏まえて本稿では、まず楠木正成・正行から正儀にかけての楠木一族の地域支配の展開を論じ、次いで正儀期の楠木一族と地域社会(在地領主・寺院・村落)との関係を考察する。その上で南朝との関係も含めて内乱期の楠木一族の権力を再評価したい。

一　楠木一族の地域支配の展開

まず前提として、正儀期以前の楠木一族と地域支配のあり方をみておこう。楠木一族関係文書一覧(以下、文書一覧）の発給者・受給者にみるように、楠木正儀の配下には「正」の字を名乗るものが多い。これらは楠木一族と考えられ、「正」が楠木一族の通字であることがわかる[4]。

楠木正儀時代の楠木氏関係文書一覧（河内・和泉・堺のみ　発給者◎は幕府方楠木氏　和暦○は閏月）

【河内国】

No.	西暦	和暦	発給者	文書名	宛所	内容	所領・地域・対象	出典
1	一三四九	正平4・8・29	左衛門尉（正儀）	施行状	橋本九郎左衛門入道（正茂）	綸旨施行・沙汰付	小高瀬荘	観心寺文書
2		12・9	左衛門尉（正儀）	国宣	観心寺寺々僧	江鶴刑部丞の違乱停止	小高瀬荘	観心寺文書
3	一三五〇	正平5・4・16	左衛門尉（正儀）	国宣	観心寺寺々僧	寺領の保障	野田荘	観心寺文書
4	一三五〇	正平5・12・9	左衛門尉（正儀）	施行状	橋本九郎左衛門入道（正茂）、河野辺右馬允	綸旨施行・沙汰付	北畠一品領網代荘	京大影写本
5	一三五一	正平6・11	土屋宗直	軍忠証判		軍忠状への証判	土屋宗直（伊香賀郷）	土屋文書
6	一三五二	正平7・3・10	土屋泰宗・信宗	軍忠証判		軍忠状への証判	土屋泰宗・信宗（伊香賀郷）	土屋文書
7	一三五二	正平7・3・10	左衛門少尉（正儀）	書下	土屋孫次郎（宗直）	本領の保障	伊香賀郷	土屋文書
8	一三五二	正平7・3・12	左衛門尉（正儀）	国宣	土屋孫次郎（宗直）	本領の保障	伊香賀郷	土屋文書
9	一三五四	正平9・9・12	河内守（正儀）	国宣	河野辺左衛門尉	沙汰付	石清水領紺口荘	大伴文書
10		3・3	左衛門少尉正儀	挙状	御奉行所	申状の取次	観心寺座主	観心寺文書
11	一三五九	正平14・8・24	正幸	請文		朝用分につき南朝に上申	小高瀬荘朝用分	観心寺文書
12	一三六一	正平16・12・23	左馬頭（正儀）	国宣	剛琳寺々僧	課役の停止	剛琳寺	剛琳寺文書
13	一三五三	正平8・7・20	左兵衛尉（正幸）	施行状	和田蔵人	正儀国宣の施行	金太・長曽根郷（和田氏）	真乗寺文書
14	一三六三	正平18・11・18	甲斐荘証文目録			楠木（正儀）下知状	甲斐荘	石清水文書

15	一三六三	正平18・11・24	甲斐荘証文目録			楠木（正儀）下知状	甲斐荘	石清水文書
16	一三六五	正平20・9・6	左馬頭（正儀）	国宣	河野辺駿河守	国宣施行・沙汰付	祈禱料所小高瀬荘	観心寺文書
17	一三六五	正平20・9・15	河野辺駿河守	施行状	当荘沙汰人中	国宣施行・沙汰付	祈禱料所小高瀬荘	観心寺文書
18	一三六七	正平22・10・4	左兵衛督（正儀）	国宣	河野辺駿河守	沙汰付	法通寺荘内軍勢分	久我家文書
19	一三六八	正平23・5・8	駿河守（河野辺）	遵行状	菱江民部大夫	所領の返付	小高瀬荘軍勢分一揆分	観心寺文書
20	一三六八	正平23・12・8	権右中弁経清	綸旨	左兵衛督（正儀）	造営材木運送の保障	河上（東寺造営料木）	東寺百合文書
21		10・13	勘解由次官	奉書	楠木左衛門尉館（正儀）	古市郡々務の計沙汰	西琳寺（古市郡）	大橋家文書
22	一三六九	正平24・3・18	民部大輔（橋本正督）	禁制	金剛寺	濫妨狼藉停止	金剛寺	金剛寺文書
23	一三六九	応安2・4・25	左兵衛督（正儀）◎	書下	土屋河内右衛門入道（浄光）	本領の保障	伊香賀郷	土屋文書
24	一三六九	応安2・4・25	河野辺駿河守◎	施行状	土屋河内右衛門入道（浄光）	本領の保障	伊香賀郷	土屋文書
25	一三六九	応安2・5・16	左兵衛督（正儀）◎	下知状	河野辺駿河守	南禅寺材木船の違乱停止	上仁和寺・禁野	里見忠三郎文書
26	一三六九	応安2・6・16	河野辺駿河守◎	施行状	菱江民部大夫入道	南禅寺材木船の違乱停止		南禅寺文書
27	一三七一	建徳2・3・28	治部卿	奉書	和田弾正少弼	御教書の沙汰付	大庭関を中振に移転	観心寺文書
28	一三七一	建徳2・③・8	弾正少弼（和田）	施行状	和田新判官	御教書の沙汰付	大庭関を中振に移転	観心寺文書
29	一三七一	建徳2・③・9	左衛門少尉（和田）	施行状	上神九郎左衛門尉	御教書の沙汰付	大庭関を中振に移転	観心寺文書
30	一三七一	建徳2・③・24	左衛門尉（上神）	打渡状	炭山三郎太郎	御教書の沙汰付	大庭関を中振に移転	観心寺文書
31	一三七一	応安4・11・20	散位（正儀）◎	下知状	河野辺駿河守	下司の課役の停止	高山寺領新開新荘	高山寺文書
32	一三七一	応安4・11・21	河野辺駿河守◎	施行状	菱江民部大夫入道	下司の課役の停止	高山寺領新開新荘	高山寺文書

No.	西暦	和暦	発給者	文書名	宛所	内容	所領・地域・対象	出典
33	一三七二	応安5・11・24	散位（正儀）◎	施行状	河野辺駿河守	和田正頼の押領の停止	高山寺領新荘	高山寺文書
34	一三七六	永和2・2・25	将軍足利義満◎	御教書	楠木中務大輔（正儀）	幕府御教書の施行	嶋頭荘	南禅寺慈聖院文書
35	一三七九	康暦1・8・11	中務大輔（正儀）◎	書下	淡輪左近将監	本領未安堵の間の宛行	波志者郷領家職三分一（土民知行分）	淡輪文書
36	一三七九	康暦1・9・25	中務大輔（正儀）◎	下知状	河野辺駿河守	乱妨の停止	伊香賀郷	土屋文書
37	一三七九	康暦1・9・25	河野辺駿河守◎	施行状	菱江兵庫允	乱妨の停止	伊香賀郷	土屋文書
38	一三八〇	康暦2・9・17	中務大輔（正儀）◎	書下	淡輪左近将監	罪科人跡の宛行	波志者郷内小高瀬荘	淡輪文書
39	一三八〇	康暦2・11・5	中務大輔（正儀）◎	書下	淡輪左近将監	狼藉人跡の宛行	河内国上田	淡輪文書
40	一三八〇	康暦2・12・22	将軍足利義満◎	御教書	楠木中務大輔（正儀）	濫妨停止・沙汰付	大和田荘	久我家文書
41	一三八一	永徳1・6・29	将軍足利義満◎	御教書	楠木中務大輔（正儀）	沙汰付	高柳荘	八坂神社文書
42	一三八一	永徳1・7・16	将軍足利義満◎	御教書	楠木中務大輔（正儀）	沙汰付	大和田荘	久我家文書
43	一三八三	弘和3・11・24	参議（正儀）	施行状	河野辺兵庫頭	勅裁の施行・沙汰付	観心寺七ヶ村	観心寺文書
44	一三八三	弘和3・11・24	河野辺兵庫頭	遵行状	菱江兵庫允	勅裁の施行・沙汰付	観心寺七ヶ村	観心寺文書
45	一三八六	元中3・4・19	（正儀花押）	書下	淡輪因幡左衛門尉	知行宛行	花田六郎跡	淡輪文書

【和泉国・摂津堺北荘】

No.	西暦	和暦	発給者	文書名	宛所	内容	所領・地域・対象	出典
1	一三四八	（正平3）11・9	左少弁	綸旨	楠木三郎館（正儀）	朝用の沙汰の指示	和田荘三分一	金剛寺文書
2	一三四八	（正平3）12・2	橘正儀	請文	御奉行所	朝用につき金剛寺の取次	和田荘三分一	金剛寺文書
3		11・8	正儀	書状	金剛寺衆徒	朝用分沙汰の「仰」伝達	和田荘	金剛寺文書

4		12・8	左少弁	綸旨	楠木左衛門館(正儀)	朝用に代わる沙汰を指示	和田荘三分一	金剛寺文書
5	一三五一	正平6・3・14	俊行	書状	和田殿	正儀が入物の徴発	和田荘	和田文書
6	一三五一	正平6・4	左衛門尉(正儀)	書下		別当職と寺田の保障	木嶋郷水間寺	井手文書
7	一三五二	正平7・6	和田蔵人助氏	軍忠証判		軍忠状への証判	和田助氏	京大博物館文書
8	一三五二	正平7・6	淡輪彦太郎助重	軍忠証判		軍忠状への証判	淡輪助重	淡輪文書
9	一三五三	正平8・3・10	左衛門尉	書下	深日又二郎入道	御方につくよう正儀の状を伝達	深日又二郎入道	岡本文書
10	一三五三	(正平8)7・18	目代左兵衛尉(正幸)	請文	御奉行所	所領問題につき請文	金太・長曽根郷(和田氏)	和田文書
11	一三五三	正平8・7・19	左衛門少尉(正儀)	国宣(施行状)		所領保障の施行	金太・長曽根郷(和田氏)	和田文書
12	一三五三	正平8・7・20	左兵衛尉	施行状	和田蔵人殿	所領保障の施行	金太・長曽根郷(和田氏)	和田文書
13	一三五三	正平8・8・19	少尉	施行状	橋本五郎左衛門尉	所領保障の施行、料所停止	金太・長曽根郷(和田氏)	和田文書
14	一三五四	正平9・10・2	左衛門少尉(正儀)	施行状	金剛寺々僧	寺家知行の施行	大鳥荘	金剛寺文書
15	一三五四	正平9・11・15	正儀(花押)	施行状	(橋本)四郎判官	御教書の施行	保安寺領若松荘	楠文書
16		4・10	正儀	書状(施行状)	(橋本)新判官	料所停止の綸旨施行・沙汰付	和田荘	金剛寺文書
17	一三五五	正平10・4・10	河内守(正儀)	施行状	(橋本)新判官	所領返付の綸旨施行・沙汰付	和田荘	金剛寺文書
18	一三五五	正平10・8・12	左衛門少尉(正儀)	書下	淡輪太郎左衛門尉(忠重)	軍勢料所の知行保障	淡輪荘東方軍勢三分一	淡輪文書
19	一三五五	正平10・10・8	和泉守(和田)	留守所下文	宮里四郎左衛門尉	職の補任	和泉国惣講師職	堤家文書
20		8・7	正儀	書状	四郎左衛門尉(橋本)	所領の返付	和田荘	金剛寺文書

21		8・21	正近（済恩寺）	請文	金剛寺三綱中	当給人の替地の沙汰	和田荘	金剛寺文書
22		11・11	左衛門尉	国宣（施行状）	済恩寺掃部助	軍勢料所停止、所領返付	和田荘領家職	金剛寺文書
23	一三五七	正平12・9・20	左衛門少尉（正儀）	施行状	（橋本）新判官（正督か）	所領返付の綸旨施行	山直郷包近名	久米田寺文書
24	一三五七	正平12・9・21	左衛門少尉（橋本正督）	施行下知状	済恩寺掃部助	所領返付の綸旨施行	山直郷包近名	久米田寺文書
25	一三五九	（正平）14・3・20	（花押）	奉書	久米多寺僧衆中	地頭職の沙汰を正儀に仰す	包近名地頭職	久米田寺文書
26	一三六〇	正平15・2・28	左馬頭（正儀）	施行下知状	刑部権大輔	綸旨施行・沙汰付	近木以下十生長官職	和田文書
27	一三六〇	（正平15）2・29	刑部権大輔	施行状	済恩寺掃部助	綸旨施行・沙汰付	近木以下十生長官職	和田文書
28	一三六〇	正平15・3・5	正近（済恩寺）	遵行状	十生沙汰人	綸旨施行・沙汰付	近木以下十生長官職	和田文書
29		9・28	正儀	書状	和田蔵人	公私御大事の参戦を依頼	和田蔵人	和田文書
30	一三六一	（正平）16・6・13	（差出欠）	御教書	左馬頭（正儀）	池堤興行修理	久米田池堤	高野山宝寿院文書
31	一三六一	正平16・6・19	左馬頭（正儀）	施行下知状	済恩寺左馬頭	池堤興行修理	久米田池堤	高野山宝寿院文書
32	一三六一	正平16・6・19	左馬頭（正儀）	書下	隆池院長老	池堤興行修理	久米田池堤	久米田寺文書
33	一三六二	正平17・5・30	左馬頭（正儀）	施行状	久米多寺長老	寺領保障の綸旨施行	和泉国の末寺領	久米田寺文書
34	一三六二	正平17・6・24	左馬頭（正儀）	下知状	済恩寺飛驒守（正近）	池の相論	松尾寺・池田阿法	松尾寺文書
35	一三六六	正平21・11・30	（正儀花押）	書下	渡辺左馬允（憑）	知行の宛行	和田郷国衙分	渡辺惣官家文書

36	一三六七	正平22・7・19	右兵衛督(正儀)	国宣	済恩寺飛騨守(正近)	所領保障の施行	軽部郷南方(安東高泰)	久米田寺文書
37	一三六七	正平22・7・21	済恩寺飛騨守(正近)	遵行状	山下治部右衛門尉	所領保障の施行	軽部郷南方(安東高泰)	久米田寺文書
38		10・2	左少弁	奉書	和泉国守護館(正儀)	官軍狼藉の停止	久米田寺	久米田寺文書
39		9・6	左少弁	奉書	和泉国守護館(正儀)	守護使の着岸船濫妨の停止	堺南荘着岸船(住吉社)	住吉大社文書
40		8・7	勘解由次官	奉書	河内大夫判官(正儀)	艜別と経廻の停止	堺南荘	住吉大社文書
41		8・23	勘解由次官	奉書	河内大夫判官(正儀)	守護使狼藉の停止	堺南荘	住吉大社文書
42		(正平)	左馬頭(正儀)	書状	在庁田所	忠勤の披露取次	在庁田所	泉井上神社文書目録
43	一三六九	応安2・2・18	左兵衛督(正儀)◎	書下	田代豊前守(顕綱)	本領知行保障	本領知行保障	田代文書
44	一三六九	正平24・11・5	民部大輔(正督)	施行状	橋本四郎左衛門尉	欠所地の沙汰付	八田荘平井成念跡(二見遠江守)	二見文書
45	一三六九	応安2・12・13	散位(正儀)◎	書下	渡辺左馬允(憑)	欠所地宛行	毛須盛正跡	南行雑録
46	一三七〇	応安3・2・16	散位(正儀)◎	書下	田代豊前守(顕綱)	知行の宛行	井原	田代文書
47	一三七〇	正平25・2・27	民部大輔(橋本正督)	遵行状	橋本四郎左衛門尉	沙汰付	八田荘	観心寺文書
48	一三七〇	建徳1・10・22	民部大輔(橋本正督)	施行状	観心寺々僧	沙汰付(綸旨の施行)	鳥取荘山中関	観心寺文書
49	一三七〇	応安3・4・7	散位(正儀)◎	書下	田代二郎	知行宛行	箕形	田代文書
50	一三七〇	建徳1・7・28	民部大輔(橋本正督)	施行状	久米多寺知事御房	押領停止の施行	軽部郷(釈尊寺正種)	久米田寺文書
51	一三七二	文中1・7・10	民部大輔(橋本正督)	書下	横山平左衛門入道	新田・屋敷の保障	唐国村	岡家文書
52	一三七二	文中1・10・21	伊予守(正顕)	施行状	済恩寺飛騨守(正近)	綸旨施行・沙汰付	毛穴跡(宇佐美下野守)	脇家文書

53	一三七三	文中2・6・23	伊予守（正顕）	書下	横山平左衛門入道	新田・屋敷の保障	唐国村	岡家文書
54	一三七三	文中2・10・2	伊予守（正顕）	書下	淡輪太郎左衛門尉	知行の宛行	新家上座跡三分一	淡輪文書
55	一三七三	文中2・10・14	伊予守（正顕）	書下	和田備前守	知行の宛行	和泉国散在十生三分一	和田文書
56	一三七四	応安7・7・11	中務大輔（正儀）◎	書下	渡辺左馬允（憑）	押領地の知行宛行	造酒司領土師保	渡辺文書
57	一三七四	文中3・8・9	伊予守（正顕）	書下	横山平左衛門入道	新田・屋敷の保障	唐国村	岡家文書
58		11・21	伊予守正顕	請文	御奉行所	所領と相伝文書の取次	和田氏	和田文書
59		12・28	民部大輔（橋本正督）	書状	（欠）	寺領の違乱につき返事	久米田寺	久米田寺文書
60		6・13	右権中将実久	奉書	楠木伊予守（正顕）	沙汰付	山直郷武恒名	久米田寺文書
61	一三七四	応安7・3・23	肥前守正村◎	施行状		施行	和泉国惣講師職（穴師堂薬師寺）	薬師寺文書
62	一三七四	応安7・7・26	民部大輔（橋本正督）◎	書下	和田備前守	御方に参れば本領を保障	和田備前守	和田文書
63	一三七四	応安7・9・20	中務大輔（正儀）◎	書下	淡輪左衛門大夫	当手に属し忠節すれば所領を保障	淡輪荘領家職	淡輪文書
64	一三七四	応安7・9・20	中務大輔（正儀）◎	書下	淡輪左衛門大夫	当手に属し忠節すれば所領を保障	淡輪荘	淡輪文書
65		9・11	民部大輔正督	書状		茶の進物への礼状	久米田寺	久米田寺文書
66		12・21	民部大輔正督	書状		巻数到来への返事	久米田寺	久米田寺文書
67	一三七六	永和2・4・24	武蔵守（細川頼之）◎	管領奉書	楠木中務大輔（正儀）	沙汰付	堺浦南北荘泊船目銭	東大寺文書
68	一三七六	永和2・6・11	沙弥宗徹	遵行状	渡辺四郎兵衛尉	沙汰付	堺浦南北荘泊船目銭	東大寺文書
69	一三七六	永和2・6・16	中務大輔（正儀）◎	施行状	橋本九郎（正仲）	沙汰付	堺浦南北荘泊船目銭	東大寺文書
70	一三七六	永和2・6・18	正仲（橋本）◎	打渡状	渡辺薩摩入道（宗徹）	沙汰付	堺浦南北荘泊船目銭	東大寺文書

71	一三七六	永和2・6・19	沙弥宗徹◎	遵行状	渡辺四郎兵衛尉	沙汰付	堺浦南北荘泊船目銭	東大寺文書
72	一三七七	永和3・12・12	中務大輔(正儀)◎	下知状	橋本九郎(正仲)	荏胡麻売買の停止	堺北荘	離宮八幡宮文書
73	一三七七	永和3・12・9	中務大輔(正儀)◎	国宣	伊予守(正顕)	押妨の停止	大泉荘高野米の押妨停止	高野山西南院文書
74	一三七八	永和4・7・25	中務大輔橘朝臣(正儀)◎	下知状		相論の裁許	池田荘地頭和田正光・松尾寺	松尾寺文書
75	一三七八	永和4・11・29	伊予守(正顕)◎	書下	水間寺々僧中	免田の保障	水間寺	井手文書
76	一三七八	永和4・11・29	伊予守(正顕)◎	施行状	蔵人殿	沙汰付	水間寺	井手文書
77	一三八一	永徳1・9・26	(渡辺薩摩禅門)宗徹◎	書状	中殿	譴責停止　勅免証拠の出帯指示	開口神社	開口神社文書
78	一三八一	永徳1・9・28	(渡辺薩摩禅門)宗徹◎	書状	(欠)	勅免証拠の出帯指示	本所・料所の給主	開口神社文書
79	一三八一	永徳1・10・9	(渡辺)宗徹◎	書状	中殿	本所との相論	開口作	開口神社文書
80	一三八五	元中2・8・4	(正儀花押)	書下	淡輪隼人佑	知行の宛行	箱作・新家八郎入道跡	淡輪文書

一、今年三月八日、属和田左兵衛尉正興之手、相向丹下城、及数日致合戦事、（略）

一、丹下凶徒等、当国松原庄構城郭之間、閏七月廿二日、属正興手致合戦、追落凶徒等、討取丹下八郎太郎子息能登房畢、此等次第、橋本九郎左衛門尉正□、和田左兵衛尉正興検知之上者、無其隠者也、（略）

一、同九月廿九日、属佐備三郎衛門尉正忠手、相向池尻半田、致随分合戦畢、[5]（略）

これは延元三年（一三三八）の河内国の高木遠盛の軍忠状である。正成が湊川合戦で戦死して正行が幼少のため、和田正興・佐備正忠・橋本正茂ら「正」を通字とする楠木一族が高木遠盛ら河内の南朝方を指揮していた。この他、正成期の楠木一族に神宮寺氏がおり、和泉では正行の守護代大塚惟正が和泉の南朝方を指揮している[6]。

楠木一族のうち佐備・野田・大塚の庶家は、正成の本拠である南河内の石川郡東部（河内東条、現千早赤坂村一帯）を名字の地としていた。佐備は現富田林市佐備、野田は現大阪狭山市野田、大塚は現河南町大ヶ塚に当たる。正儀の河内守護代河野辺駿河守は、河内東条の現千早赤阪村川野辺の出身である。楠木一族は正成流を中心として、有力な一族である和田氏や他の庶子家から成る一族結合を形成し、河野辺氏のような近隣勢力を被官としていた。

河内東条は正成流の本拠とされる石川郡水分を中心とした地域であり、水分からは交通路が放射状に拡がり、水分の山手には地域の鎮守である建水分神社がある。建水分神社はその名の通り用水や農業水利の神と考えられる[7]。水分は河内東条の地域社会の中心に位置し、水分の正成流を中心とした河内東条の楠木氏の一族・被官は、交通・信仰・水利を契機として結合した石川郡東部の一族結合および在地領主連合であった。

次に正成・正行期（鎌倉末期～南北朝前期）の地域支配と在地領主編成をみよう。正成は後醍醐天皇に呼応して挙兵する直前に、よく知られるように和泉北部の臨川寺領若松荘を押領している。堀内和明氏の研究のように、若松荘の在地領主若松氏は和泉の大鳥荘悪党と与同しており、正成は大鳥荘悪党や若松氏と連携していた[8]。また挙兵した正成は元弘三年（一三三三）に入ると南河内・泉北の在地領主を編成または連合していた。

一同正月十九日巳時寄来天王寺致合戦交名人等
大将軍四条少将隆貞（中納言隆亮子）　楠木一族　同舎弟七郎　石河判官代跡代百余人　判官代五郎　同松山并子息等　平野但馬前司子息四人（四郎天王寺ニテ打死ス）　平石　山城五郎　切判官代（平家）　春日地（同）　八田　村上　渡辺孫六　河野湯浅党一人　其勢五百余騎其外雑兵不知数、（略）[9]

元弘三年正月の四条隆貞・正成軍の天王寺合戦の軍勢をみると、石川（石川源氏）・松山・平石・山城氏は南河内、平野・切（喜連）氏は摂津南部、八田氏は和泉北部の在地領主である。また泉北の和泉国和田荘の有力な在地領主和田《みきた》

氏(楠木和田氏とは別である。以下、和泉和田氏と表記)も正成・正行に従っている。(10)

楠木一族は野臥・百姓を動員していた。『太平記』第六巻によれば正成は「和泉河内の野伏共」を動員したとされる。正行期にも四条畷合戦の直前、正平二年(一三四七)に和泉守護代の大塚惟正は和泉和田氏に対して、

さとの人百しやうなんとにも、かいく〳〵しく候ハんみなく〳〵、めしくせられ候へく候、御たてもあまたもたせらるへく候、(11)

として「さとの人百姓」に楯を持たせて動員するよう命じている。在地領主以外の勢力との関係では、正成は倒幕戦から河内金剛寺・和泉松尾寺と連携しており、松尾寺衆徒は寺に籠城して鎌倉幕府軍と戦っている。(12) 正成と連携した寺院は楠木氏にとって要害の役割を果たしたと考えられる。

内乱期に入ると南朝・楠木氏の軍勢は「軍勢」「一揆」と呼ばれるようになる。

河内国小高瀬庄領家弐分并軍勢分一揆分事、所被付観心寺也、早得其意、可令沙汰居寺家雑掌於当所之状、如件、

正平廿三年五月八日　　駿河守(花押)

菱江民部大夫殿(13)

正平二十三年、正儀の河内守護代の河野辺駿河守は、中河内の小高瀬荘領家弐分「軍勢分」「一揆分」を観心寺領に返還している。それまでは小高瀬荘領家弐分は南朝の「軍勢」「一揆」が支配していたことがわかる。この他、文書一覧の「(法通寺荘)軍勢分」や、後述する「今泉庄軍勢」「宮里方軍勢」が史料に見える。「軍勢」「一揆」は北・中河内や泉北のような激戦地域に多い。「軍勢」「一揆」を構成するのは河内・和泉の在地領主と考えられ、「一揆」と呼ばれるように反幕府・南朝方の在地領主連合軍であった。(14)

正儀は四条畷合戦(兄正行の戦死)後、観応擾乱(「正平一統」)期に勢力を挽回する。正儀は南河内・泉北の支配に加え

て中河内・泉南に地域支配と在地領主編成を拡大し、河内・和泉支配は安定し楠木氏権力は全盛期を迎えた。

和泉国淡輪庄東方領家職之軍勢三分壱、為料所、可令知行也、仍執達如件、

正平十年八月十二日　　　　　　　　左衛門少尉（花押）

淡輪太郎左衛門尉殿(15)

正平十年に左衛門少尉正儀は泉南の淡輪氏に淡輪荘内の軍勢分を「料所」として保障した。『太平記』第三十四巻によると正平十五年に正儀は河内の川辺（河野辺）氏・佐良々（讃良）・平石（平石氏）や泉北の「当木」（陶器）氏を軍事動員している。

和泉と中・南河内では幕府方の領主は正儀によって排除された。和泉では幕府方の関東系地頭御家人（在京人）の田代氏・成田氏・品川氏や国御家人の日根野氏の所領支配が崩壊している。幕府勢力の衰退とともに幕府発給文書や幕府方領主の文書も激減した(16)。

楠木氏は正成期から河内国司と河内・和泉両国守護であったが、正儀は河内・和泉の国主・守護を兼ね国衙在庁を掌握した。なお楠木一族の和田氏は和泉守になっている。文書一覧にみるように、正儀は国宣を発給して南朝天皇の綸旨を施行するとともに、書下を発給して所領の宛行保障を行い、下知状により裁許を行った。書下・下知状の発給からわかるように、正儀は南朝に属しながらも自立した地域権力であった。また守護代・目代には、楠木一族や根本被官（河野辺駿河守）を任じる一族・被官中心の体制をとった(17)。沙汰付担当者には、楠木一族（橋本氏など）と配下の在地領主が起用されている（文書一覧）。

河内・和泉では南朝と正儀の所領支配が重層していた。南朝天皇は河内・和泉の諸勢力に綸旨を発給したが、文書一覧にみるように、正儀が綸旨施行の国宣施行状を発給して所領の保障や沙汰付を行っている。南朝の直轄領である

朝用分も河内・和泉の各地に存在した[18]。朝用分は南朝方の在地領主・寺社の所領にも設定されていた。

和泉国和田庄領家職朝用分事、止料所之儀金剛寺一円知行不可相違之由事、去正平九年十一月十八日 綸旨如此、早任被仰下之旨、可沙汰居寺家雑掌於下地候、恐々謹言、

四月十日　正儀（花押）

新判官殿[19]

和泉国和田庄領家職事、止軍勢料所之儀、可被付金剛寺之由、今月六日国宣如此、早可沙汰居寺家雑掌於当所之状如件、

十一月十一日　左衛門尉（花押）

済恩寺掃部助殿[20]

正平九年以降、正儀は激戦地域である金剛寺領和泉国和田荘（在地領主和田氏の本拠）領家職の朝用分における「料所」を停止し金剛寺一円領とする綸旨を施行している。また正儀は和田荘領家職（朝用分）の「軍勢料所」の停止を命じている。これ以前の和田荘の朝用分は「料所」すなわち「軍勢料所」として軍事的に利用されていたと考えられる。南朝と正儀は最前線地域や占領地域において、朝用分・軍勢料所を在地領主や「軍勢」「一揆」に与えることで南朝軍を編成していた。このように南朝と正儀の支配には軍事体制的性格が強い。

一方で正儀は淡輪氏に軍勢分の料所を給与し、和田荘では戦闘状態には軍事徴発を強行している。

此間雖令申存候、此間之様候て、乍恐不申候、今者御合体候上者、蒙仰自是可令申候、御同心候者、尤可為本意候、抑大入物事、戦場罷向候之間、守護方よりいそき被申候之間、代官切符したゝめ候て、諸郷保入て候、委古帳を見候者、和田郷半分にて候ける、半郷切符進候、其由御存知候者、急速可有御沙汰候、兼又国符のさ法散々

式候、乍去遺跡の躰なんと御らんしに御渡候者、参会仕候て、毎事申承度走候、諸事期面謁候、恐々謹言、
　正平六年
　　三月十四日　　　　　　　　　　俊行（花押）
　　和田殿(21)

「合体」（「正平一統」）の時期に「守護方」正儀は、出陣のため「代官切符」を持たせて「諸郷保」に入部させ徴発を行わせた。「和田郷」（和田荘）でも「半郷切符」にもとづき和泉和田氏に徴発を命じ「同心」を要求した。
和泉の最前線地域であり中心都市でもある堺でも、正儀の支配が展開した。

住吉社領当国堺南庄着岸船事、大宮司状如此、子細見状歟、所詮号守護使、部木房以下輩、致非分濫妨云々、可止早其妨之由、厳密可令下知之旨、被仰下之状如件、
　九月六日　　　　　　　　　　左少弁（花押）
　　和泉守護館(22)

堺南荘では和泉守護の正儀配下の守護使が着岸船の押領を行っている。また楠木一族も河内・和泉で所領押領や所領形成を展開していた。

和泉国久米多寺領軽部郷以下散在寺田、混惣官跡、尺尊寺正種押領、不可然之由事、七月廿七日御教書如此、早停止彼違乱、可被全寺家知行之状、如件、
　建徳元年七月廿八日　　　　　　民部大輔（花押）
　久米多寺知事御房(23)

新庄内梅尾田事、自往古于今当知行無子細処、和田正頼押妨云々、太不可然、不日止其煩、可被沙汰渡彼雑掌之

状如件、

応安五年十一月廿四日　　散位(花押)

河野辺駿河守殿(24)

正儀が幕府に服属し楠木一族が幕府方と南朝方に分かれた時期であるが、建徳元年(一三七〇)に南朝方の楠木一族の尺尊寺(釈尊寺)正種が和泉国軽部郷を押領し、応安五年(一三七二)には幕府方の和田正頼が河内国新荘を押妨している。

河内では正儀の最盛期にはその支配は北河内の淀川左岸に及んだ。

東寺申造営料木運送事、申状如此、任申請、無河上煩之様、可令加下知給之由、被仰下候也、仍執達如件、

十二月八日　　権右中弁経清

謹上　左兵衛督殿(25)

左兵衛督正儀は京都の東寺造営料木の運送のため「河上」(海上交通)の煩いがないよう「下知」することを命じられている。正儀は河内の河川交通も掌握していた。

「正平一統」・観応擾乱以降、正儀ら南朝軍は四度にわたり幕府軍を追って入京するが、京都奪回はついに失敗に終わった。擾乱以降、河内・和泉では戦闘が減少し軍事関係文書が激減する。戦線が膠着し小康状態が訪れたのである。正平十五年(北朝の延文五年)には畠山国清・細川清氏ら幕府軍の河内・和泉侵攻があり、正儀も河内東条を放棄して金剛山の奥に撤退するが(『太平記』第三十四巻)、その後の幕府の内訌(仁木義長と畠山国清の失脚、細川清氏の乱)に乗じて河内・和泉を回復した。この時期には幕府の大規模作戦が後退し、南朝方も宮将軍や公家大将が不在となり、河内・和泉の戦線は正儀と楠木一族だけに担われる。さらに正儀も幕府軍に対する攻勢を行わず戦闘を回避して

いたと考えられる。

この小康期に正儀は、軍勢料所や朝用分の返還を執行している。興福寺西金堂に河内国法通寺荘の軍勢分を、(26)河内観心寺に河内国小高瀬荘領家分（軍勢分・一揆分）を返還した。また後述するが正平十七年に和泉国池田荘における松尾寺と在地領主池田氏の紛争の裁許を行っている。正儀は幕府との戦闘がなくなり支配が安定するなかで、在地領主・寺社の所領保障や在地紛争の裁定に力を注いだ。

しかし支配の安定にもかかわらず、正儀は応安元年に幕府と和平交渉を行い翌応安二年に幕府に服属し、弘和二年（一三八二）まで幕府方として南朝に対抗した。楠木一族は正儀方（幕府方）と南朝方に分裂し戦うことになった。(27)南河内は南朝方の和田正武が支配し、文書一覧によれば、泉南では南朝方の橋本正督（土丸城将）と楠木正顕が地域支配者となった。正儀は本拠を北に移し天王寺や北・中河内・泉北を支配した。

南禅寺材木船、於上仁和寺并禁野、地下輩違乱云々、太不可然、早止其綺、可勘過之旨、可加下知之状如件、

応安二
　五月十六日　　　　　　　　　左兵衛督（花押）
河野辺駿河守殿(28)

応安二年、正儀は河内における南禅寺材木船の河川航行に対する上仁和寺・禁野の地下人の違乱を停止しており、河内の河川交通の掌握につとめている。

東大寺八幡宮修功料足摂津国堺浦泊目銭、未事行之間、注進状到来、所詮早止其煩、可被沙汰居彼雑掌、可被執進請取之状如件、

永和二年六月十六日　　　　　　中務大輔（花押）

橋本九郎殿(29)

中務大輔正儀は幕府服属後も堺浦を掌握し、永和二年(一三六九)に東大寺八幡宮に対して修理料堺浦泊目銭を保障している。

本領事、如元知行不可相違、仍執達如件、

応安二年二月十八日　　　　左兵衛督(花押)

田代豊前守殿(30)

正儀は幕府方領主の編成を図り、和泉国では大鳥荘地頭の田代氏に所領を宛行っている。河内でも康暦元年(一三七九)、伊香賀郷地頭の土屋氏に所領の違乱停止を保障している(文書一覧)。

しかし楠木一族の分裂は解決されず、楠木氏配下の在地領主も分裂した。和泉では橋本正督・楠木正顕も相次いで幕府に服属したが、正儀とは連携していない。橋本正督は再び南朝に帰参した後、天授六年(一三八〇)に幕府軍に敗れ戦死した(31)。また南朝・楠木氏支配下の「軍勢」「一揆」編成も見られなくなる。正儀は弘和二年までに南朝方に帰参するが(32)、発給文書は激減し一族結合と在地領主編成は弱体化し権力基盤は崩壊した。以後、正儀の支配領域は縮小し楠木氏は衰退の一途をたどった。

二　南北朝内乱期の地域社会と楠木一族

楠木一族の地域支配の展開をふまえて、楠木一族と内乱期の地域社会の関わりを地域の視点から考えたい。そのため、南朝軍、在地領主、寺院、村落と楠木正儀の関係について論じる。

まず南朝方の在地領主は南朝軍の「軍勢」「一揆」を構成していた。「一揆」「軍勢」はその都度の在地領主の連合・一揆である。この「軍勢」「一揆」は在地を軍事力で実力支配する存在であった。

和泉国今泉庄軍勢違乱事、厳密被誡仰了、存其旨可令全管領、者天気如此、悉之、以状、

十二月三日　　　　　右中弁（花押）

吉水大夫律師房（以下、追而書は略）(33)

和泉国今泉荘では「軍勢」が「違乱」に及び、南朝はその制止につとめている。和泉国和田荘でも四条畷合戦の直前に「宮里方軍勢」（和泉国宮里荘の南朝方軍勢）が「軍勢所務」を企て、楠木正行と和泉守護代大塚惟正から停止されている。南朝方の「軍勢」「一揆」は、「今泉庄軍勢」「宮里方軍勢」「（法通寺荘）軍勢分」とよばれ、荘園を宛行われるかまたは占領・駐留していた。南朝と楠木氏は、こうした軍勢に所領を宛行うか占領・駐留地の支配を容認していた。朝用分の料所・給与地や軍勢料所もこれと同様のものであろう。

しかしこうした軍勢駐留支配には大きな問題があった。南朝方の軍勢が、幕府方所領の支配だけでなく南朝方勢力の所領を占領支配する事態が生じたからである。今泉荘だけでなく先にみた和泉和田荘や河内国小高瀬荘においても、南朝軍の支配が領主（金剛寺、和泉和田氏、観心寺）の支配権を侵害していた。

和泉国和田庄年貢三分壱、当年為朝用可執進由事、十一月九日御教書謹下賜候了、任被仰下之旨、催促金剛寺仕候処、当庄旧領候而被懸　公用之条、難堪之子細、去年就令言上、正行両度令注進了、雖未預　勅許、同篇之由申候、以此旨、可有御披露候、恐惶謹言、

十二月二日　　　　　橘正儀

進上　御奉行所(34)

先にみたように、河内金剛寺領の和泉国和田荘では金剛寺分（領家職）年貢三分の一が朝用分とされていたが、金剛寺の訴えを楠木正行が南朝に取り次ぎ、正儀も金剛寺のために南朝に働きかけている。和田荘領家職の朝用分は軍勢料所とされていたが、南朝と正儀により金剛寺に返還されている。小高瀬荘においても、「軍勢分并一揆分」が観心寺に返還された背景に、観心寺と南朝軍（「軍勢」「一揆」）との対立があったと考えられる。

金剛寺領・観心寺領にみるように、南朝軍と駐留地（およびその領主）との対立の調整や、軍勢料所・軍勢分所領の統制は、南朝と楠木氏にとって重要な課題であった。正儀は軍勢料所・軍勢分所領の停止と領主への返還を施行しており、朝用分・軍勢料所をめぐる対立の調整に大きな役割を果たした。南朝方寺院の所領の保障は、楠木一族の地域支配の安定のためにも必要であった。

その一方で正儀は、和泉の淡輪氏にみたように在地領主の当知行を軍勢料所として保障しており、在地領主の軍事動員体制の維持を図っている。正儀の河内・和泉支配が安定すると、在地領主は正儀や楠木一族に編成されていった。泉北の在地領主の上神氏（かつての若松氏）・毛穴氏は、泉南の楠木一族の地域支配者である橋本正督に組織されている。[35] 上神氏は河内でも楠木一族の沙汰付を担当している（文書一覧）。

次に在地領主と楠木一族の関係をみよう。和泉和田氏は畿内的な在地領主の典型として知られ、複数の権門と多元的な関係を形成し、荘園住民だけでなく広域的に交通や流通を担う寄人や神人を基盤としていた。[36] このような在地領主は、楠木一族が基盤とした河内・和泉に多数存在していた。和泉和田氏は、楠木正成の千早城攻めでは幕府軍に属して「野臥合戦」を行い、やがて楠木正成に通じて千早城に兵粮米を支援した。[37] 内乱期にも和泉和田氏は南朝方として四条畷合戦では百姓を動員している。

しかし和泉和田氏の和田荘は最前線地域であり、南朝軍が駐留し正儀からも軍事徴発を受けていた。また南朝が和泉和田氏（和田荘下司）の上司に相当する地頭職を南朝方の上神氏に与えることもあった。(38)和泉和田氏は幕府軍だけでなく南朝方の在地領主や軍勢からも所領を維持する必要があり、上級権力である正儀の保障を必要としていた。

和田蔵人資氏申河内国金田郷惣判官代以下所職事、帯安堵国宣、擬令知行之処、及違乱云々、為本領安堵之上者、被止料所之儀了、可被存知也、仍執達如件、

正平八年八月十九日　　少尉（花押影）

橋本五郎左衛門尉殿(39)

和泉和田氏の和田資氏（助氏）は、河内の在庁所職の安堵を正儀に申請して、国宣を得て「料所之儀」を停止されている。(40)しかし河内の在庁所職は、以後も縁者である河内一在庁の古市伊賀憲康（南朝方）の競望にさらされている。(41)和泉和田氏は正平十五年（一三六〇）に一時幕府方につき、南朝帰参後に南朝から和田荘半分を没収されている。また正儀は和田荘の「国衙」分を摂津渡辺党の一族渡辺左馬允に給与している。(42)渡辺党は多くが南朝方に属し、幕府服属期の正儀の都市堺支配においては渡辺宗徹が正儀の堺北荘支配に関わり、渡辺左馬允はさらに正儀から泉北の和泉国土師保造酒司領内に所領を給与されている。(43)

多元的な社会関係や広域的なネットワークを有する畿内在地領主は、正儀の地域支配にとっても欠かせない存在である。在地領主の連合や多元的関係にもとづく軍事動員や支配を行うためにも、正儀は畿内在地領主の所領保障・紛争調停・権益調整を行っていた。

正儀は幕府軍襲来の際、「公」（南朝・楠木氏）と「私」（和泉和田氏）の「御大事」であるとして、和泉和田氏に出陣を要請している。

明日卯刻合戦一定候、泉州御敵趣、雖襲来候、被打捨急速可発向候、今度公私御大事候、無相違候者、又如先度

引参り、此官軍可被遣泉州候、相構〳〵今夕可有御渡候、恐々謹言、

九月廿八日　正儀（花押）

和田蔵人殿(44)

先の書状によれば、在地領主（およびその連合である「軍勢」「一揆」）は、楠木氏とは「同心」の関係にあった。こうした在地領主の「私」と「同心」を「公」に組織することが楠木氏と南朝の軍事動員の論理であった。

楠木氏は南河内の金剛寺・観心寺との関係が強く、金剛寺に対しては朝用分の返還交渉や段米賦課の免除に尽力し、観心寺に対しても寺辺領の観心寺領七ヶ村を保障している。(45) 寺院との連携には、境内を要害として軍事利用する目的もあった。しかし楠木一族と寺院の関係の背後には、寺領・村落を含む地域社会との関係を維持するという事情があった。

和泉国久米多池堤興行事、任先例可被加修固也、仍執達如件、

正平十六年六月十九日　左馬頭（花押）

隆池院長老(46)

正平十六年、左馬頭正儀は和泉の久米田寺に対して久米田池堤の修理を命じている。久米田池は久米田寺の進退下にあったが、中世後期には久米田池周辺の池郷とよばれる村々の管理となっている。内乱期にも村落や地域社会が久米田寺堤の修理を求めていたと考えられ、正儀の命令はその要求に応えるものであった。

翌十七年、正儀は和泉の松尾寺と在地領主池田氏の後山池堤相論に裁許を下している。

池田左衛門入道阿法与松尾寺之僧等相論後山池堤事、就先日注進、寺僧等可修固候間雖被成敗、無其咎之旨、後日執申之上者、早任先例、可致其沙汰之由、可加下知之状如件、

正平十七年六月廿四日　　　　　　　　左馬頭（花押）

済恩寺飛驒守殿(47)

後山池は松尾寺の支配する池であるが、鎌倉後期には梨子本新池とよばれ、永仁二年（一二九四）に池田荘箕田村の刀禰層頼弁を中心とする沙汰人百姓が築造し、箕田村が管理してきた池である。この相論に対して正儀は松尾寺勝訴の裁許を下し、箕田村住民の水利秩序を保障したのである。この後、楠木一族の和田正光が池田荘地頭になっている。正儀の裁許は在地の用水秩序を保障するとともに、楠木一族の勢力扶植にも繋がっている。和田正光も後山池をめぐって松尾寺と争うが、永和四年（一三七六）に正儀は再び松尾寺勝訴の裁許を下している。(48)

楠木氏は南朝方の在地領主配下の百姓や野臥を動員していたが、正儀支配下で在地住民が所領を知行することもあった。北河内の波志者郷では「土民知行分」がみられる。

河内国波志者領家職三分壱近年土民、知行分泉州所領未安堵之間、可令知行之状如件、

康暦元年八月十一日　　　　　　　　中務大輔（花押）

淡輪左近将監殿(49)

正儀期の楠木一族は、地域社会の秩序を保障することによって地域支配の維持を図った。正儀の権力には軍事体制的な性格が強く、軍勢徴発や軍勢料所給与を優先させることもあった。そうした状況のなかで軍事体制と地域社会の秩序を調整し、幕府に対抗するためにも寺院・村落・地域社会の権益を擁護しながら地域支配を進めたのである。

楠木氏は正儀の段階に河内・和泉の在地領主を軍事体制に編成して安定的な地域支配を実現した。そして一時は、河内・和泉から幕府の支配をほぼ排除して楠木氏の分国支配を形成した。南朝の天皇綸旨や公家御教書の効力を保障したのも正儀であった。

おわりに

楠木氏の権力基盤は、楠木氏当主(正儀)を中心とする一族結合があり、次に在地領主の「軍勢」「一揆」を基盤とし、さらに和田氏のような広域的ネットワークを持つ畿内在地領主を組織し、寺院勢力とも連携していた。楠木氏の地域支配は一族結合による南河内の地域支配を中核とし、次いで一族を河内・和泉に配置して所領支配を形成し、一族配置と「軍勢」「一揆」による臨戦体制により支配を維持した。これは幕府との戦闘状態にある軍事情勢に即応した地域支配のあり方である。この体制によって、楠木正儀は南朝を支えるとともに、南朝から一定度の自立を維持していた。

しかし楠木氏権力は、全盛期を迎えた正儀の後半期に衰退・没落する。その要因は、正儀と楠木一族が築いた支配体制そのものにあった。正儀の幕府服属までの楠木氏は強い一族結合を維持したが、正儀が一族を被官化した体制ではなく、あくまで一族結合にとどまった。また在地領主の「軍勢」は「一揆」を構成して、正儀とは「同心」の関係にあり、楠木氏による在地領主の被官化には限界があった。正儀が幕府に服属すると楠木氏の一族結合は分裂し、在地領主の編成や「軍勢」「一揆」も解体していった。

さらに楠木氏は南朝を支えて幕府の軍事的圧力に対抗するため、一族と「軍勢」「一揆」の戦時体制を維持せねばならず、その反面で平時の支配機構の整備が進まなかった。加えて楠木氏に支えられながらもそれを制約する上級権力としての南朝の存在があり、楠木氏が南朝から離脱して地域権力を形成する道（正儀の幕府への服属、分国支配の進展）も不徹底であった。

楠木氏の支配は内乱期の地域社会に規定されていた。内乱期の地域社会は諸勢力の軍事活動が活性化し、「軍勢」「一揆」の軍事勢力が登場し、在地領主や地域社会の秩序が動揺した。地域社会の課題は、軍勢料所化・占領支配・押領による軍事支配や領主間紛争などの調整と解決にあった。河内・和泉ではこれに加えて、南朝支配下の固有の問題として、朝用分や南朝軍の占領駐留と軍事体制が地域社会に及ぼす災禍の問題があった。楠木氏には内乱を戦いながらこれらの問題に対応することが求められていた。河内・和泉の楠木氏は、南朝の軍事体制を維持しつつ、このような軍事体制や地域社会の紛争を調整し、地域社会の秩序を保障する存在でもあった。

しかし内乱期の社会は、公武政権や荘園制の再編成のなかで守護・国人を軸とした中世後期の秩序へと移行していく。楠木正儀は中世後期の秩序を準備する過程に登場した「軍勢」「一揆」を編成して地域支配を展開したが、幕府と南朝の狭間にあって一族が分裂し疲弊したこともあり、中世後期の支配体制への移行を果たすことができなかった。ここに内乱期の権力としての楠木正儀と楠木一族の権力の性格と限界がある。

註

（1）　ただし戦前においても藤田精一『楠氏研究』（積善館、一九一五年）は、正儀を「不孝・不忠」としつつも和平派の武将と評価する。中村直勝「楠木正儀」（『南朝の研究』星野書店、一九二七年、のち『中村直勝著作集』第三巻、淡交社、一九七八年）も、正儀の権力や支配を一定度評価している。

（2）「観応二年日次記」観応二年（一三五一）五月条、亀田俊和『南朝の真実』（吉川弘文館、二〇一四年）、細川涼一「中世における戦争と平和」（『歴史評論』六八八、二〇〇七年、のち細川『日本中世の社会と寺社』思文閣出版、二〇一三年）。
（3）堀内和明「楠木一党と大鳥庄悪党をめぐって」（『ヒストリア』一四六、一九九五年）、堀内和明『河内金剛寺の中世的世界』（和泉書院、二〇一二年）、廣田浩治a「中世中後期の和泉国大津・府中地域」（『市大日本史』八、大阪市立大学、二〇〇五年）、廣田浩治b「南北朝内乱期の畿内在地領主と地域」（『日本史研究』六五八、二〇一七年）。
（4）堀内註（3）論文、新井孝重『楠木正成』（吉川弘文館、二〇一一年）「楠木一族と仲間の諸族一覧」。
（5）「和田文書」延元三年（一三三八）高木遠盛軍忠状。「和田文書」については、泉佐野の歴史と今を知る会編『地域論集Ⅴ　南北朝内乱と和泉』（二〇一五年）。
（6）「和田文書」延元二年岸和田治氏・快智・定智軍忠状。
（7）海老澤衷「棚田と水資源を活用した楠木正成」（水島司編『環境に挑む歴史学』勉誠出版、二〇一六年）は、正成の赤坂・千早籠城戦における水資源について考察している。
（8）「天龍寺文書」正慶元年（一三三二）臨川寺領等目録注進状案、堀内註（3）論文、堀内「楠木合戦と悪党の系譜」（『大阪春秋』一六二〜一六八、二〇一六〜一七年）。
（9）「楠木合戦注文」。
（10）小西瑞恵「悪党楠木正成のネットワーク」（『日本中世の民衆・都市・農村』思文閣出版、二〇一七年）。
（11）「和田文書」正平二年（一三四七）和泉守護代大塚惟正書状。註（3）廣田「南北朝内乱期の畿内在地領主と地域」。
（12）『河内長野市史』史料編「金剛寺文書」元弘三年（一三三三）楠木正成書状、「徴古雑抄」建武元年松尾寺住侶言上状写。

(13)　大日本古文書『観心寺文書』正平二十三年河内守護代河野辺駿河守遵行状。菱江民部大夫は中河内の菱江荘（現東大阪市）の出身と思われる。

(14)　廣田註（3）b論文。

(15)　『阪南町史』史料編「淡輪文書」正平十年楠木正儀宛行状。

(16)　廣田註（3）b論文。

(17)　堀内註（3）論文、廣田註（3）ａｂ論文。

(18)　朝用分の研究には中村直勝「南朝の経済策管見」（中村註（1）著書）。

(19)　「金剛寺文書」四月十日楠木正儀施行状。

(20)　「金剛寺文書」十一月十一日楠木正儀施行状。済恩寺氏も「正」を名乗っており楠木一族である（文書一覧）。

(21)　「和田文書」正平六年俊行書状。

(22)　「住吉大社文書」九月六日左少弁奉書。三浦周行「堺港」（三浦『日本史の研究』岩波書店、一九二二年、のち三浦『大阪と堺』岩波書店、一九八四年）。

(23)　『岸和田市史』第六巻「久米田寺文書」建徳元年（一三七〇）橋本正督施行状。楠木一門の橋本民部大輔正督は和泉南部の地域支配を担った。

(24)　「高山寺文書」応安五年（一三七二）楠木正儀施行状。

(25)　「東寺百合文書」正平二十三年十二月八日長慶天皇綸旨。

(26)　「久我家文書」正平二十二年楠木正儀国宣。

(27) 堀内和明「応安六年天野・長野合戦と年号問題」(『歴史と地域』九、二〇一〇年、のち堀内註(3)著書)。
(28) 「里見忠三郎文書」応安二年楠木正儀下知状。
(29) 「東大寺文書」永和二年(一三七六)楠木正儀施行状。
(30) 『高石市史』第二巻「田代文書」応安二年楠木正儀書下。
(31) 「花営三代記」康暦二年(天授六年、一三八〇)七月二十日条および橋本正督等の頸注文。
(32) 正儀は南朝帰参後の弘和二年(一三八二)二月に河内平尾で幕府方の山名氏清と戦っている。
(33) 永島福太郎編『大和古文書聚英』「吉水神社文書」十二月三日後村上天皇綸旨。
(34) 「金剛寺文書」十二月二日楠木正儀請文案。
(35) 註(31)「花営三代記」、堀内註(3)論文。
(36) 小西瑞恵「中世畿内における武士の存在形態」(小西註(10)著書)、錦昭江「和泉国における在地領主制の展開」『刀禰と中世村落』校倉書房、二〇〇二年)、廣田註(3)b論文。
(37) 「和田文書」正慶二年(一三三三)治時感状、『鎌倉遺文』三二八三七号楠木正成書状。
(38) 堀内和明「和泉の国地頭について」(『日本歴史』五七一、一九九五年)、
(39) 「和田文書」正平八年少尉(楠木正儀か)施行状写。小西瑞恵「河内・和泉地域における南北朝内乱」(『大阪樟蔭女子大学論集』二〇・二一、一九八三・八四年)。
(40) 「和田文書」正平九年古市伊賀憲康申状。
(41) 井田寿邦「和泉国の在地領主和田氏の展開」(地方史研究協議会『巨大都市大阪と摂河泉』雄山閣出版、二〇〇〇年)、堀内和明「河内三善氏の和泉へのまなざし」(『泉佐野の歴史と今を知る会会報』二七六・二七七、二〇一〇～一一

年）。ともに註（5）『地域論集Ⅴ　南北朝内乱と和泉』に収録。

（42）「惣官家文書」正平二十一年楠木正儀書下写。加地宏江・中原俊章『中世の大阪』（松籟社、一九八四年）、生駒孝臣「南朝と畿内武士」（阿部猛編『中世政治史の研究』日本史史料研究会、二〇一〇年、のち生駒『中世の畿内武士団と公武政権』戎光祥出版、二〇一四年）。

（43）「東大寺文書」永和二年（一三七六）渡辺宗徹遵行状、「渡辺文書」応安七年楠木正儀書下。小西瑞恵「堺荘と西園寺家」（『大阪樟蔭女子大学研究紀要』三、二〇一三年、のち小西註（10）著書）。

（44）「天龍寺真乗院文書」九月二十八日楠木正儀書状。

（45）「観心寺文書」弘和三年楠木正儀国宣。

（46）「久米田寺文書」正平十七年楠木正儀施行状。

（47）『和泉市史紀要第3集　松尾寺所蔵史料調査報告書』「松尾寺文書」正平十七年楠木正儀下知状。

（48）「松尾寺文書」永和四年楠木正儀下知状。

（49）「淡輪文書」康暦元年楠木正儀書下。

南北朝期の名主・荘官職相論と守護被官の形成

徳永裕之

はじめに

二〇〇〇年代以降、十五世紀における守護・荘園研究は、新たな進展をみせている。井原今朝男氏は再版荘園制論として、室町期の荘園制を幕府によって新たに再編された荘園制と位置付けた(1)。さらに伊藤俊一氏は、武家領主・寺社本所領主がともに荘園領主として、あらたに再編された「荘園制」のもとで在京領主として支配する体制として室町期荘園制を提起する(2)。幕府研究の視点からも、荘園制を支える基盤としての中央の求心性をもとめる研究がなされている。早島大祐氏は、公武統一政権の首都としての京都の求心性を(3)、また山田徹氏は守護の在京の意味を高く評価する(4)。さらに幕府と守護の関係に関しては、川岡勉氏による幕府から公権が移譲された存在として守護をとらえる幕府—守護体制論が提起されている(5)。

このように十五世紀の研究が進展するなかで、かつて守護領国制論において提起された「守護領国」化と呼ばれた現象があらためて問題となろう。永原慶二氏は、守護の領国化の過程のなかで、国人の被官化、荘園の侵略という二つの視点を提起した(6)。この視点は、守護領国制論の破綻とともに、現在ではあまり顧みられることがない問題となっている。筆者も守護領国制論を支持しないが、そこで提起された問題を改めて問いなおす必要があると考える。守護領国制論で提起された問題を、現在の研究史的視点から捉えなおすと、守護職に補任された守護が、いかにして地域社会を守護する存在として成長していくのかという問題となる。つまり守護は、守護職を補任されれば守護として機能するということではなく、地域社会のなかで受容されてこそ守護となりうるのではないかということである。

守護の問題を考える上で重要となるのが、守護を受け入れる地域社会側の視点から守護を見ることである。かつて拙稿では以下の点を指摘した。地域社会のなかで守護が権力を行使できるのは、地域社会のなかで名主・荘官層(名主・沙汰人層)が守護代や郡代といった守護被官との間で被官関係を形成し、被官化した名主・荘官層が守護使や使者として地域社会の秩序を維持していたからである。さらにこうした名主・荘官層の守護奉公は、単なる上から編成されたものではなく、名主・荘官層自らが地域社会の競合関係のなかで上部権力の保護を期待して結ばれたものであった。(7) このように十五世紀社会では地域社会と守護との関係が見えつつあり、「守護」が「守護」たりえるのは、地域社会のなかで被官化した名主・荘官層が安定した状態になければならなかったのである。

こうした十五世紀における守護を中心とする地域秩序の形成は、十四世紀の南北朝内乱を経て形成されたものである。つまり、守護を中心とする地域秩序の形成に向かわせた要因を明らかにすれば、南北朝内乱が長期化した背景を浮き彫りにできよう。

上記の視点を前提とすれば、まず、十四世紀における鎌倉末から南北朝内乱のなかで、どのような問題が地域社会において発生していたのかを検討する必要がある。そこで本稿では、南北朝内乱期に頻発する名主・荘官職相論に着目し、その社会的な背景を検討する。それによって、名主・荘官層の守護権力への被官化の動きをみていきたい。

一　荘園領主の日記にみえる南北朝期の荘園―『師守記』の事例から―

まず、南北朝期の荘園の様子から確認していきたい。かつて永原慶二氏は、南北朝内乱期を荘園制解体の決定的画期とし、本家職の失墜・放棄と一円的下地支配への動きがあることを指摘した(8)。それを荘園制の解体の決定的画期というかは別として、はじめにで述べたように鎌倉期の荘園制と室町期の荘園制が大きく異なることから、鎌倉期までの荘園制が解体され、あらたな荘園制(室町期荘園制)が再編される画期となったことは事実であろう。改めて、その変化のなかでの荘園の様子を概観していきたい。

ここで検討の対象とするのは、『師守記』(記主、中原師守)に記された荘園の様子である。『師守記』には、大炊寮の所領に関する年貢・公事の送進の様子や、荘園から名主・荘官層が上洛してあいさつに訪れた記事など、この時期の荘園の様子に関して豊富な記事を残す。大炊寮の二つの荘園の荘官職をめぐる相論をみていきたい(9)。

1　若狭国田井保の公文職をめぐる相論

若狭国田井保は大炊寮の荘園で、中原氏が領家職を保持していた。文永二年(一二六五)の若狭国大田文には「即保十八町三反七十二歩、来田五丁　三方郷」とあり、大炊寮の便補保として成立していたことがわかる(10)。まず田井保の公文職に関わる記事を見ていきたい。

A康永四年(一三四五)四月二十八日条　今日田井保公文良成上洛、訪申先人御事、又顕職御事畏申之、予申次之、

此次月御菜持参、公文職安堵事御問答之、可致秘計之由申之…

B同年五月一日条　今日田井保公文良成賜安堵御下文、任料十貫文致沙汰、申次一貫文也…

C貞和三年(一三四七)正月二十三日条　(頭書)今日□(石)崎大進参入、田井保公文為□□(安堵)也云々、大進房故道尊子云々、

D同年三月三日条　今朝田井保公文良成参入、円慶訴詔(訟)之間、参洛之、昨日百疋幷土産進上之云々、今日円慶進開酒百疋、昨日進土産了、

E同年三月七日条　是日、若狭国田井保公文職事円慶道尊子与良成当時公文相論、両方参入、不及召決、以訴陳有沙汰、円慶道尊子所申非無其謂之由、面々一同了、

F同年三月十日条　今日田井保公文職事円慶賜御下文了、安堵料十貫文、此外酒肴料百疋沙汰之、申次百疋致沙汰、予申次之了、

田井保では、康永四年四月に良成が公文職の安堵のために上洛し(A)、五月に安堵料一〇貫文で公文職に安堵された(B)。そして、貞和三年正月、石崎大進房円慶という人物が上洛してきた(C)。円慶は故道尊子と注記されていることから、円慶の父道尊は公文職に何らかの由緒を持つ人物なのであろう。その後、三月三日に円慶と良成が上洛した(D)。七日に双方の訴陳をもって裁許がなされ、円慶の言い分を一同が認め、円慶の勝訴とした(E)。そして、円慶に安堵料一〇貫文にて公文職を安堵したのであった(F)。

ここでは、良成に安堵された公文職が、領主の裁許により何らかの由緒を持っていた円慶に安堵されたことがわかる。

2 丹波国今安保の下司職をめぐる相論

丹波国今安保は現在の福知山市に位置する大炊寮の荘園である。ここでは今安保の下司職をめぐる相論の様子をみていきたい。

康永二年（一三四三）二月十七日、今安保から下司代の心浄代官子息重俊が上洛し、中原師守と問答した上で、安堵について師守から申している（以下、『師守記』の内容についての日付は条文の日付による）。康永三年八月十七日には、下司職について和談したということが現地から伝えられている。すでにこの時期には、下司職をめぐって何らかの対立があり、和談が成立していたことがわかる。さらに康永四年四月二十七日、下司代心浄に守時名の安堵がなされ、安堵料として合わせて四貫文が進上されたことがみえる。五月七日、今安保名主たちが、下司代心浄を用いないように訴えている。その理由は、下司円祐が下司名内の違乱・苅麦をおこなったことによるらしい。五月二十六日には再び今安保の名主たちから下司代心浄を用いないことを訴えてきていた。そうした中、六月二日に下司代心浄が下司職の安堵料五貫文、申次料二貫文を師守のもとに送進している。

康永二〜四年かけて、今安保の下司職をめぐる何らかの対立があったが、領主である中原家は下司職円祐・下司代心浄を任じた。しかし、円祐・心浄と在地の名主層との間で対立がおこっていた。

貞和三年（一三四七）二月二十五日、今安保土田内円祐別相伝の土地をめぐり訴訟がおきる。竹夜叉丸代山階蓮花房大夫と円祐・心浄の訴訟が領主中原家の邸宅でおこなわれた。二十九日に裁許がだされ、賀茂田二段・上田二段は下司に付されるとして竹夜叉丸が敗訴した。しかし、五月十五日、油小路隆蔭が使者として師守のもとを訪れ、今安保の下司職について竹夜叉丸が嘆き申しており、さらに竹夜叉丸が「当知行の仁」であると伝えてきた。さらに翌日には竹夜叉丸代大夫房が、洞院公賢の今安保の下司職について日限を定めて召し決せよという口入状を持参して訴えてきた。

この訴えを聞き入れた師守は、六月四日に竹夜叉丸代代官大夫（蓮花房ヵ）と円祐を対決させ、六日に裁許をおこなった。それによると、正元年間（一二五九〜一二六〇）の家君の下文以後、竹夜叉丸の代々の下司職の相続は勿論であるとして、竹夜叉丸が勝訴した。八日、竹夜叉丸に下司職の安堵がなされ、任料として一〇貫文を納めている。その後、貞和五年七月十日には、下名(下司名ヵ)に対して円祐が、荻野源左衛門尉を相語らって、苅田狼藉をおこなっていることがみえる。

この今安保の事例では、下司円祐・下司代心浄が今安保内で名主層と対立していた。さらに以前からの由緒を有していた竹夜叉丸と下司職をめぐって争っていた。その後、円祐・心浄は、竹夜叉丸から訴えられた賀茂田二段・土田二段に対しては勝訴したものの、再び下司職をめぐる裁許では竹夜叉丸側に敗れた。その下司職相論に際しては、竹夜叉丸方が洞院公賢の口入状を得るなど他の有力者とつながりを持っていたことを伺わせる。最終的には正元の下文が根拠となったとはいえ、洞院公賢の口入状などが裁許に影響を与えたものと思われる。訴訟に敗れた円祐は荻野源左衛門をたより実力行使に及んでいる。

これら田井保・今安保の事例から、荘官職(公文職・下司職)を安堵されたものが、別の由緒をもつ人物に訴えられ、領主の裁許により改替させられていることがわかる。

こうした荘官相論と絡んでみえるのが守護との関係である。内乱が激化するなか、守護方による荘官職などの闕所や、守護方よりの半済・課役もみえてくる。田井保では、貞治元年十一月二十九日、守護(石橋和義)より、丹波攻めのため半済により一円を管領することを触れていることがみえる。貞治四年四月十六日には、守護方より「南方向」のため三〇貫文の賦課があったが、譴責により八貫文を出している。貞治六年四月二十日には、公文職について守護代が違乱していることが見え、さらに同年五月三日には、公文について守護方の「地下悪行以外」という状態となり、百姓から申状が師守のもとに届けられている。同年五月六日には、守護方に対して狼藉を止め公文職闕所の所見を注進するように求めている。おそらく円慶が守護方により闕所の処分をうけたのであろう。その後、六月八日に円憲（円慶カ）の舎弟である石崎大輔房道成が安堵料一〇貫文で公文職に補任された。しかし、守護方からの違乱は続き、七月二十五日には市川入道がこれより守護方が公文職を管領するとして乱入してきた。翌日には若狭守護一色範光のもとで、守護方奉行人の小江房と公文職の闕所について交渉をおこなっている。その後、同年の九月二十六日には公文道成に参洛を命じていることから、守護方による闕所を免れたようである。

また今安保では、貞治三年六月七日、新守護山名氏冬のもとで守護代小林氏（重長）より半済の実施が伝えられた(11)。さらに四分一は前守護（仁木義伊）の郡使であった梶村が本所と契約をしたとして、半済内の半分を管領することを主張した。それに対して、梶村との契約がないという本所の御教書を今安保に下している。

このように、南北朝期における荘園現地における問題は、荘官職や名田（名主職など）をめぐる相論の激化と、守護方による闕所や半済・課役への対応という二つの課題があったことがうかがえる。

二　播磨国矢野荘是藤名をめぐる相論

前節に見たように、南北朝期に在地で荘官職や名主職をめぐる相論が多発していたことが確認できたが、こうした相論がなぜ発生していくのか考えていきたい。

本節で事例とするのは、播磨国東寺領矢野荘の是藤名をめぐる相論である。播磨国矢野荘は、兵庫県相生市にある著名な荘園である。正和二年（一三一三）の後宇多上皇の寄進により東寺領矢野荘が成立する。矢野荘においては、寺田法然の乱入事件、十三日講事件、守護との関係、荘園制の問題など、さまざまな視点から研究が進んでいる(12)。

この矢野荘の是藤名をめぐる相論については、『相生市史』の通史編による記述や佐藤和彦氏などの研究がなされている。こうした研究によりながら、十四世紀における名主職の相論の実態を検討していきたい。

1　観応の相論―実円と真殿慶若丸の相論―

この相論の当事者となったのは、矢野荘是藤名名主実円と真殿守高・慶若丸である。実円は正和三年（一三一四）の寺田法然悪党事件に際して、荘家警固の忠により、是藤名の名主に任じられたという。一方の真殿守高・慶若丸は、もとは是藤名の名主であったという真殿源太入道の子孫であり、慶若丸の父（養父）真殿守高が是藤名の知行を主張していた。まず相論の経過をみていきたい（以下、史料引用にあたっては略称を使用した）(13)。

A観応元年（一三五〇）三月　真殿守高・慶若丸申状…真殿守高・慶若丸が輔法師（実円のこと）に非分の掠領を停め、是藤名名主職を安堵されることを訴える（み函二八、『相七』一七三―一～七）。

B同年五月　実円陳状…実円が真殿慶若丸の非拠訴訟を棄ておき、当知行の道理に任せて安堵されることを求む（ほ函三五、『相七』一七五―一～三）。

C同年六月　真殿守高・慶若丸重申状（ト函四六、『相七』一七七）。

D同年六月　実円重陳状（ケ函三六、『相七』一七七）。

E同年六月二〇日　実円が勝訴。建武二年（一三三六）の下知状が認められ、慶若丸の元徳二年（一三三〇）の状は謀書とされる（観応元年学衆評定引付、ム函二四、『相七』二）。

F同年六月二七日　真殿守高が、郡使と号して平三郎右衛門入道の先として乱入する。「真殿兵衛二郎守高以下輩、得民部卿大僧都房深源語、以守護被官権威」とあり、前給主の深源と結びついていた（同前）。

以下、両者の主張を論点ごとに確認していきたい。

【両者の相論の主張】

	真殿守高・慶若丸の主張	実円の主張
知行の根拠	・延慶二年（一三〇九）に、是藤名の名主城重末が、息女千代鶴女に是藤名を譲る。 ・元徳二年（一三三〇）、千代鶴女が是藤名名主職に補任される。 ・建武三年（一三三六）、千代鶴女が是藤名名主職に補任される。 ・康永三年（一三四四）、千代鶴女から弟真殿守高に是藤名主職を譲る。 ・貞和三年（一三四七）、守高が親類であった慶若丸を養子として、是藤名主職を譲る。 ・寺家よりの代々の補任状（元徳二年、建武三年千代鶴女宛）がある（元徳二年頼覚補任状は謀書と認定される）。 ・実円は由緒がなく押妨している。	・城重末は嘉元二年（一三〇四）に坂越浦海賊人として坂越浦地頭に捕まり闕所となり、その後、是藤名は寺家が知行。 ・真殿源太入道（千代鶴女伯父）等が、寺田法然と与同して寺家に合戦に及び、実円は、荘家警固の数ヵ度の抜群の忠節を行ったため、建武二年に恩賞として是藤名名主職に補任される。 ・兄実長（真阿弥）も、同様の恩賞として光貞名を補任される。 ・千代鶴女の建武三年の補任状は、前給主（果宝）により掠め賜ったものである。 ・城重末は、嘉元年中に死去しており、延慶二年の譲状は謀書である。
実円の罪科	・実円が、飯尾次郎三郎代長井六郎と語らって、由緒がないのに下知状（建武の下知状ヵ）に背き非分の押領をおこなった。 ・実円は、塚堀・盗犯により守護方の罪科をうけ、逐電・隠居した。 ・実円は、飽間氏の若党平八を殺害。	・代々の下知状により知行。 ・塚堀・盗犯は不実。 ・若党平八殺害は不実。
実円の身分	・城重末（御家人ヵ）―息女千代鶴女―真殿守高―慶若丸と名主職を継承。 ・実円は公文藤原清胤母が買得した相伝の下人又五郎入道の子。凡下尫弱の奴婢に御家人重代の所職は任じられない。	・実円祖父日替田五郎左衛門尉長範以来、親父同又五郎長弘法師、名越遠州家の家人、「名字無其隠侍」である。 ・守高父兵衛太郎は海老名源三入道の重代の下人である。父子ともに中間として召仕われる。主人のもとを逐電したとき、周世郷真殿村（赤穂郡）に隠居する。元徳年間、守孝・源太入道等、百姓職として、周世郷の預所職であった舎兄真阿に朝夕の給仕を行う。 ・当名は本所進止の地、寺家一円御管領のところ、御家人職と称するのは珍事。

⑴知行の根拠の文書

真殿側の主張によると、延慶二年(一三〇九)に御家人の城三郎重末から息女千代鶴女に譲られ、康永三年(一三四四)に千代鶴女は弟である真殿守高に譲ったとする。その後、貞和三年(一三四七)に守高が、親類であった慶若丸を養子として譲った。さらに元徳二年(一三三〇)、建武三年(一三三六)に千代鶴女に宛てて出された名主職補任状を支証とする。一方の実円は、真殿・寺田法然らの乱入に際して、荘家警固の忠賞として、建武二年に是藤名の名主職を補任されたとする。

この両者の根拠となる文書であるが、まず真殿側の文書は、裁許において東寺から偽作と認定された元徳二年の補任状のように、支証となった文書は偽作された文書であった可能性が高い。一方の実円の建武二年の補任状に関しても、同時期に発給された他の名主職補任状の事例からすると、実円に対する補任状の文言が多く、訴訟に際して加筆もしくは偽作された可能性が考えられる。(14)

⑵出自をめぐる点について

真殿側の主張では、城重末(御家人・父)から譲られた千代鶴女(娘)は親子の関係、千代鶴女(姉)と真殿守孝(弟)は姉弟の関係、真殿守孝・千代鶴女と真殿源太入道(伯父)は甥・姪と伯父の関係、真殿守孝高(息子)と兵衛太郎(父)は親子関係にあったという。このように真殿氏は御家人城氏とのつながりを主張している。さらに実円に対しては、実円は公文藤原清胤母が買得した相伝の下人又五郎入道の子で御家人重代の所職は任じられることがない凡下低弱の奴婢であると主張する。

一方で実円の主張によると、真殿氏は矢野荘地頭海老名氏の中間として召し仕われていたのち周世郷真殿村へ隠居し、実円の兄真阿弥に対して政所において百姓として給仕をおこなっていたとする。これは真殿氏が御家人との関係を有する一族であるという主張を否定するものである。さらに真殿側が下人の子と主張した実円の由緒をめぐっても、実円の祖父日替田五郎左衛門尉長範以来、親父の同又五郎長弘法師は、名越遠州家の家人で「名字無其隠侍」であると主張した。

両者の主張によると、是藤名が鎌倉後期まで御家人の城重末が知行していたということは間違いないようである。その後、代々にわたり継承していたとする真殿側と、建武二年以来の知行の正統性を主張する実円という形で相論がおこなわれた。

とくに注目されるのが、相手の知行の正統性を批判する際に用いられた論理である。つまり相手側を、下人・百姓といった「侍」身分ではなかったとする主張である。御家人が所持していた名主職に関して「侍」身分でなければならないという当時の慣習が反映されているのであろう。こうした主張について先行研究では、実際の鎌倉末から南北朝期における身分の変化の実態を表すものか、もしくは単なる相手の正統性を否定するために用いられた主張とするか、分かれるところである(15)。訴訟において互いが主張している点からすると、当該期の社会の実態を反映しているものと考えられ、鎌倉末から南北朝期にかけて荘官・名主層に身分的な流動性があったものと考えられる。両者が主張するように、百姓・下人であっても、実力や由緒により名主職・荘官職に補任される可能性があり、逆に御家人であっても、社会の変化によって下人身分に転落する可能性があったということになる。

また実円の主張によれば、兄真阿弥(実長)は、元徳年間に周世郷の預所であったという。このことが事実であれば、周世郷・矢野荘という荘園の枠組みをこえて、複数の権益を保持し、十四世紀に名主・荘官層の居住地の移動がおこなわれていたということであろう。

⑶実円の塚堀・盗犯の罪科をめぐって

真殿側は、実円が塚堀・盗犯により守護方の罪科をうけ逐電・隠居し、さらに飽間氏の中間を殺害したと主張した。これに対して、実円はすべての罪科を否定する。この罪科は事実なのであろうか。暦応四年(一三四一)に、田所脇田昌範が百姓から「彼昌範為損名主・百姓等、于庄家、引入守護使、被召捕百姓等」として訴えられている(サ函八、『相七』一二八―一)。一方の昌範の陳状によると、「昌範引入守護使於庄家之由、無跡形申状也、東方一分地頭西奥七郎許、付塚堀事、三ヶ度人催促、守護使令入部之間、□□(彼)主従三人遂(逐)電之間、押寄舎兄真阿之宿所、致催促者也」とある(ヤ函二三、『相七』一二九)。一部に欠損があり、名前が正確に読めないが「舎兄真阿」とあることから、この守護使の入部により逐電したのが実円であったことがわかる。実円が塚堀の罪科により、守護方より追捕をうけたが逐電し、守護使は兄の真阿弥のところに催促にいったようである。以上のことから真殿側の実円に対する罪科の主張は正しいものであろうと推測される。

六月二十日、両者の主張を踏まえて、東寺の裁許が下された。訴訟は実円が勝訴し、慶若丸等が主張する延慶二年の譲状と元徳二年の補任状は謀書、建武三年の補任状は「一方楚忽之下知」と認定された。

その後、敗訴した真殿側は、六月二十七日守護方被官郡使平三郎右衛門入道を相語らって真殿守高が是藤名へ乱入事件をおこす。訴訟に敗れた結果、実力による奪回を企図したのであろう。こうした背景には真殿守高と守護被官との被官関係があったと推定される。

この相論におけるそれぞれの正統性を確認しておきたい。実円は軍忠による正統性を主張し、真殿側は相伝による正統性を主張した。いわば軍忠と相伝という二つの由緒の正統性の違いである。

この軍忠と相伝の違いについて、佐藤和彦氏は「名主職補任について、荘園領主への功績(軍忠・未進年貢皆済)に応じての補任＝恩補（継目安堵）という形式で臨んだのに対し、農民側は、先祖相伝の耕作事実をもって対抗しようとした」と評価し、荘園領主側の正統性の主張は功績（軍忠）、農民側の正統性の主張は相伝であると位置づけている(16)。地域社会において、軍忠による安堵と、先祖相伝による安堵という異なる二つの正統性の論理が紛争の要因となっていたのである。正統な二つの論理が発生することで、常に自己が持つ職に対する権益が他者によって妨害される危険性にさらされていた。こうした論理の違いは、佐藤氏が主張するような、荘園領主の論理と農民側の論理という対立ではなく、相論当事者が自己に優位な論理をそれぞれ利用したと考えられる。

2 「軍忠」と「相伝」の対立をめぐって

「軍忠」と「相伝」の優位性を、研究史のなかから考えていきたい。

石井良助氏は、「不動産物権を有すとの主張は、適法な物権を主張するものでなければならない。すなわち、知行の由緒は、適法な知行の由緒でなければならない。物権を主張するという以上、それが適法であることは当然であろう。しかし、このことは押領が知行であることを妨げるものではない。けだし、押領というのは、ある人が由緒なくして、ある所領を知行していることを、その人に知行を奪われた人その他の第三者が称する言葉だからである。本人が、みずから、押領と称することはない」として、相論当事者がそれぞれの正統性をもつことを指摘する(17)。

笠松宏至氏は、闕所地の分析から、鎌倉期において幕府法令による決定された新給人の保護と、武家社会一般の慣習としての本主の闕所回復権の対立があったこと、建武政権期には元弘収公地に関して、北条氏以前の本領主で相承が明らかなものに関して復活が認められたこと、さらに室町初期には本主権の尊重に充分な配慮がはらわれていたことを指摘している(18)。武家社会においては、鎌倉期の法による新給人保護と武家の慣習としての本主権との対立があり、南北朝以降には本主権への配慮がなされていくということである。

また近藤成一氏は、政権が安定にむかう時期には本領安堵と当知行安堵はともに抑制されるとし、所領知行主の安堵は、当給人と旧主のいずれかを味方とし、いずれを敵とするかという私権力のものであり、選択の基準は客観的な理非の判断ではなく、私的・主観的な利害の判断であるとする。[19]

西谷正浩氏は、荘園制において所領(私領)の所有者が、将来に対する「子孫相伝」の保障を期待して、有力者に寄進を実行したが、受寄者は不法・不忠を理由として「寄進の領主」の諸職を解任し新たな人物を補任した。そして、天福元年(一二三三)の徳政を契機として下位権者の権利保護がなされ、本主権の回復(本主の旧領回復を目的とした政策)の方向性に向かっていくことを指摘した。[20]

武家社会における「旧領回復」と「当知行」の対立、荘園制的諸職における「子孫相伝」と忠節による安堵の対立という視点でみると、鎌倉末から南北朝期において武家・公家を問わず、相伝を優先する考えた方と、新たな給人や幕府・本所による新たな安堵を優先する考え方の対立が生じていたことがわかる。そして、武家社会・公家社会においても建武政権を境に本領回復への動きを強めていく。

さらに室町期の動向を確認しておきたい。当知行安堵を検討した松園潤一朗氏は、鎌倉期の外題安堵法、建武政権の当知行安堵政策を背景として、室町期の当知行安堵政策が展開し、足利義満期には当知行安堵の原則が示されると指摘した。[21] また吉田徳夫氏は文安年間において山名氏が播磨において「山名之方式」として「相伝之理非」によらず知行の事実に基づいて安堵することを宣言したとする。[22] このように、十五世紀になると幕府の所領安堵政策の中心は、「当知行」に基づくものという認識があったようである。

矢野荘における軍忠と先祖相伝の優位性について確認しておきたい。佐藤和彦氏は康安元年(一三六一)に時延名名主道日跡を、子栄杲が望請うた際、「当荘には継目安堵の先例はないからとのべ、「当荘百姓法令」である相伝耕作事実による補任を要求」したとする[23]。また、実円の死後の名田をめぐる学衆評定においても「一、実円跡名田事、依忠功、拝領之地、賜続目安堵者、定法也、而[redacted]（称）有忠、有限法度対捍之条、太不可然」（ヲ函九、『相七』三七）と、荘園領主の東寺の認識は忠功により補任された職は継目安堵を給わらなければならないのが定法というものであった。つまり、知行の根拠として相伝の所領に関して継目安堵を得ず相伝耕作の事実（事実上の当知行）において補任が要求され、一方で忠功により拝領地は継目安堵を給うのが定法であるとされ、知行の正統性において相伝の方が上位に位置していることがわかる。

　このように南北朝期において知行の根拠として、「先祖相伝」が優先されることは、百姓・領主の共通の認識であったということになる。さらに社会全体も、勲功などによる拝領者の保護から先祖相伝が優位になりつつあった。

　一方で忠節による由緒の正統性に影響をあたえるきっかけとなったのが、建武政権と鎌倉末から南北朝初期における地域社会の混乱である。建武政権は元弘三年（一三三三）に「勲功賞事」として「武士以下緇素貴賤不論其人、於致合戦忠之輩者、本所帯本訴等安堵之外、各新可有不次之恩賞、其功及子孫、可令永代相伝之条勿論也」（光明寺残篇『鎌倉遺文』三二一二五）として、武士以下の人物であっても合戦で忠節をつくした人物には恩賞を下され、さらにその恩賞は子孫に相伝として認めることを宣言する。その後、先に見たように元弘収公地に関しては本主の旧領回復政策が示される。こうした建武政権の法令や地域社会の混乱のなかで実力をもとめる風潮が契機となり、先にみたような軍忠と相伝という論理のズレが生まれてきた。こうした正統性のズレが南北朝内乱の在地における紛争の要因であり、長期にわたり紛争が再生産させていく原因となる。

3　是藤名の行方

(1)実円のその後

①実円兄真阿弥（実長）の没落

延文三年（一三五八）に、矢野荘から東寺に送進された年貢銭三〇余貫文が紛失する事件が発生した（ム函三五、『相七』一九）。その責任として、年貢運送の責任者であった真阿弥が、紛失した二〇貫文のうち一〇貫文を負担することとなった。さらに実円は、飽間九郎左衛門入道家人らを重藤名に引き入れ、寺家の御使を追い出したとして罪科に問われ、名田の収公が問題となっていた（ム函三六、『相七』二〇）。真阿弥は紛失用途を無沙汰ということで、名田を召放つことがきまったが、その後の真阿弥の動向は不明となる（ル函五六、『相七』二三）。年貢銭紛失事件の後に没落もしくは死去したものと思われる。

②十三日講事件と実円死後の遺領問題

応安二年（一三六九）、「十三日講」において、実円が右近允を打擲刃傷する事件が発生した（ム函四六、『相七』二〇）[24]。東寺の裁許は実円の名田没収と追放であったが、百姓等の実円を擁護する申状などにより、贖銅五貫文で解決した（ム函四六、『相七』三〇）。この事件について、突発的な喧嘩というより、被害者である右近允は代官の祐尊との関係があり、荘内の有力名主実円と代官祐尊の対立が背景にあった可能性も考えられる[25]。

応安七年に実円が死去し、遺領を三人（兵衛五郎実長、侍従坊快喜、新次郎実次）の子が相続するにあたり、代官祐尊による遺領の相続に対する妨害が発生した（ラ函八、『相七』三六）。実円の遺領問題は混乱しながら、永和二年（一三七六）に兵衛五郎実長らに補任された（ラ函九、『相七』三七）。しかし、実長は永和三年の惣荘一揆の首謀者の一人として罪科を受け、兵衛五郎名田内真阿弥跡名田、実円跡是藤名などが闕所となる（ム函五三、『相七』三九）。

⑵康暦の相論―頼金と実長―

康暦の相論は、闕所となった実円跡の所領を頼金が望請うことにより発生した。相論の当事者となったのは、慶若丸の子孫と称する頼金（矢野荘内三野寺の住僧）と、実円の子実長であった（よ函六六、『相八上』四〇七）。

裁許の結果は、永徳三年（一三八三）六月に「先年為寺恩、令拝領訖」（テ函六三、『相八上』四三三）として、頼金に安堵された。この時は鎌倉期以来の由緒が安堵の決め手となった。再び、明徳元年（一三九〇）に訴訟がおこなわれたようである。この裁許の結果、明徳元年九月に実長の弟実次と頼金にそれぞれ是藤名の半分が安堵された（テ函七一、『相八上』四七四、ケ函八〇『相八上』四七五）。

この結果、建武年間の軍忠による安堵と、鎌倉期以来の相伝の論理が、名を半分に分けることで解決し、軍忠と相伝の由緒の対立に一定の終止符が打たれたことになる。こうして両者の主張をくみ取ることで、地域社会のなかで紛争の原因となった軍忠と相伝の対立を克服し、紛争の連鎖をとどめたのであった。

⑶実次と頼金のその後

実次と頼金に安堵された是藤名は、その後どのようになったのかみておきたい。

是藤名半分が実次に安堵された翌年の明徳二年五月、矢野荘の政所で盗難事件が発生した。守護方が実次の兄実長を犯人として追捕して殺害した。その後、実長ら三人の兄弟の田畠も盗人跡として闕所とされた（ネ函六六、『相七』五二）。一方で実次の所領は安堵され、さらに実長の所領の一部である有光名も実次に補任された（ち函一『相七』五五）。この様に実次は、実長の没落により多くの利益を得た。そのため応永五年（一三九八）には、実次が実長を殺害したのではないかと疑われている（ラ函一五、『相七』五八）。さらに応永十二年には、守護方より実次が実長を殺害したということで闕所にしようとする動きがみえる（く函一、『相七』六七）。こうした事例からすると、実円死後に実長と実次との間で兄弟間の対立があった可能性も想定できる。是藤名をめぐる対立は、これまで軍忠と相伝の由緒の違いをめぐる対立であったが、実長と実次というもっとも身近なレベルの対立へと変わっていたのである。

もう一方の頼金のその後をみておきたい。応永元年（一三九四）に頼金が東寺の夏衆となっていることがみえる。その申状によると「先年、於矢野荘依有山賊聞、自守護方、及沙汰、寺領名田等被押之畢、随而本住所三野寺被追放之訖」（ち函一、『相七』五五）とあり、頼金の所領も守護方に没収され、頼金も三野寺を追放されるという状況となった。

⑷実次の死後の是藤名

実次の死去後の是藤名の様子をみていきたい。応永十四年学衆評定引付によると、「一、矢野新次郎入道名田事新次郎子虎若丸望申間、披露之処、相続事、不□（可）叶候」（ネ函八一、『相七』七二）とあり、実次の遺領の名田をめぐって、子の虎若丸が安堵を望請うが、相続することは叶わなかった。その後、有光名などの所領は虎若丸に安堵された（同前）。新次郎跡名田は「一新次郎入道跡名田事、任上野申請旨、彼遺跡可給案（安）堵之由、治定□」（く函三、『相七』七三）とあり、同年に矢野荘代官上野（高市）良済に与えられた。

永享七年（一四三五）、矢野荘で盗犯が発生し、湯起請の結果、良済の子良快が犯人となる（く函一四、『相七』一一四）。同年三月、守護方により良快の名田は闕所とされ、守護方の糟谷三郎左衛門尉に預け置かれた。この後、良済が所持していた是藤名は糟谷氏の知行となる（同前）。

嘉吉元年（一四四一）、嘉吉の乱により赤松氏が滅亡すると、糟谷氏の知行となっていた名田が東寺のもとに戻った（天地二七、『相七』一一九）。糟谷所持の是藤名・真蔵名について、それぞれ藤大夫・法阿弥が申請ける。是藤名に関しては、熊蔵法師西坊（是藤名半分所持、頼金所持の半名ヵ）が一円を望むが、東寺は西坊の半分の所持を知らず、逆に半名を没収して科料をかけている。嘉吉元年十二月「矢野荘内是藤半名、去廿一日如御沙汰、藤大夫数通、支証出帯仕、厳重之上者、藤大夫ニ是藤名可補任之由、衆議畢」（同前）とあり、藤大夫が補任された。数通支証と見えることから、藤大夫は実円の由緒を継承した人物である可能性がある。

守護方に闕所されても、所領に対する権利は温存され、何らかの時に所領の回復の可能性があったことがわかる。

4 在地紛争と守護（武家）被官の形成

以上のように、在地において軍忠・相伝という論理の違いによるズレが紛争を激化させたことを指摘したが、こうした紛争が、いかに守護権力との結びつきを強めたのか検討していきたい。

⑴ 名主・荘官層の守護の被官化

まず、名主・荘官層の守護方への被官化の様子を確認しておきたい。さきにみた田井保・矢野荘にみえる武家勢力との関係からみていく。まず田井保では、相論で敗れた円祐が荻野氏とともに苅田狼藉をおこなっていることがみえる。また矢野荘では、相論に敗れた真殿守高が守護被官を語らって乱入する悪党事件を起こしている。このように名主・荘官層たちは自己の権益を失ったときや失う危険性をもったときに、武家領主や守護被官との被官関係を結ぶ契機となっていたと考えられる。一方でこうした被官関係は、必ずしもプラスに作用したわけではない。矢野荘の公文清胤（阿波与一）は、観応の擾乱に際して足利直義方について闕所となるなど、被官関係を結んだ武家領主が没落するとそのまま自らも没落する運命となる（天地六、『相七』一四）。

若狭国太良荘では、貞治二年（一三六三）に太良荘預所侍従房（快俊）が、守護の丹波発向に軍役を務め、四分一済から半済となった（若狭国太良荘預所賀茂氏女代快俊重陳状『東寺百合文書』ツ函五三）[26]。同四年、守護斯波高経が失脚したことにより、旧守護方の被官の所領は闕所となり、守護代細川上総介に奉公していた侍従房快俊も闕所となった（東

寺供僧評定条々事書、『東寺百合文書』ゑ函二一五）[27]。

さらにこの頃になると、武家被官に被官化して在京する百姓層もみえてくる。山城国奥山田では名主越前房は、赤松筑前入道（貞範）の京都代官小谷房に召し仕われ在京しており、さらに小谷房の使として丹波などに下向していることがみえる（『師守記』貞治二年二月二十八日条、同年九月十二日条）。このように南北朝に急速に武家被官と百姓層との被官関係が進展していった。

(2)備中国新見荘における荘官層の被官化

①明徳期における新見荘の三職

備中国新見荘では、明徳元年（一三九〇）に多治部氏の押領から、東寺雑掌に打ち渡され東寺の支配が回復する。新見荘における荘官層である三職（公文・総追捕使・田所）のうち、公文宮田・総追捕使福本は、「押領人多治部若党福本小三郎、宮田三郎左衛門」（ゆ函五、『岡』一〇九一）と見え、多治部氏に被官化していた[28]。明徳元年、田所職には、建長七年（一二五五）菅野忠重以来の田所職の由緒を相伝する三善善広が「右当職者、当知行人企参洛、雖望申之、義広以有由緒之子細、自御代官入部之最初、令馳参、依致忠節、拝任之上者、弥抽無弐之奉候（公）可致公平之興行」（ゆ函三、『岡』一〇八九）として補任される。新見荘でも当知行人と相伝の由緒を持つ者の所職をめぐる対立があったことが伺える。

②寛正年間における三職の動向

寛正二年（一四六一）、細川京兆家被官安富智安が新見荘の代官職を解任され、東寺の直務となる。この時期の三職は、公文宮田家高・総追捕使福本盛吉・田所古屋（小屋、のちの金子）衡氏の三人であった。彼らは「此の間まて八両三人安富方被官にて候」（え函二八、『岡』九〇二）とみえ、安富智安の被官であった。寛正三年、金子衡氏は田所職の安堵を東寺に申請するため上洛して安堵を受けている。その際に提出された支証に対して、東寺は疑問を持ちながらも「当知行」であるとして田所職に補任している。その後、明徳元年に田所職に補任された三善義広の由緒をもつ大田中務方(直高)が、田所職をめぐって東寺に訴えた。その相論に際して東寺の使である良蔵は「その外、百姓事も、とうちきやう《当知行》ふんたるへしと、いなか《田舎》にておきて《掟》のためニ、御折紙お、御くたしあるへく候、さ候ハてハ、いなか百姓等、わかゆいしよ《我由緒》、人のゆいしよほうく《反故》のきれ共、もち候て、ろん《論》お仕候ハんにわ、大事の事にて候、たゝとうちきやうふんたるへしと、かたくおうせくたさるへく候」(ゆ函二〇、『岡』一〇九九)として、金子方を支持する。相論に敗れた大田方は、隣国伯耆守護代を頼んで、新見荘に実力行使をおこなおうとするが失敗し、代官祐清の口入により金子方に謝罪して和睦した。このように新見荘においても、矢野荘でみた事例と同じく、異なる二つの由緒が所職をめぐり対立している。さらに十五世紀後半になると、さきにみた軍忠・相伝の論理よりも「当知行」の論理が優先され、その背景には在地に様々な由緒(支証)があり、さらに反故の切れですら集めて由緒として相論をおこなうとする風潮があった。さきにみた室町幕府の当知行安堵政策は、こうした在地状況を反映させたものといえよう。

おわりに

南北朝の内乱における内在的な紛争要因は、名主・荘官層の職をめぐる対立にあった。こうした紛争がおきる背景には、同時期に名主・荘官職に軍忠と相伝といった複数の正統性をもった由緒が存在したことが背景にあった。鎌倉後期には相伝による論理が優先されるのが一般的であったが、建武政権や地域社会において紛争が激化するなか、「軍忠」の論理が優先された。この「軍忠」を優先する論理は、上位権力の法理の単なる移譲ではなく、当時の社会の混乱状況のなかで実力による「軍忠」が必要とされたためと考えられる。その後、戦乱が収束状況になるにつれてふたたび「相伝」の論理が優位になる。

異なる正統性のズレが各地で紛争を勃発させ、知行の不安定化につながり内乱を激化させた。名主・荘官層は不安定化した所領を安定させる手段として、また自己の権益を拡大させる手段として、有力な権門や守護方・武家と結びつき自己の所領の保全や拡大を図った。そうした上部権力のひとつとして選択されたのが守護被官への被官化であった。しかし、上部権力と結び付いた名主・荘官層は、一旦上部権力が没落すると、自己の所領まで闕所となる不安定さも有していた。

かつて守護領国制論で唱えられた国人の被官化や荘園の侵略とは、本稿でみたように地域社会の紛争のなかで名主・荘官層が守護などの武家権力に保障をもとめて被官化していく状態や、被官化した名主・荘官層が守護などの課役を優先して年貢などを荘園領主側に送進しなくなったり、敵方となった名主・荘官層が闕所となり守護方に没収されたりした状態を示している。こうした紛争がおきる背景が先に述べた「軍忠」と「相伝」の正統性のズレということになろう。

「軍忠」と「相伝」をめぐる由緒の対立は、十四世紀末～十五世紀初頭に、地域社会において一定の合意が形成されつつあった。しかし、そうした解決も、領主の変更や、知行者の没落などがあれば、再び由緒(支証)が持ち出され、知行の根拠として対立の要因となった。こうした混乱を防ぐ手段として、十五世紀になると「当知行」主義が広がっていったと考えられる。しかし、地域社会においては何らかの由緒が絶えず再生産され、当知行・不知行であっても自らの由緒の正統性がくりかえし主張された。

註

（1）井原今朝男「室町期の代官請負契約と債務保証」（地方史研究協議会編『生活環境の歴史的変遷』雄山閣、二〇〇一年）、同「室町期東国本所領荘園の成立過程―室町期再版荘園制論の提起―」（『国立歴史民俗博物館研究報告』一〇四集、二〇〇三年）。

（2）伊藤俊一『室町期荘園制の研究』（塙書房、二〇一〇年）。

（3）早島大祐『首都の経済と室町幕府』（吉川弘文館、二〇〇六年）。

（4）山田徹「南北朝期の守護在京」（『日本史研究』五三四号、二〇〇七年）。

（5）川岡勉『室町幕府と守護権力』（吉川弘文館、二〇〇二年）。

（6）永原慶二「守護領国制の展開」（『日本封建制成立過程の研究』岩波書店、一九六一年）。

（7）拙稿ａ「「百姓」層の武家被官化と守護権力」（蔵持重裕編『中世の紛争と地域社会』岩田書院、二〇〇九年）、同ｂ「室町期の守護使節と使者―東寺領矢野荘を事例として―」（『人民の歴史学』一九四号、二〇一二年）、同ｃ「室町期荘園の基層―備中国新見荘における三職層の動向をめぐって―」（悪党研究会編『中世荘園の基層』岩田書院、二〇一三年）。荘官・沙汰人・名主・百姓層について、小領主論、中間層論、侍論、土豪論、荘官層、名主・沙汰人層などとして研究概要に位置づけられ、社会変革の重要な役割を担う存在として指摘されている。従来の研究概念上の位置づけは、荘園制的身分や村落における機能や役割によるものであるが、史料上において、鎌倉～南北朝期の身分的な流動性や、荘園制身分と実質的な身分の差異を個別に把握することは難しく、こうした階層をあえて厳密にわけず大枠で把握する必要性があるため本稿では「名主・荘官層」としておく。

（8）永原慶二『日本封建制成立過程の研究』（岩波書店、一九六一年）。

（9）　南北朝期に関する大炊寮の所領に関する研究は自治体史を除き、管見の限りではみられない。十五世紀の大炊寮については、星川正信「室町期における大炊寮と中原氏」（『法政史学』三二、一九八〇年）がある。

（10）　若狭国大田文、『鎌倉遺文』九四二二。

（11）　丹波国の守護・守護代については、今谷明「室町・戦国期の丹波守護と土豪」（『守護領国支配機構の研究』法政大学出版局、一九八六年）による。

（12）　矢野荘に関しては、多岐にわたる研究がある。ひとまず、本稿に関係する主要な論文をあげておく。宮川満「播磨国矢野荘」（柴田実編『庄園村落の構造』創元社、一九五五年）。上島有「播磨国矢野荘における百姓名の成立と名主百姓」（『日本史研究』二九号、一九五六年）。佐々木久彦「南北朝期における農民の動向」（『国史学』八〇、一九七〇年）。網野善彦『中世の東寺と東寺領荘園』（東京大学出版会、一九七八年）。佐藤和彦『南北朝内乱史論』（東京大学出版会、一九七九年）。相生市史編纂専門委員会編『相生市史』一巻（相生市、一九八四年）、相生市史編纂専門委員会編『相生市史』二巻（相生市、一九八六年）。小川弘和「鎌倉期矢野荘公文職考」（『ヒストリア』二一〇、二〇〇八年）。福島紀子『中世後期の在地社会と荘園制』（同成社、二〇一一年）。海津一朗「矢野荘十三日講事件再論」（『和歌山大学教育学部紀要　人文科学』六二、二〇一二年）（校倉書房、二〇一〇年）。峰岸純夫『日本中世の社会構成・階級と身分』（校倉書房、二〇一〇年）など。

（13）　矢野荘・新見荘に関する『東寺百合文書』の引用は、『東寺百合文書』の函と番号と、矢野荘に関しては相生市史編纂専門委員会編『相生市史』七巻（相生市、一九九〇）・同『相生市史』八巻上（同、一九九二）を『相七』文書番号・『相八上』文書番号で、新見荘に関しては岡山県史編纂委員会編『岡山県史』第二〇巻（家わけ史料）（岡山県、一九八五）を『岡』文書番号として引用する。

（14）例名是藤名名主職宛行状案（み函一七、『相七』一〇四―一）。

在御判／在御判

宛行

東寺領播磨国矢野例名内是藤□（名）名主職事

僧実円

右、以人、所補任被名主職成、但為千代鶴女名田之由、雖執申、真殿源太入道当庄寺家管領之時、更雖一時、不被宛下、而以先悪党等補任、令知行之間、彼等一党先雑掌松井房之時、与同悪党寺田越後房、対寺家、放箭、作敵之間、罪科人之跡為闕所、被召放畢、仍為決断所交名注進、随一経公方沙汰、訴申之上者、寄（棄カ）置源太入道訴訟、被宛補実円者也、実円為寺家御方、度々抽合戦之忠勤、致抜群奉公之間、所恩補也、於所当・公事等者、任先例、無懈怠、可致其沙汰、庄家宜承知、勿違失、以下、

建武二年十月十三日　　預所

預所

この宛行状とほぼ同時期に書かれた西貞名の名主職補任状を比べてみたい。

例名十六名内西貞名名主職補任状案（カ函五三『相八上』二九〇―二）

在御判／在御判

宛下

東寺領播磨国矢野例名内十六名西光貞事

平八

右、件於名田畠等者、平八依致警固奉公忠節、所令恩補也、於(ママ)有限於所当・公事等者、任先例、無懈怠、可致其沙
汰庄家宜承知、勿令違失、以下、
　建武二年閏十月十三日

とあり、実円の補任状に関しては、千代鶴や真殿源太入道に関する文言がある点に違和感を持つ。さらに西光貞名の平八への補任状が「依致警固奉公忠節、所令恩補也」と簡潔に書かれているのに対して、実円の補任状は実円の補任の経緯が細かく書かれている。これらの点からすると、実円への補任状は、観応の相論に際して、偽作もしくは加筆された可能性が高いと考えられる。

(15)　両者が百姓・下人と批判した背景について、先行研究では以下のように評価する。宮川満氏は南北朝期前後の時期には名主層の隆替があり、旧名主層の一部が後退して新興名主層が出現した状況を示すものとした（前掲註(12)宮川論文）。上島有氏は、鎌倉期に取るに足らない存在であった実円が、強剛名主に成長したと評価し、こうした事例から、南北朝前後で下人・名主の身分変化があったとする（前掲註(12)上島論文）。一方で、峰岸純夫氏は下人が完全な意味で土地所有者になりえないという一般的な通念を背景とした主張と評価し、単純に身分の変化があったことを示す事例ではないとする（前掲註(12)峰岸著書）。

(16)　佐藤註(12)著書。

(17)　石井良助「知行の構成要素」（『日本不動産占有論』創文社、一九五二年）。

(18)　笠松宏至「中世闕所地給与に関する一考察」（『日本中世法史論』東京大学出版会、一九七九年）。

(19)　近藤成一「本領安堵と当知行地安堵」（『鎌倉時代政治構造の研究』校倉書房、二〇一六年）。

(20)　西谷正浩「徳政の展開と荘園領有構造の変質」（『日本中世の所有構造』塙書房、二〇〇六年）。

(21) 松園潤一朗「室町幕府の知行保護法制」(『一橋法学』一二(三)、二〇一三年)、同「鎌倉幕府の知行保護法制」(『一橋法学』一五(一)、二〇一六年)。

(22) 吉田徳夫「室町幕府の知行制の一考察」(『ヒストリア』九四、一九八三年)。

(23) 佐藤註(12)著書。

(24) 佐藤註(12)著書。

(25) 海津註(12)論文。

(26) 『大日本史料』第六編二五、貞治二年雑載。

(27) 若狭国太良荘史料集成編纂委員会編『若狭国太良荘史料集成』第四巻(小浜市、二〇〇四年)、二四号。

(28) 拙稿c(註7)を参照。

「内乱」の歴史の射程
―悪党研究会シンポジウム「南北朝「内乱」」へのコメント―

佐藤　公美

――平和のきずなで結ばれて、霊による一致を保つように努めなさい。
パウロ「エフェソの信徒への手紙」（四：三）
（聖書新共同訳、日本聖書協会、一九八七年）

――愛《フィリア》というものは国内をむすぶ紐帯の役割をはたすもののごとくであり、立法者たちの関心も、正義によりもむしろこうした愛に存しているように思われる。すなわち、協和《ホモノイア》ということは愛《フィリア》に似たあるもののように思われるが、立法者たちの希求するところは何よりもこの協和であり、駆除しようとするところのものは何よりも協和の敵たる内部分裂《スタシス》にほかならない。
アリストテレス『ニコマコス倫理学』第八巻第一章
（高田三郎訳、岩波書店、一九七三年）

はじめに

「内乱」とは何だろうか。そしてなぜ「内乱」を考えるのか。シンポジウム全体に関連する論点として筆者が提示した第一の問題は、「内乱」という枠組みの意義付けである。本シンポジウムの趣旨は「「内乱」という重要かつ深刻な研究課題」を取り上げるという大きな目的を持ち、市沢報告は内乱を「秩序の崩壊→内乱状態→秩序の再建という動態的なプロセス」として定義している。(1)これらを踏まえた上で、この概念を建設的に展開するために比較史的考察が提供しうるものは何かを考えてみることが、筆者の目的であった。

南北朝期の紛争状態を表すために用いられる用語は、管見の限りでは「内乱」と「動乱」の二つがある。(2)ここで我々が問題にすべきものが「内乱」なのか「動乱」なのか、あるいは両者の全体なのかについて考えることを出発点としたい。日本史学上の慣用的な用法を一旦離れて、語の一般的意味に従って考えるならば、両者の間には歴史的・社会的事象の分析概念として看過できない差異が存在する。「内乱」は「内戦」と同義であり、「一国内における複数の党派間の武力による権力獲得のための闘争」を意味する。(3)他方「動乱」は、社会秩序の乱れ、特に騒ぎや争いの発生した状態を示す。即ち、「内乱」が闘争の主体が一つの政治的共同体の枠組みを共有する(あるいは外部からそう見做される)ことと、その分裂を前提とし、そこでの権力の掌握をめぐって展開する内戦として定義されるのに対し、「動乱」は多様な社会的・経済的・文化的紛争状態として定義される、と言えようか。

にも関わらず、南北朝期の研究史上、両者は必ずしも明示的に差異化されず、むしろ互換的に用いられてきた。(4)しかし「内乱」すなわち「内戦」という概念は、少なくともヨーロッパ史においては、主権と戦争暴力の発動、およびその基盤となる国家と社会のあるべき姿をめぐる強力な哲学的・神学的伝統と切り離すことができない。語の一般的な意味での「紛争」に関しては、後述するようにヨーロッパ史は南北朝期日本と比較可能な多くの事例を提供する。[5]だがこれらの事例の比較検討の結果を、より広い文脈の中で問題発見の素材として役立てるためには、紛争とは何か、そしてその対義語である秩序とは何かをめぐる根本的な世界観を踏まえる必要があるのである。統一と分裂、「一」と「多」の関係を定義し再定義する「内乱」は、その最良の試金石である。この意味において、南北朝期研究は世界的意義を有しうるのではないだろうか。[6]

このような認識の上に立ち、本稿は以下のような構成で議論を進めたい。まず、シンポジウム全体の枠組みに対する考察として、「内乱」理念及びこれと不可分の関係にあるヨーロッパ中世の国家と秩序に関する理念について述べ、日本中世史との比較の焦点について考察する。次いで、個々の報告についてのコメントを記述した後、全体をまとめたい。その際、筆者の議論内部での流れに沿った論述を行うため、シンポジウム当日の報告順には従わない構成となったことをお断りしておきたい。各コメント部分には、当日の質疑応答及び事後に各報告者の方々からいただいたご教示を可能な限り反映させるべく努めた。いただいたご返答への誤解があるとすれば、それはすべて筆者の責任であることをお断りした上で、報告者の皆様からの詳細にして誠実なご回答とご教示にこの場を借りて改めて深くお礼申し上げる。

一　「内乱」という問題の射程

「内乱」即ち「内戦」は、「戦争」として定義されることのできない事実上の戦争状態であるが、これは中世ヨーロッパの神学及びローマ・カノン法理論上、正当な交戦権の保持者が君主に限定されているからである。[7] 戦争はキリスト教徒にとって本来的には悪とされる。しかしヨーロッパ・キリスト教世界では、十字軍を経て、戦争を条件つきで正当と認める「正戦論」が確立してゆく。この問題を比較史的に考察した日本の研究史上の重要な参照点は、山内進編『「正しい戦争」という思想』であろう。[8] 同書において山内進と荻野弘之は、戦争が正当とされる条件を以下の三点に整理している。即ち①正当な権威、②正当な原因、③正当な意図の存在である。[9]

このような正戦論は、教父アウグスティヌスに源泉を持つとされており、アウグスティヌスが一種の必要悪として認めた地上の「国家」の像に対応している。アウグスティヌスによれば、現実には争いの絶えない地上に平和を形成するため必要悪として権力行使を認められるものが、地上の国家なのである。[10] そして、このような統一と平和を破壊するものとして、アウグスティヌスやトマス・アクィナスが糾弾したものこそが、「分裂」と「多数性」であった。トマスは君主鏡『君主の統治について―謹んでキプロス王に捧げる―』において以下のように述べる。

…社会を形成する民衆にとっての善ならびに福祉とは、かれらの統一の保全であり、これが平和と呼ばれるものである。もしこの平和が失われると、社会生活の効用は消滅することになる。そして、相反目した民衆は、われとわが身がむしろ重荷となる。それゆえ、平和的統一を確保することが、民衆の支配者にとってなにより重要な目標でなければならない。[11]

このような正当戦争論の伝統を踏まえれば、内戦は三重に否定的に価値づけられた事実上の戦争状態であったと言えるだろう。即ち、第一に、キリスト教徒にとって原則的に否定されるべき暴力行使として、第二に、「正当な権威」を欠く非合法武力行使として、そして第三に、神の秩序である統一と平和を破壊する「分裂」としてである。

さて、この「分裂」という問題の意義を理解するためには、もう一つの重要な鍵が必要である。中世ヨーロッパの国家論は、個々人の幸福や利益＝私的な善を超えて、一つの国家を構成する人々全体に共通する善を、「共通善」あるいは「公共善」と呼んだ。共通善論は十三世紀におけるアリストテレスの導入を経て、古代哲学とキリスト教的伝統の総合の上に練り上げられているが、人々の共存と繁栄を可能にする平和の実現と維持こそが共通善理念の中核にある。そして共通善の維持が統治者たる者の義務であるという観念とともに、共通善に反する統治者は、統治者としての資格を欠く「暴君」であるとの観念が定着する。(12)

中世後期、この共通善をめぐる議論に個性的な展開を与えたのがイタリア半島の政治文化であった。一四世紀初頭のフィレンツェで活躍したドメニコ会修道士レミジオ・ジロラミは、複数の人々に共通の幸福としての「共通善」を国家的善へと転換し、個人の善に対する国家の善の優越を説くに至る。(13)さらに、神学的・哲学的公共善観念は、一四世紀に注解学派の下で法学的に基礎づけられ、サッソフェッラートのバルトルスはその『暴君論』において、統治者が公共善を破壊する「暴君」とされる法的根拠を詳細に検討した。(14)

このイタリアでの独自の展開を後押しした歴史的要因は明白である。一つは、一般に「グェルフィ」と「ギベッリーニ」と呼ばれた党派の存在とその間の激しい抗争であり、もう一つは、しばしば中世イタリア都市共和国の政体変容をもたらした「シニョーレ」と呼ばれる単独支配者への権力集中現象である。D・クァリョーニによれば、バルトルスの『暴君論』は反シニョリーア論としての性格を持っていたが、(15)この論稿において彼が党派の扱いを暴君的行為の判断基準として挙げていること、そして『暴君論』とほぼ時期を同じくしてもう一つの論攷『グェルフィとギベッリーニ論』が執筆されたことは、極めて示唆的である。バルトルスは『暴君論』において、全体で一〇の項目からなる暴君的行為のリストを挙げた後、その中でもより重要な要件として二つ、即ち、都市を分裂した状態にしておこうとすることと、臣民を困窮させ、その人身と財産を破滅させることを挙げている。そしてその内の第十項目として挙げられているのが、都市内に党派が存在している場合に一方の党派に加担し他方を抑圧することであった。[16]ここで問題になっているのが既存の党派の不均衡な取り扱いであり、党派の存在そのものの解消が想定されていないことが興味深い。

このことと表裏の関係にあると思われるのが、バルトルスが『グェルフィとギベッリーニ論』において、党派が公共善を目指し、それを破壊する暴君に抵抗しようとするならば正当であるとしていることであろう。[17]即ちここには、内部分裂が公共善を損なうという認識は共有しつつも、動かしがたい現実として党派が存在し、かつそれらが、権力を独占した「暴君」に対する対抗勢力となることにより、暴君支配の対概念である公共善に資するものとして理解される可能性を残していた十四世紀中葉イタリア半島の現実が、如実に反映している。換言すれば、「共通善」を挟んだ左右両極に「分裂」と「暴君」が置かれ、三者の関係があらゆる方向へと開かれていたのが、この歴史的瞬間だったのである。

シニョリーアが共和政体への脅威と見なされた時期はやがて終焉を迎え、諸勢力の間で一定の淘汰を経た十五世紀のイタリア半島では、大国間の勢力均衡を基軸とする一時的な安定期を迎える。こうした十五世紀において、バルトルスに続く注解学派の法学者たちも権力との関係を変化させ、党派を糾弾し、政治的・法的基盤のみならず宗教的基盤によってもその「罪」を描き出してゆくことが、M・ジェンティーレによって指摘されている。[18]

だがこれに先立つ一四世紀後半の半世紀は、統一＝平和を担う権威の掌握を目指す権力とのデリケートな均衡関係の中で、党派もまた、平和と公共善の担い手としての実践を積み重ねた時代であった。国家そのものの存在意義が平和と統一という公共善の実現にある以上、その保全が統治者の義務である。したがって、この公共善の対立概念である「私的な善」の追求によって平和と統一を破壊する者、即ち内部分裂をもたらす者は「暴君」として糾弾された。

党派が新たな意義を獲得したのは、この「暴君」と「公共善」の対義語との関係においてである。

即ち、ヨーロッパ中世においては、一般的な意味での既存秩序の解体による動揺状態が問題になるのではない。古代哲学を統合し神学的に価値づけられ、関連諸概念が法学的に体系化された政治的・社会的・文化的な「統一体」の「内」における「分裂」が問題になっているのである。

このようなヨーロッパ中世を比較の対象として措定すると、日本中世のイデオロギー状況においては、「統一」「平和」「分裂」現象に関して、あるべき秩序と考えられたものがどのような語彙で表現され、どのように意義付けられていたのかということが最大の問題になるだろう。今後の考察への試みとして事例を挙げれば、このような問題の枠組みの内部に、例えば徳政の政治理念と治天の君権力の台頭、次いで後醍醐政権の登場という問題を位置付けることも可能なのではないだろうか。市沢哲は、治天の君による安堵が新たな由緒を創出し知行の正当性を保障するという「従来の権力とは異質な治天の君権力」が鎌倉後期の都市領主達の所領秩序再建の過程において生み出されたことを主張し、建武新政下の個別安堵法への連続の可能性を指摘した[19]。

安堵を求める領主が「朝恩」[20]や「天憐」[21]に訴えることで新たな由緒の創出、つまり既存の法秩序の改変を求めることができたこととの背景について、筆者は残念ながら十分な日本法制史の理解を持たない。しかしこの動きを、中世ヨーロッパにおいては「衡平(aequitas)」概念を適用することにより、法の厳格な適用という縛りから免れた君主権力(あるいは必ずしも単独者の統治体制とは限らない君主的権力)が台頭したという動向と比較することにより、何等かの発見がもたらされる可能性は小さくないのではないだろうか[22]。

もう一つの問題は、この時期に自称・他称を問わず様々な名称で呼ばれた党派的な諸集団の実態と、それらの相互関係である。この問題の詳細については、次項二「市沢報告に寄せて」で扱うこととしたい。

二　市沢報告に寄せて

三報告を集約する共通の論点とも言えるのだが、特に市沢報告に関して取り上げたいのは、小林一岳による私戦と公戦の〈リンク論〉との関連である。市沢報告は、近年の内乱研究の成果として呉座勇一『戦争の日本中世史』を取り上げ検討することを一つの出発点としている。その中で、呉座が十四世紀内乱の画期性を強調する根拠の一つとして、近隣武士間のローカルな抗争と全国規模の内乱を区別し、その上で後者の過酷さを指摘したことに対し、市沢は小林一岳による私戦と公戦の〈リンク論〉を現在の南北朝内乱を問う出発点と位置付けた上で、「両者を分離してその違いを強調することは、両者の関係を問題にする〈リンク論〉の要点を摑み損ねることになる」と批判している。市沢によれば、悪党も両使も南北朝内乱も、地域の勢力の系列化を起点に行動が組織される点において共通の基盤上にある。(23)

小林による私戦と公戦の〈リンク論〉は、中世イタリアの党派研究を行ってきた筆者には多くを示唆する。上記の「グェルフィ」と「ギベッリーニ」は、十三世紀中葉からイタリア半島全域に拡大し、広域的な同盟を結び対立し合う二大陣営となる。しかしその構成要素は、都市と農村を問わず各々のコムーネや渓谷共同体に根差したローカルな党派であった。そしてこれらが都市コムーネとその管轄領域であるコンタードという領域を一つの基準として統合され、いわば村レベルと全イタリア半島レベルを媒介する中間的射程をもった地域党派が存在していたのである。

筆者はこれまで、主として北部イタリアのロンバルディアの事例に基づき、この都市とコンタードという中間的広がりを構成する、より在地的な村レベルの党派を「ミクロ党派」と呼び、その自律性と地域的連携と統合の間の緊張に満ちた動態を検討してきた[24]。そこで得られた見通しの一つが、既述の「中間的射程」を持つ空間の政治的・社会的構造による規定性である。例を挙げれば、ミラノの東方に比較的まとまった領域を持つベルガモでは、都市ベルガモを拠点とし、大都市貴族を首領とする「スアルディ派」と「リヴォラ・ボンギ派」がそれぞれにコンタードのミクロ党派を糾合する求心力を持ち、シニョーレとして都市コムーネ・ベルガモの上位権力となったヴィスコンティ家も、両党派を領域統治の媒介として支持した[25]。他方、ミラノ西方に位置するノヴァーラは、コンタードと司教区の枠組みも全く一致しない上、裁判行政の枠組みも地理的構造も異なるいくつかの下部領域から成り、極めて複合的な構造を持っていた。ここでは同じ「グェルフィ」と「ギベッリーニ」を名乗りつつも、都市ノヴァーラの党派の首領の下に系列下されないローカルな党派が渓谷部で独自の勢力を維持していた[26]。

このような筆者自身の研究を踏まえて、市沢報告から読み取り提起することのできる論点を以下三つ挙げたい。

一つは、私戦と公戦の〈リンク論〉の「リンク」の結節点として、上記の「中間的射程」を考えることが可能かという問題である。この点は、後述する徳永報告における守護被官の問題との統合的理解の可能性も示唆するであろう。この「中間的射程」に類似の広がりを敢えて日本列島に想定するならば、一つの候補は「国」である。そこで本稿では、日本史・イタリア史の双方に固有の文脈や、現代にも存在する行政的枠組みとの重なりによる意味の滑り込みを避けるため、「国」「県」「州」「コンタード」といった語は採用せず、代わりにこの広がりをあくまで暫定的に「プロヴィンシャル空間」(provincial space)と呼び、村落規模以上の生活単位となる定住地を複数内包する領域統治上の制度的枠組みという意味を与えておこう。このようなプロヴィンシャル空間は、市沢の言葉を借りるならば、「当該地域の暴力(地域勢力)の系列化」の枠組みとして機能し相対的に強い統合力を発揮することもあれば、日本史上の「郡」や大規模な領主所領や、イタリアやアルプス地域の裁判区のようなより小さな、いわばサブ・プロヴィンシャルな制度的枠組みが、地域勢力の自律性と相乗的に機能し、ゆるやかな一つの参照枠に留まることもある。複数のプロヴィンシャル空間の境界地域においては、地域勢力の高い自律性や両属関係が発達し、境界を越えたコミュニケーションによる制度的枠組みの相対化も押し進められうる。換言すれば、このようなプロヴィンシャル空間やサヴ・プロヴィンシャル空間の構造的類型と、複数のプロヴィンシャル空間の相互関係の如何により、ミクロとマクロの接合の形は無限に異なりうるだろう。

次いで、第一の論点と緊密に関連する問題であるが、「案内者」「軍奉行」——加賀国住人上木家光の事例——の存在と行動様式をどう理解するかという問題である。彼らは上述のような意味でのプロヴィンシャルな空間を活動領域とする存在だろうか、それともよりローカルな存在だろうか。中世イタリアのロンバルディア地方のローカルなミクロ党派も、都市コムーネや領域国家の枠組みを超えて活動する。例えば十五世紀のミラノ・ヴェネツィア戦の帰趨に影響を及ぼし、ベルガモとブレシャがミラノ公国領からヴェネツィア共和国領へ移行する要因を創ったのは、ミラノ支配下の渓谷部を拠点とするグェルフィのミクロ党派であった。このような場合には、ミクロ党派は領域国家間の境界地域を掌握し、国家間関係の帰趨を決定しうるのである。この点について、シンポジウム当日の議論では、市沢氏により極めて興味深い観点が提示された。氏は、「案内者」達が上記のような中間的射程の空間をある程度攪乱しながら行動し、既存の枠組みに動揺を与えることにより、「遂行的に再構築」してゆくとの見解を示された。そしてこれを受け、こうした再構築される秩序がそれまでの秩序とはどう違うのかが一四世紀の重要な問題であることを指摘された。市沢氏によるこの返答を筆者は受け止め、「内乱」の一側面として、ミクロからマクロに及ぶ複数のスケールを貫き、相互連関を形成・発展させる領域構造の遂行的再編成がある、と整理しておきたい。

三つ目として、その上で、改めて発展的に提起を試みれば、以下のような問題が比較検討の焦点となるだろう。第一点目は、空間的枠組みの再編制の帰結である。領域構造の再編成には、既存の枠組みの解体と再強化を両極とし、数多くの「変容」のヴァリエーションが存在するであろう。そこで、如何なる帰結を如何なる要因が規定したのかを個別事例に沿って検討することが必要になる。この「要因」の一つとなるのが、第二の焦点となるアクターである。誰が行為し、誰の行為が何を規定したのか。そして第三は行為の型、即ち如何に行為したのかという問題である。この点に関連して興味深いのは、市沢報告が「まなざし」という問題を指摘したことである。遠征軍は「案内者」達を、外様の軍勢は大将を必死に凝視することで保身の道を探り、現地勢力と外様を含む寄せ集め軍隊に依存するこの全国的内乱の帰趨をその都度決定していた。このように、南北朝内乱期の戦場を視線の交錯する場として捉えるならば、その劇場性と行為遂行性の間の連関の可能性とその意味は決して小さくない。市沢氏が指摘した「降参の作法」も、このような戦場の劇場性を前提として理解できる現象かもしれない。

さて、市沢氏によれば、南北朝期の「降参」が必ずしも否定的に評価されず受容されていた社会は、地域勢力の統合がゆるやかであり、それ故に不安定な境遇の中で武士たちが保身を行動の旨としていたことの反映でもあったという。そして、このような武士たちの行動が内乱の長期化をもたらした可能性を氏は指摘している。このような社会は、互いに頻繁に陣営を変える相手との「共存」が前提となる社会であると筆者は考える。そこでは、事実として共存が実現している、あるいは実現せざるを得ないという現実的状況と、抗争を継続する必要性との間で、何等かの調整が行われる必要があったのではないだろうか。共存の必要性の認識はどのように言語化され、どのような共存の作法が練り上げられたのか。そして、これらを支えたイデオロギーは何か。

中世イタリアのグェルフィとギベッリーニは、この点に関して有効な比較対象となるだろう。党派の存在が否定できない強さで根付いていればこそ、それを前提に「統一」というあるべき統治の実現を行うために必要なのは、グェルフィもギベッリーニも等しく扱う、という公正な振る舞いであった[27]。日本中世の「共存の作法」は如何なるものであり、その後如何に変化したのだろうか。多にして共か、「一」の創出か。理念と現実、ミクロスケールとマクロスケールの錯綜の中で、両者は如何に共存し、矛盾し、軋み合い、列島の社会という場を色づけたのだろうか。

三　徳永報告に寄せて

次いで徳永報告に移りたい。徳永報告の目的は、「地域」にとって守護とは何かという観点から守護被官現象を考察し、一五世紀社会における守護の意味を検討することである。先行研究における守護を「受け入れる側の視点」の欠如を指摘し、「権力が権力たりえるのは、被支配者との一定の合意関係」があるからであることを踏まえて、「地域にとって守護とは?」という観点から名主・沙汰人層の被官関係に注目したのが本報告である。

ここで第一に問題になるのは、「地域」という概念であろう。というのは、守護を「地域社会の秩序(維持権能・能力保持)者」と理解するならば、被官関係という人的結合原理のみからでは、その領域的性格を直接的に導き出すことはできないからである。これに対して、先行研究は、確かに徳永氏の言う「上からの編成の論理」によるという限界はあるが、①荘園制、②「国の論理」という二つの観点から、守護権力を領域権力として理解する道筋を示しているとも言えるだろう。

したがって、守護権力が領域権力である、あるいは領域統治志向的な権力であるという仮定のもとに立つのであれば、守護権力の確立と変化の時期において、地域の現実と守護との関係の展開というダイナミズムからいかにして領域原理が立ち上がってくるのか、ということが問題になるだろう。このような問題に対して、名主・沙汰人層の守護被官関係という問題が何を明らかにするのか、ということが徳永報告を理解し展開するための一つのポイントとなるであろう。

まずは最大のキーワードである「名主・沙汰人層」を取り上げたい。徳永氏は「荘官・沙汰人・名主・百姓層を厳密にわけずに大枠で把握する必要性」を主張している。[28]「名主・沙汰人層」あるいは「沙汰人層」概念は、小林一岳氏や伊藤俊一氏らの議論によって練り上げられてきたが、[29]他分野との比較による理解のためには、日本中世史に固有の「名主」「沙汰人」という用語から離れて、今一歩、一般化する必要がある。筆者はこれを「ローカル・エリート」という概念で把握することが可能であると考えている。「エリート」は様々な社会的・経済的・文化的資本をより多くもつことによって当該社会の優勢な地位に立つ層を指しうるため、必ずしも法的・制度的身分に限定されない社会的・実体的性格を捉えることに適しているのではないだろうか。[30]

さて、社会全体のエリートが何者かと言われれば、中世ヨーロッパでは貴族層や有力市民層や聖職者相であり、日本中世では公家と武家と権門寺社の全体ということになるだろうか。フランスの中世史研究者F・ムナンは、このような社会全体のエリート達の存在する権力の中枢ではない層を地域社会内部のローカルな「エリート」とし、貴族層や有力市民層と農民層の間の中間層に当たる層を「農村エリート」としている。具体的な生業その他の存在形態は、商人、領主の代理となる役人、教区司祭、宿屋、と極めて多様であるが、小名望家層として把握することができる。[31]荘官・沙汰人・名主・有力百姓らをこのような層として把握することは十分に可能であろう。「農村エリート」と「ローカル・エリート」は互換的に用いられてきたが、ヨーロッパ、特にイタリアの「農村 rural」概念は非都市的地域としても理解できるため、これとは都市の実態や都市・農村関係の相違する日本中世に適用するために「ローカル・エリート」という表現を選択したい。

こうして「名主・沙汰人層」＝「ローカル・エリート」と捉えた上で、彼らが地域でどのような役割を果たそうと望み、かつ地域の人々によって期待されたのか、という問題の中で被官化現象を考察することが可能であるように思われる。この際、前項二「市沢報告に寄せて」で触れたようなプロヴィンシャル空間、サブ・プロヴィンシャル空間、さらに村レベルのミクロなローカル空間の間の空間的階層性を考慮に入れることも有用であろう。

さて、徳永報告においては、在地における紛争が被官化の契機として指摘され、次いで在地の紛争の原因として異なる正統性の論理が諸職をめぐり対立している状況、即ち「軍忠」と「相伝」をめぐる対立が指摘されている。そして、このような状況の中で、守護権力と結びつきを強めた層が優位な立場を得やすかったことに、守護被官化現象の拡大と地域における守護権力の受容の要因を見出している。

この点に関して、筆者が提示した論点は以下の二点である。

第一点目は、在地紛争の渦中で優位な立場を求めて結びつく対象がなぜ守護なのか、または守護である必要があったのか、という問題である。守護との結合が何等かの利益をもたらしたということと、守護との結合が他の権力との結合よりもより一層好まれ追及された、ということとは同義ではない。換言すれば、守護が数多のオプションの一つであったのか、絶対的に優位な選択肢として台頭したのかによって、「地域にとっての守護の意味」は変化するのではないだろうか。

ここで筆者の念頭に浮かぶのは、一般的には一四世紀の寺社権門の荘園は後退期にあったこと、そして荘園領主が所領維持のために守護の権力を必要としたことであり、そのために武家方が相対的に優位に立ったことは十分に理解可能である。だがこれを論じるにはあと一段階の検証も無意味ではないであろう。例えば矢野荘は後宇多上皇の東寺寄進により再建のための梃入れのなされた荘園である。一四世紀は、東寺が直務代官の派遣等によりこうして再興された荘園の一円支配を目指し、直務代官を始めとする寺家側の人間がローカルなダイナミズムの中に直接参入してゆく時期でもある。このように、複数の領主権力が衝突する場がまさしくローカルな現実になり、中央と連動しながら変化したのが一四世紀である。「地域」の一四・一五世紀に注目することの意味の一環はここにあるだろう。

この点に関して、シンポジウム当日に徳永氏から重要な指摘をいただいた。守護被官になるということは幕府との関係に連なるということであり、守護に反した者に対しては幕府軍が動員される可能性が開かれた。言い換えれば、「地域」にとっての守護の意味の一環が、中央権力との直結性、特にその軍事力との接合にあったということであり、これは地域と中央の関係を考える上で極めて興味深い視点である。その一方、筆者には新たな疑問も生じた。その軍事力を実際に動員するというような事態は、「ローカル」エリート、即ち地域に存立基盤を持つ人々にとって何を意味しているのだろうか。巨大な軍事力と権威によって在地紛争に一時的に勝利することは、事後の在地社会の亀裂の修復困難性を意味してはいないだろうか。

この問題は以下の第二の論点に関連する。このような中で「地域」から「領域性」を考えるには、紛争のみならず、紛争と和解のダイナミズムへの着目が必要ではないだろうか。和解を実現する人々は、生存の基盤としての荘園空間を共有しており、それ故、そこに経済的に依存する領主の必要によっても推進される。これに関して、徳永報告が取り上げた東寺領荘園新見荘の荘官層の武家被官化の事例は示唆的である。当知行により田所職をもつ金子衡氏と、由緒を持つ大田中務方の争いに際して、東寺は金子方の当知行を認めたが、それは「ろん御候ハんわ、大事の事にて候」と見なしたからであった。敗れた大田方は隣国の伯耆守護代を頼んで新見荘に勢使を行おうとするが失敗し、代官祐清の口入により金子方に謝罪し和睦したという。このような事例において、和睦に何等かの理念を確認することは可能だろうか。

筆者は矢野荘の紛争と紛争解決の理念として「静謐」概念を取り上げ検討したことがあるが[32]、このような観念を支える要因として、以下の三点を考慮することが必要ではないかと考えている。即ち第一に、荘園領主である東寺が収入を確保する現実的必要があり、第二に、軍事力と検断権を持つ守護との均衡関係を維持するために暴力的実力行使が微妙な焦点となるという対守護関係上の要因があり、そして第三に、矢野荘が勅願によって再興された荘園であり、原則的には仏法興隆による国家守護の支えという位置づけを与えられていたという理論上の正当性の源泉、という三つの要因である。

紛争と紛争解決を支えた理念と、その遂行の道具となった言語は如何なるものであったのか。その過程で守護はどのように位置付けられ、表現されるのか。このような視点から「地域にとっての守護」を考えることも可能ではないだろうか。また、その際に伊藤俊一氏の指摘する在京奉行人体制下での守護権力と荘園領主の折衝による秩序安定への移行という要素を併せ考慮することも興味深いだろう[33]。

三　廣田報告に寄せて

廣田報告は、楠木氏の事例から領主層の結合による地域の課題への対応を扱い、楠木氏が南朝の軍事態勢を維持しつつ地域社会の紛争を調整し解決する役割を果たしていたことを論じている。地域からの視点という点では徳永報告と共通するテーマであるが、地域に根差し、地域の必要に支えられて存立している南朝の対幕府軍事体制、という独自の体制であることにより、逆説的に、内乱期の地域権力とは何であったのかを示唆する具体例を数多く提供した報告であった。多様な実態を持つ河内・和泉の在地領主相互間の紛争のみならず、南朝と在地領主の対立をも調整し、南朝の綸旨や公家御教書の効力を地域に対して自ら保障する楠木氏は、在地と中央権力を媒介し、相対的な独立性を維持しているからこそ、前者を後者に、後者を前者に対して代表する実力を持つ典型的な仲介者であると言ってよいだろう。このような存在が、市沢氏の指摘した「地域勢力の系列化」において不可欠の役割を果たしていたのではないかと筆者は考える。

興味深いのは、この「系列化」の動きを地域の現実が相対化したという事実である。楠木正儀が幕府方領主をも編成することにより、結果的には在地領主連合に亀裂を生じることになる。しかし「地域権力」であるということの意味の一つは、人的結合を超えて、一定の広がりを持つ地理的空間に共在する諸勢力を掌握する、あるいは少なくともそれらの間の権力作用が統合的に機能することを保障するということにある。むしろ南朝方・幕府方の色を超える局面にこそ、「地域」の意味が浮上するのではないだろうか。

このような認識の上に筆者が提起した問題は、楠木氏の南朝に対する立場性と幕府勢力の組み込みの間にどのような関連が見出されるか、という問題であった。中世イタリアの党派抗争において「グェルフィもギベッリーニも等しく扱う」ことが公正な態度として称揚されたことは、市沢報告に寄せて述べた通りである。楠木氏の事例は、全体的に見れば劣勢にある陣営が地域社会の中に固有の存在意義を獲得することによって延命し、その存在によって逆に下から衰退しつつある権威を再生産し補強する構造をも示しているように思われる。内乱期における「地域」の創造力の一端であろう。このような「地域」に向き合う中で、党派が党派を超えて変容し、地理的・空間的基盤を持ったコミュニティへと展開してゆく可能性がここに秘められていたのではないのだろうか。

廣田氏からは、幕府勢力の組み込みの意味について明快な返答をいただいた。南北朝期には鎌倉御家人である関東武士との対立関係が継続しており、楠木氏も初期は地元勢力を中心とする編成を持っていたが、この方向性は次第に転換し、一四世紀の室町幕府確立期には鎌倉御家人と在地武士が連合を形成するようになってゆくという。この移行期の渦中にあって、内乱期には多くの御家人達が所領を失い、生き残りをかけた在地化へと向かい始める。

こうして正儀の時代には、地域の中で幕府方の地頭御家人をも組織しなければならない立場に立ったのであった。この時代の両派融合は結果として歴史的には実現しなかったが、室町期の守護大名の課題となってゆくことを廣田氏は指摘された。また、正儀権力を支えた在地武士は、在京武家領主の支配を受けず、幕府からも南朝からも大きな自立性を維持していたこともご教示いただいた。廣田氏によれば、これは内乱が生んだ特有の状況である(33)。上述したような「内乱期の地域の創造力」を考える上でこれは非常に示唆的であると筆者は考える。このような地域との関わりと、正儀の全体的な和平政策は相互に関連していたものと推測する。楠木氏を介して政権の中枢と直結していながら、都市支配に拠点を置かない南朝特有の都市・農村関係の帰結として政権に対して大きな自立性を持った、という和泉・河内の特徴を正確に位置付けることで、ローカルな現実からマクロな展開を理解する可能性が見えた、と筆者は受け止めた。

おわりに

以上、シンポジウム全体の枠組みと各個別報告についてのコメントを述べてきた。内乱、即ち分裂とは、人が共にあり社会をつくるという存在のかたちと不即不離の問題であり、この問題に関する歴史的議論の進化は世界史的価値を有する。本稿ではその価値に、可能な限り日本中世史研究と筆者の研究対象とするイタリア中世史研究の双方の固有性から出発しつつ、共有可能な枠組みを追及する作業を通じて、わずかなりとも接近することを試みた。各報告への誤解に基づく記述があれば、それらは全て筆者の責任である。しかし敢えて筆者の力不足や誤解を恐れず議論を展開したのは、このシンポジウムから受けた刺激に触発されてのことである。改めてこの貴重な機会に感謝し、批判を請うとともに、今後の一層の議論の進展を期待して止まない。

註

（1）本書シンポジウム討論〈要旨〉参照。
（2）例えば佐藤進一『日本の歴史9　南北朝の動乱』（中央公論社、一九六五年）。村井章介編『日本の時代史10　南北朝の動乱』（吉川弘文館、二〇〇三年）。佐藤和彦・小林一岳編『南北朝内乱（展望日本歴史10）』（東京堂出版、二〇〇〇年）。
（3）「内乱」『ブリタニカ国際大百科事典　小項目電子辞書版』（ブリタニカ・ジャパン、二〇一一年）。
（4）「内乱」と「動乱」の互換性についての認識は、シンポジウム当日の筆者のコメントに対する報告者諸氏の返答と会場での議論に負っている。改めてここに記してお礼申し上げたい。
（5）既に公刊された中世日本とヨーロッパの紛争史的比較については、藤木久志監修、服部良久・蔵持重裕編『紛争史の現在―日本とヨーロッパ―』（高志書院、二〇一〇年）。日欧に限定せず史料学的観点から紛争を扱った比較考察としては、臼井佐知子・H・ジャン・エルキン・岡崎敦・金炫栄・渡辺浩一編『契約と紛争の比較史料学―中近世における社会秩序と文書―』（吉川弘文館、二〇一四年）等がある。
（6）「内乱」という問題に関連して政治哲学の領域から神崎繁による貴重な著作がシンポジウム後に刊行された。神崎繁『内乱の政治哲学―忘却と制圧―』（講談社、二〇一七年）。
（7）伊藤不二男「グラティアヌス「教会法」における正当戦争論の特色―国際法学説史研究―」（『法政研究』二六巻二

号、一九五九年）一二三〜一四五頁、特に一二四〜一二六頁。荻野弘之「キリスト教の正戦論―アウグスティヌスの聖書解釈と自然法―」（山内進編『「正しい戦争」という思想』勁草書房、二〇〇六年）一一一〜一四四頁、特に一一二頁。

（8）山内進編『「正しい戦争」という思想』（勁草書房、二〇〇六年）。

（9）山内進「序論　聖戦・正戦・合法戦争―「正しい戦争」とは何か―」（同『「正しい戦争」という思想』勁草書房、二〇〇六年、一〜四一頁、該当部分は二二頁）。荻野前掲註（7）論文。

（10）アウグスティヌス著、松田禎二・岡野昌雄・泉治典訳『アウグスティヌス著作集15「神の国」（5）第十九巻―第二二巻』教文館、一九八三年）。荻野前掲註（7）論文一一九〜一三四頁も参照。

（11）トマス・アクィナス著、柴田平三郎訳『君主の統治について　謹んでキプロス王に捧げる』（慶應義塾大学出版会、二〇〇五年）一九頁。

（12）中世イタリアの公共善を鍵とした近年の研究として、池上俊一『公共善の彼方に―後期中世シエナの世界―』名古屋大学出版会、二〇一四年。中谷惣『訴える人々―イタリア中世都市の司法と政治―』（名古屋大学出版会、二〇一六年）。暴君論については将基面貴巳『反「暴君」の思想史』（平凡社、二〇〇二年）。

（13）Remigio dei Girolami, *Dal bene comune al bene del comune. I trattati politici di Remigio dei Girolami* (✝1319) *nella Firenze dei bianchi-neri. De bono comuni - De bono pacis - Sermones de pace*, Introduzione, testo critico, traduzione italiana, note e apparato critico, a cura di Emilio Panella, Presentazione di Francesco Bruni, Firenze 2014, http://www.e-theca.net/emiliopanella/remigio3/dbc.htm; Nicolai Rubinstein, 'Marsilius of Padua and Italian Political Thought of His Time', in J. R. Hale, J. R. L. Highfield, B. Smalley (eds.), *Europe in the Late Middle Ages*, Evanston 1965, pp. 44-75.

（14）Bartolus de Sassoferrato, 'Tractatus de Tyranno', in Diego Quaglioni, *Politica e diritto nel Trecento italiano. Il "De*

Tyranno" di Bartolo da Sassoferrato (1314-1357). Con l'edizione critica dei trattati "De Guelphis et Gebellinis", "De regimine civitatis" e "De Tyranno", Firenze, 1983.

（15）Quaglioni, pp. 11-13.

（16）Bortolus de Sassoferrato 'De Tyranno', in Quaglioni, pp. 196-202. 党派については特に pp. 201-202.

（17）Bortolus de Sassoferrato 'Tractatus de Guelphis et Gebellinis', in Quaglioni, pp. 131-170. 特に p. 137.

（18）Marco Gentile, 'Discorsi sulle fazioni, discorsi delle fazioni. «Parole e demonstratione partiale» nella Lombardia del secondo Quattrocento', in *Linguaggi politici nell' Italia del Rinascimento*, a cura di Andrea Gamberini e Giuseppe Petralia, Roma 2007, pp. 381-408.

（19）市沢哲「鎌倉後期の公家政権の構造と展開―建武新政への一展望―」（『日本史研究』三五五、一九九二年。佐藤和彦・小林一岳編『展望日本歴史10　南北朝内乱』東京堂出版、二〇〇〇年、再録）、引用は再録版二五四頁。

（20）同右二四九～二五〇頁。

（21）同右二五三頁。

（22）衡平概念については、Antonio Padoa-Schioppa, *Italia ed Europa nella storia del diritto*, Bologna 2003, 特に pp.167-173; Petra Schulte, Gabriele Annas, Michaele Rothmann, 'Einleitung', in Petra Schulte, Gabriele Annas, Michael Rothmann (hg.), *Gerechtigkeit im gesellschaftlichen Diskurs des späteren Mittelalters*, Berlin 2012, pp. 9-36. またその際に、日本中世とヨーロッパ中世の思想史的・文化史的背景の相違を十分に意識した上で、その認識を一層精緻にするためにも敢えて提起できる共有可能な概念的ツールの一つは、ジョルジョ・アガンベンによる「例外状態」と「オイコノミア」をめぐる一連の仕事に求められよう。ジョルジョ・アガンベン著、高桑和巳訳、上村忠男解題『ホモ・サケル―主権権力と

剥き出しの生―』（以文社、二〇〇三年）。同著、上村忠男・中村勝己訳『例外状態』（未来社、二〇〇七年）。同著、高桑和巳訳『王国と栄光―オイコノミアと統治の神学的系譜学のために―』（青土社、二〇一〇年）。同著者が「内乱」を扱った以下の著作も併せて挙げておく。ジョルジョ・アガンベン著、高桑和巳訳『スタシス―政治的パラダイムとしての内戦』（青土社、二〇一六年）。

(23)　本書市沢論文。「私戦・公戦リンク論」については、小林一岳『日本中世の一揆と戦争』（校倉書房、二〇〇一年）。

(24)　佐藤公美『中世イタリアの地域と国家―紛争と平和の政治社会史―』（京都大学学術出版会、二〇一二年）、特に第四章「党派とミクロ党派―十四・十五世紀ベルガモにおける在地的グェルフィとギベッリーニ―」同書一二七～一八〇頁、及び第五章「在地的党派と地域形成―十四世紀のベルガモ領域アルメンノとイマーニャ渓谷―」同書一八一～二二四頁。

(25)　同右第四章。

(26)　佐藤公美「党派と〈複合領域〉―十四世紀ノヴァーラのグェルフィとギベッリーニ―」（服部良久編『コミュニケーションから読む中近世ヨーロッパ史―紛争と秩序のタペストリー―』ミネルヴァ書房、二〇一五年）一九八～二二一頁。

(27)　佐藤註(26)論文。

(28)　本書徳永論文。

(29)　小林一岳「村落領主制論再考」（遠藤ゆり子・蔵持重裕・田村憲美編『再考　中世荘園制』岩田書院、二〇〇七年）一五七～一八二頁。伊藤俊一「南北朝～室町時代の地域社会と荘園制」（同『室町期荘園制の研究』塙書房、二〇一〇年）二五～一〇四頁。

(30)　本稿で用いる「エリート」概念は、G・モスカ、V・パレート、R・ミシェルらを嚆矢とする政治学におけるエリート理論に厳密に即するものではなく、最も広義の用法に従っている。エリート理論の歴史と概念については Giorgio Sola, 'Elites, teoria delle,' in *Enciclopedia delle scienze sociali* (1993), http://www.treccani. it/enciclopedia/teoria-delle-elites_(Enciclopedia-delle-scienze-sociali)（最終アクセス二〇一八年一月八日）。

（31） ヨーロッパ中世史研究における農村エリートについては、François Menant, 'Élites rurales et modèles de société paysanne,' 〈http://www.histoire.ens.fr/IMG/pdf/Menant_Elites_*rurales*_seminaire_janvier_2011. pdf〉（最終アクセス二〇一七年十月十六日）; Jean-Pierre Jessene, François Menant, 'Introduction,' in Jean-Pierre Jessene, François Menant (eds.), *Les élites rurales dans l'Europe médiévale et moderne : actes des XXVIIes journées internationales d'histoire de l'abbaye de Flaran*, 9, 10 et 11 septembre 2005, Toulouse 2007, pp. 7-52.

（32） Hitomi Sato, *Peace and Conflicts in Late Medieval Japan and Europe*, tesi di dottorato in storia medievale, Università degli Studi di Milano, coordinatore Elisa Occhipinti, tutor Giorgio Chittolini, a.a. 2010-2011; Serena Ferente, Hitomi Sato, 'Ikki/Leagues: Language and Representation of Union in Medieval Japan and Europe,' メネストレル主催国際シンポジウム「中世における文化交流―対話から文化の生成へ―」（二〇一七年一一月一七日～一九日、大和文華館）。

（33） 伊藤俊一「南北朝～室町時代の荘園領主と守護権力」（同上掲書）一三一～一八〇頁。

（34） 廣田浩治氏によるシンポジウム当日での筆者のコメントへの返答と、二〇一七年六月二八日付電子メールでのご教示による。詳細なご説明とご教示に改めてお礼申し上げる。

〔付記〕 本稿は日本学術振興会科学研究費基盤研究Ｃ「中世イタリア半島における抵抗の政治文化と社会」（課題番号１６Ｋ０３１４７）による研究成果の一部である。

シンポジウム討論〈要旨〉

Ⅰ　佐藤公美氏からのコメント

シンポジウム討論の司会は、櫻井彦氏（宮内庁書陵部）が務めた。

討論に先立ち、中世イタリア史が専門の佐藤公美氏（甲南大学）より、シンポジウムの各報告に対するコメントを寄せていただいた(1)。まずシンポジウム全体の趣旨に対し、市沢哲報告で示された、「内乱」を秩序の一時的崩壊から内乱状態、そして秩序の再建という動態的プロセスとして把握した点を、中世イタリア史と共有可能な枠組みであると指摘した。その上で、①「内乱」の同時代的意味、②日本史学側で使用する「内乱」という語の定義、③十四世紀内乱期社会を、「内乱」で把握することの意義、の三点を全体に関わる論点として提示した。つづいて個別報告へのコメントに移った。

まず市沢報告に対して、主体の行動の動機や感情に着目した際、内乱期の私戦・公戦のリンク状態の議論を踏まえ（小林一岳『日本中世の一揆と戦争』校倉書房、二〇〇一年）、ミクロな現実とマクロな現実を繋いでいく存在は誰なのか、報告で登場した案内者・軍奉行として現れる国人たちがそれなのか、あるいはさらにミクロな中間項が存在したのか、と尋ねた。次に、徳永裕之報告に対して、守護被官化していく名主・沙汰人（荘官）層を、ヨーロッパ史での同様な現象と共通した概念「ローカルエリート」（地域のなかで、身分・制度ではなく、一定の能力・実力・資格により当該社会の指導的地位に立てる層）と把握できうる、と指摘した。それを踏まえ、彼らが地域での優位性獲得のために守護被官化する背景は何か、なぜ守護でなければならなかったのかと尋ねた。最後に廣田浩治報告に対して。結果的に楠木氏権力が結合の破綻へと向かうと評価したことについて、同氏権力が地域社会のなかの紛争を調整・解決する存在であることは、関係調整・紛争解決を目指す過程で、何らかの結合や関係が結ばれているはずと述べ、その結合や関係を支える実態そのものをどのように評価するのか、と尋ねた。

全体に関わる論点について、市沢氏は、①語としての「内乱」が中世に使われたかは明言できないが、政治的事件の多くはナショナルな枠組みでとらえられ、その「内部」での混乱ととらえられたのではないか、②日本史学ではとくに「内乱」の用い方について、議論はなされていないように思うが、無意識に①のような枠組みを採っていないか注意が必要、③前記の①のような意味ではなく、社会の深層の変化から政治的動乱をとらえるという意味で「内乱」という語を意識的に用いることには意味がある、と回答した。

個別報告について。市沢氏は、ミクロ・マクロの間に中間的存在を想定してはいるが、それだけではミクロな動機とマクロな現象をつなぐことはできないと考える、両者の関係をどう考えるかを課題として確認しておきたい、と回答した。徳永氏は、名主・沙汰人（荘官）層が守護被官を通じて幕府と関係をもつことによって、地域の中で軍事的・経済的な優位性があったと思われる、また当該期では寺家方・公家方の被官となっても地域内で優位になる可能性も存在し、被官先の選択は多様であった、と回答した。廣田氏は、楠木氏の権力は対立陣営を引き込んで、それを融合する動きが可能性としてあったが、やはりその達成は次の室町期守護権力によって達成されたもの、と回答した。廣田氏の回答に対し、コメントの佐藤氏は、敗北する楠木氏権力の結果ではなく、その過程での可能性や楠木氏が構築を目指したものに着目することも可能なのではないか、と述べた。

Ⅱ　討論

討論では、最初に各個別報告に対する質問が出された。

市沢報告に向け、廣田浩治氏より、内乱期に固有名を持たない軍勢や一揆といったものの実態をどう考えるか、との質問が出された。市沢氏は、確かに『太平記』はすべての軍勢に固有名を付しているわけではないが、その区別がどうなされたかはわからない。報告との関連でいえば、この時期の軍勢は地域勢力の系列化によって組織されるので、様々な参加者がいたと考える、と回答した。高橋典幸氏（東京大学）は、市沢報告にある地域と外部との関係について、外部からの圧力によって内部に一揆的な結合が生まれてくる、という報告者の理解への確認と、詳細な言及を求めた。市沢氏は今回の報告は、一揆内部の検討をスキップした点で課題を残すが、外部との関係をどう再構築するかが、一揆結合の重要な契機になったと考える、と回答した。その上で、悪党―両使も、内乱も、地域の勢力を系列化して軍勢がつくり出されるのであり、内乱期の守護の軍勢も職権的に編成された正規軍ではなく、他の軍勢と編成のされた方は同じと考える、と説明した。

廣田報告に対して、田中大喜氏（国立歴史民俗博物館）は、①楠木氏権力が、そもそもどの程度地域に根ざしたものだったのか、②楠木正儀に先行する正成・正行期では、いかなる原理で在地領主層を編成できたのか、③楠木氏が本来西遷御家人という性格であるならば、外来勢力の同氏がかかる編成を可能にできた要因はなにか、と尋ねた。廣田氏は、①正成段階に、別姓の領主を擬制的に取り込んだ可能性を踏まえ、広範囲の在地領主を組織編成していたと推察される、②③正成以来、時間をかけた当該地域での在地領主の組織化がされており、その蓄積基盤の上に正儀期の権力があると想定するが、その過程については今後の検討課題である、と回答した。

徳永報告について、堀川康史氏(東京大学史料編纂所)より、①南北朝期に名主・荘官職相論が発生するメカニズムと、②かかる相論と南北朝内乱との因果関係について、質問が出された。徳永氏は鎌倉末期に、名主・荘官職相論が発生しており、鎌倉幕府の崩壊とともに表面化していったものと認識している、と回答した。堀川氏は、「内乱」というシンポジウムの趣旨に照らせば、北朝・南朝の政治情勢のインパクトも加味すべき、と指摘した。

司会者より、「内乱」というシンポジウムテーマを踏まえた上で、全体の討論に関わる質問・意見がフロアに求められた。

上田耕造氏(明星大学)は、中世フランス史の立場から、各報告で出された事例が日本国内の当時の時代にどこまで汎用性をもつのか、「内乱」をマクロな視点で捉えるべきでは、との指摘がされた。また、廣田報告の楠木氏の事例を見た場合、もう少しマクロに捉えて、紛争の原因に地域の河川交通といった経済的・消耗的な問題が存在したのでは、との意見が出された。廣田氏は、軍事的に楠木氏が南朝を軍事的に支えていた状況がありつつも、楠木正儀が、西国の山名氏・大内氏、伊勢の北畠氏といった周辺の反幕府勢力と南朝を媒介に連携しながら、幕府を牽制することで小康状態が保たれていた、と説明した。つづけて廣田氏は、かかる政治状況を維持しつつ、正儀が和平交渉を目指していた点がマクロな観点での位置づけになるのでは、と回答した。また、楠木氏と河川交通の関連は重要であり、今後検討していきたい、と述べた。

最後に小林一岳氏(明星大学)は、荘官・沙汰人・名主等を「ローカルエリート」と捉えた佐藤氏のコメントを今回シンポジウムの重要な成果と述べ、地域のなかでエリートとして位置づけられる存在に、悪党との関連性があるのでは、と指摘した。小林氏は、前回のシンポジウム「中世荘園の基層」(2)で議論した、鎌倉期的構造における悪党と国御家人・使節を、「ローカルエリート」という概念によって、彼らの本質がより鮮明になったとし、本シンポジウムは、かかる鎌倉期的構造を「内乱」に引き込み、再度十四世紀の問題として議論するものである、と評価した。その上で小林氏は、徳永報告で提示された、内乱期に登場する「相伝の論理」と「軍忠の論理」について、「軍忠」は荘園領主の場合と守護の場合とで同じ土俵で議論可能か否か、と尋ねた。関連して、廣田報告での楠木氏権力こそ、先述の「軍忠の論理」で成り立つ存在ではないかと指摘し、楠木氏が地域支配に失敗する原因を尋ねた。徳永氏は、荘園領主と守護の軍忠の違いについては今後の検討課題としたい、と回答した。廣田氏は、現状では現象的な説明しかできないと前置きし、在地領主連合の不協和音という内部的要因と軍事的外圧という外部的要因であった、と回答した。両報告者の回答をうけて小林氏は、なぜ守護が最終的に勝利するのか、結果論ではなく新しい室町期的国制が生まれるギリギリのせめぎ合いにこそ、「内乱」の大きな課題がある、と述べて討論は終了した。

（文責　渡邊浩貴）

註

（1）　佐藤公美氏のコメントは、本書第Ⅰ部で原稿化したため、本討論〈要旨〉では、シンポジウム当日での氏の発言の概略のみ掲載している。詳細については本書所収の佐藤論考を参照されたい。

（2）　悪党研究会主催シンポジウム「中世荘園の基層」(二〇一二年五月十三日)。後に、悪党研究会編『中世荘園の基層』(岩田書院、二〇一三年)として刊行。

Ⅱ 特論

「太平記」にみる庶民の活計 二題
――交換と世評――

蔵持 重裕

はじめに

二・二六事件の時に首相であった岡田啓介は氏の『回顧録』で、「アメリカと戦争しては勝てないぞ、と思いながらもこれを止める事が出来なかった」、「開戦前に非常に力のつよい政治家がいて、軍を押さえつけようとしたら、軍は天皇の廃立さえ考えたかもしれない」(1)と述懐して、当時、戦争を回避することの難しさを記している。

一方、作家であり元外務省分析官であった佐藤優氏は、一九九〇年代、バルト三国がソ連からの独立運動を進めるに際し、「人民戦線も独立派共産党も、非武力抵抗運動の方針を絶対に崩さなかった」、「一九九一年一月、独立運動を阻止するために地元にソ連軍の特殊部隊が投入された。リトアニアとラトビアでは死者が発生した。そのような状況でも、独立派は非暴力抵抗運動に徹した」ことに注目し、「非暴力抵抗運動には歴史を動かす力がある」と評した(2)。

戦争を起こさない事、それを止める事、それは確かに難しい。私が生きる現在の中でさえそれを感じる。過ぎた時代の人の弁解を非難する事も、歴史の教訓を活かす事も、なかなかたやすい事ではない。それを思うと、戦争が准日常であった「太平記の時代」の人々は、戦争をどう受け入れ、どう生き抜いたのであろうか。特に、政治の権能から疎外された庶民においてどうであったか。彼ら・彼女らに何らかの活計があったことを信じ、期待し、『太平記』の中からその力を見つけてみたい。

豊富な研究史のあるこの時代、学ぶ事は多く、したがって、言い古されていることから抜け出せないが、ここでは先行研究にあまりとらわれすぎないで考えてみたい。敢えて言えば、当面の関心は、研究史上の次の二点に関わるであろう。

一つには、これまで、「野伏論」とされているものである。野伏に関しては、飯森富夫氏の「野伏と戦場」[3]がくわしく総括している。それによれば、論点は、①野伏実態論、村・村人との関係、②戦闘戦術論、騎馬武者との相違、その補完、③略奪行為論、これは大将の許可による反対給付論・商人論などである。これらの指摘はいずれも根拠があり、間違いないものであって、諸側面を正しく衝いていると思う。

一方で、悪党の語の理解が「敵対者の追捕を求めるためのレッテル」[4]という点に到達しているように、野伏も実態的な人間集団を指さなくても良いのではないかと思う。非武士住民・溢者集団の戦場での使われ方と行動ということであろう。このように考えると、あえて野伏の語を使わなくてもよいことになり、戦の時代の庶民として、より一般化して考えられるのではないか。そこでは町の庶民、田舎の庶民がいるだけである。

彼ら・彼女らの略奪行動は小林一岳氏も言うように、大将より許可されたもので、反対給付であることは、ある局面においては間違いないが、そもそも、誰ぞに依る「認可」というものではなく、自ずから成るシステムであったのではないかと考えたい。

それは彼等の住い・行動が、軍の行軍・撤退と、対比的に、マイナスにもプラスにも密接に関連しているからである。したがって自ずからシステムと解したい。

二つには、特に町ではあるが、もちろん田舎も含めて、庶民の言説の役割・力である。これを非武器・非暴力で、しかし、武士集団の〝殺傷能力〟を奪う、あるいは〝消滅させる〟力のある機能を発揮するものと考えられないか、ということである。この点に関してはすでに酒井紀美氏が『中世のうわさ』(5)で「うわさ」の情報伝達の広がり、速さと鬼神のような力の様相を明らかにしている。また、筆者も中世における口頭言説の意味と力・重さについて述べた事がある。(6)

戦争状態の中、身分制社会において、そして〝独特な言説思考の社会〟（後述）である中世において、庶民の発言が、武将や身分のある人々の精神を呪縛する〝心理的な力〟を持ったのではないか、と考えたい。なお、五味文彦氏は、天正八年（一五八〇）八月、信長が佐久間信盛・信栄に示した折檻状にある「世間の不審、余儀無き子細共候」に注目しているが、これも関連しよう。(7)

なお、『太平記』は、『日本古典文学大系』34・35・36（岩波書店、一九六〇年）を用いた。巻・頁表記はこれによる。

一　路次は交換の場　―進軍・撤退の奇妙な対応―

1　在家略奪さる―行軍兵士の略奪―

(1)まず、『太平記』記事で確認しておきたい。

①元弘二年・正慶元年（一三三二）、楠木正成が再び和泉・河内で勢いを増し、六波羅から派遣された高橋・墨田が渡辺橋で大敗した。その後、六波羅探題は上洛した宇都宮公綱に楠木討ちを命じた。宇都宮軍は「路次ニ行逢者ヲバ、権門勢家ヲ不云、乗馬ヲ奪ヒ人夫ヲ駈立テ通リケル間、行旅ノ往反路ヲ曲ゲ、閭里ノ民屋戸ヲ閉ヅ」という状

態であった。(六巻一八九頁)

②翌日、宇都宮軍は「七百餘騎ノ勢ニテ天王寺へ押寄セ、古宇都(大阪市天王寺区餌差町)ノ在家ニ火ヲ懸ケ」鬨の声を上げるが、楠木軍はすでに退去していた。(六巻一九一頁)

対して、楠木軍は「民屋ニ煩ヒヲモ不為シテ、士卒ニ礼ヲ厚クシケル」のであった。(同一九三頁)

③正慶二年・元弘三年(一三三三)閏二月二六日、後醍醐天皇は隠岐を脱出して船上山に着いた。その三月十二日、赤松則村は京都に入り六波羅軍と合戦となった。しかし、この時は負けて山崎方面に敗走し、山崎・八幡に陣を取った。六波羅軍は赤松の陣を攻めることに決し、三月十五日山崎に軍を進めた。その軍、「(向日町)寺戸ノ在家ニ火を懸テ」進んだ。(八巻二五五頁)

④同年四月三日、赤松等は六波羅攻めに京都に寄せる。二手に分かれるが、赤松入道は他の勢とともに「三千五百餘騎、(右京区)河嶋・(右京区)桂ノ里ニ火ヲ懸テ、西ノ七条ヨリゾ寄タリケル」。(八巻二六一頁)

⑤建武四年・延元二年(一三三七)八月、奥州国司北畠顕家は、結城宗広等を随え、鎌倉討伐を目指して白河の関を越えた。その勢は三万余騎という。十二月に足利義詮を大将とする鎌倉を攻め落とした。翌、建武五年正月八日に鎌倉を発ち、京都に向かう。五〇万余騎という。「元来無慚無愧ノ夷共ナレバ、路次ノ民屋ヲ追捕シ、神社仏閣ヲ焼払フ、捴此勢ノ打過ケル跡、塵ヲ払テ海道二三里ガ間ニハ、在家ノ一宇モ残ラズ草木ノ一本モ無リケリ」というすさまじさであった。(一九巻二八九頁)

⑥建武五年・延元三年(一三三八)、新田義貞は越前府中の合戦で勝利し、その勢いで五月、足羽城を攻めた。これに呼応し、七月には越後勢が越中・加賀と攻め上った。途中、今湊(石川県美川町)の宿で逗留した。「加賀国ニ暫ク逗留シテ行末ノ兵粮ヲ用意スベシトテ、今湊ノ宿に十余日マデ逗留ス。其間に軍勢、剣・白山以下所々ノ神社仏閣に

打入テ、仏物神物ヲ犯シ執リ、民屋を追捕シ、資財ヲ奪取事法ニ過タリ」とある。（二〇巻三〇四頁）

⑦康安二年・正平一七年（一三六二）、細川清氏は讃岐において、細川頼之に討たれた。この戦で、頼之は新開遠江守真行に命じて、清氏居城長尾城に向陣を築く戦術を採るが、その前に、新開は五〇〇余騎を以て「路次ノ在家ニ火ヲ懸テ、西長尾へ向ラレケル」と行軍した。（三八巻四一四頁）

以上、すでに周知の事例、その一部を例示した。軍の進路では、街道近辺の在家は例外なくといってよいほど焼かれてしまうのであった。この在家放火は、軍・合戦の在処を味方に示すこと、在家を敵の築陣の用材にさせないためなどの理由も挙げられているが、実際には⑤のように、凄まじい略奪を伴う行為の一環であったろう。そして、その略奪は⑥のように、兵糧の獲保が主たる狙いであった。

(2)こうした、行軍の略奪については次の史料がくわしい。

〔史料1〕延元元年五月（一三三六）茜部庄下村御百姓謹言上状（東京大学史料編纂所影写本　東大寺文書四一―三）[8]

茜部庄下村御百姓謹言上

欲蒙早御成敗、百姓等成安堵思之間事

右件条者、先度百姓二人為使者如申上候、去年未進□可沙汰之由、雖被仰下候、世上御動乱之間、京都・鎌倉□
□軍勢ニ家内等被挿取候テ、百姓牢籠無申計罷成□　□、（中略）畏入□　□之冬中ノ動乱ヨリ始テ、至
于当年之今、守護・国司幷国勢□　□日別ニ被乱妨候、（中略）

延元々年五月　日

〔史料2〕建武四年（一三三七）二月　大井荘荘家等申状（東京大学史料編纂所影写本　東大寺文書一―四）[9]

（端裏書）「建武四三四到来、大井荘申状」

大井御庄々家等謹言上

欲殊以撫民政道御計、被垂御哀憐、可蒙御免許由、預御成敗、成安堵思、去々年法華会料間事、

右、於法華会々料者、年内仁究進仕、可預冥顕之御加護之由、雖進存、自去々年初冬、世上令動乱、市津全分不立之間、米穀等不及于沽却、用途依為難得、乍歎相待静謐期之処、弥随于日、両御方御軍勢等、日夜朝夕上路（洛か）刻、令乱入于庄家、牛馬已下資財等不知其数、至于米・大豆等者、悉令負運、雖及散々呵責、依無可隠置所、無代仁被運取之間、所詮可及餓死之上者、於向後者、令会向于一所、捨身命問答仕、可防申之由、令同心合力、連日依警固仕、雖停無窮之乱妨、於面々費者、凡不可勝計、其後守護・国司在国之間、可為静謐歟之由相存之処、或時者可出軍勢、或時者可兵粮米・馬物具等沙汰、不然者、称御敵召取其身、可焼払家々之旨、風聞之間、（中略）

建武四年二月

史料1の茜部荘民は、動乱による軍勢の略奪を荘園領主に訴え、安堵を求めている。

史料2の大井荘の荘民(荘家)も荘園領主に対し訴えている。それは、動乱に依って、(イ)荘家が略奪され、食糧は枯渇している事、(ロ)市が立たないので、米などの換金が出来ず、法華会料の銭が入手できない事から、この法華会料の免除を求たのである。同時に、自らの対策として、(ハ)米などを「隠置」事があるが、今は隠し置く所がないという。村の城などが用意されていなかったという事であろうか。(ニ)積極的な策としては、身命を賭して、軍勢と「問答」して略奪を防ぐが、そのため連日、荘家を警固するという。荘民が武装し、戦時体制をしている状況がうかがえる。(ホ)同時にその費用が大きな負担であることが分かる。

（3）『太平記』も地下人の積極的な対応を描く。

文和二年・正平八年（一三五三）六月、南朝の山名佐師・楠木正儀は京中に突入した。劣勢となった足利義詮は後光厳天皇を奉じて佐々木氏の居る近江に落ちた。その途次、堅田で堀口掃部助貞祐等に襲われ、夜に塩津まで逃げた。ところが「塩津・海津ノ地下人共、軍勢此ニ一夜モ逗留セバ、事ニ触テ煩アルベシト思ケル間、此道ノ辻、彼ノ岡山ニ取上テ、鐘ヲ鳴シ時ヲ作リケル程ニ、暫ノ逗留叶ハデ」という事態になった（三三巻二一五頁）。

地下人は武装したであろうが、彼等が要所を堅め、軍勢まがいの鬨の声、鐘の音を響かせ、足利軍つまり進駐軍を威嚇したのである。これは効果があり、義詮一向は塩津での宿営を断念し、細川清氏は天皇を背負って山越したのであった。

戦国時代に明らかになっている事から想定すれば、荘民や村々の対策としては、軍勢の乱暴狼藉を防ぐため、その大将より、濫妨禁制を手に入れる事があるが、これも有償であった。しかし、『太平記』による限り、そのような村の行動は読みとれない。また、武士の行軍に対し、地下人の対応は積極的な部分もあるが、多くは防御的なもので、その防御もいつも成功していたとも思えない。このように軍の進行は、街道周辺の在家への略奪を伴うものであった。問題は、人々・庶民はその被害をどのように回復できたのかということである。

2 敗軍、裸の退却—物の具の回収—

ここでは、行軍とは逆の撤退についてみてみたい。

①正慶二・元弘三年（一三三三）二月、赤坂城は水路を落とされ落城した。城中の二八二名は降人となる。請取人に長

崎九郎左衛門尉は「先降人ノ法ナレバトテ、物具・太刀・刀ヲ奪取リ、高手小手ニ禁テ六波羅ヘゾ渡シケル」とある。（六巻二〇七頁）

②同年三月十二日、赤松軍は久我縄手（伏見区久我から山崎の道）・西ノ七条より三〇〇〇余騎で攻め入り、桂川を挟んで二万余騎の六波羅軍と対峙した。赤松則祐は一騎で桂川を渡河したが、これに次々と続く騎馬の勢いを見て、六波羅軍は戦わず敗走した。「六波羅勢叶ハジトヤ思ケン、未戦前ニ楯ヲ捨テ旗ヲ引テ、作道ヲ北へ東寺ヲ指テ引モ有、竹田川原ヲ上リニ、法性寺大路へ落モアリ、其道二三十町ガ間ニハ、捨タル物具地ニ満テ、馬蹄ノ塵ニ埋没ス」という。（八巻二四七頁）

③同年三月、千早城を攻める幕府軍は一〇〇万騎にもふくれあがった。大塔宮の命を請けた野伏は道をふさぎ、兵糧を止めた。これによって幕府側に引き帰る武士が増えた。野伏は彼等を狙って討留めた。「希有ニシテ命計ヲ助カル者ハ、馬・物具ヲ捨、衣装ヲ剥取レテ裸ナレバ、或ハ破タル蓑ヲ身ニ纏テ、膚計ヲ隠シ、或ハ草ノ葉ヲ腰ニ巻テ」逃げ帰った。（七巻二二三頁）

④同年五月、足利尊氏の攻撃で六波羅探題は落ちた。北条仲時は光厳天皇を奉じて鎌倉をめざし、近江に落ちる。その街道で野伏等は、中吉弥八が通行の邪魔立てを難じると、「輙《タヤス》ク通リ度思食サバ、御伴ノ武士ノ馬・物具ヲ皆捨サセテ、御心安ク落ちサセ給へ」と言いはなった。（九巻三〇五頁）

⑤建武三年・延元元年（一三三六）五月、兵庫湊川の戦に敗れた官軍・新田軍は退却した。和田備後守範長の退却軍に対し、赤松入道は行軍の先々で「落人ノ通ルゾ、討留メ物具ハゲ。」ト、近隣傍庄ニゾ触タリケル、依之其辺二三里ガ間ノ野伏共、二三千人出合テ此ノ山ノ隠、彼ノ田ノ畦ニ立渡リテ、散々ニ射」ることになる。（一六巻一四七頁）

⑥同年十一月、瓜生判官保の居る杣山城を攻めようと宿営する高越後守師泰を、瓜生は逆に奇襲した。「希有ニシテ逃延タル人モ、皆物具ヲ捨テ、弓箭ヲ失ハヌ者ハ無リケリ」という状態であった。（一八巻二三六頁）

⑦建武五年・延元三年（一三三八）正月、脇屋義治軍は、金崎城の後詰めと向かう。その途中、敦賀の高師泰の城を攻めるが、効なく、里見・瓜生等は討ち取られてしまう。雪中に退却する瓜生軍は「適落延ル兵モ、弓矢・物具ヲ棄ヌハナシ」。これを見て高軍の兵士は「「サテコソ先日府・鯖並ノ軍ニ多ク捨タリシ兵具共ヲバ、今皆取返タレト、敦賀ノ寄手共ハ笑ケル」のであった。（同二三九頁）

⑧貞和五年・正平四年（一三四九）、足利尊氏は上杉重能・畠山直宗を越前に流罪にした。高師直より彼らの殺害の内命を受けた越前守護代八木光勝は、謀ってその主従を、隠れ家からさらに越中へ落とさせた。そして、その道中の近辺には「「上杉・畠山ノ人々、流人ノ身トシテ落テ行事アラバ、無是非皆討止ヨ」ト」申し触れた。「江守・浅生《あさふ》水《づ》・八代庄・安吾・波羅蜜ノ辺ニ居タル溢者共、太鼓ヲ鳴シ鐘ヲ撞テ、「落人アリ打止メヨ」ト騒動ス」。（二七巻七九頁）

⑨観応二年・正平六年（一三五一）正月、高越後守師泰は尊氏に命じられて、石見国より、急遽、播磨書写山に退去した尊氏を救援に向かった。この時に、師泰を討たんと追撃したのが上杉朝定であった。しかし、上杉軍は師泰の殿軍と戦い敗れた。「打ル兵三百余騎、疵を蒙ル者ハ数ヲ知ズ、其道三里ガ間ニハ、鎧・腹巻・小手・脛当・弓矢・太刀・刀々ヲ捨テタル事、足ノ踏所モ無リケリ。」という。（二九巻一二四頁）

⑩文和二年・正平八年（一三五三）六月、山名軍は京都西山吉峰の高師詮・萩野朝忠を攻めた。萩野方は「疵ヲ被ル者数不知、希有ニシテ逃延タル者共モ、弓矢・太刀・長刀ヲ取捨テ、赤裸ニテ落テ行、見苦シカリシ有様也」。（三二巻二一三頁）

⑪文和三年・正平九年(一三五四)北陸道勢を尾張左衛門佐氏頼が、山陰道勢を仁木三郎義尹が率い若狭小浜城を攻めた。迎え撃つ細川相模守清氏は、「八人の中間共敦賀ノ津へ紛入、浜面ノ在家十餘箇所ニ火ヲ懸テ、時ノ聲ヲゾ揚タリケル」、これに驚いた朝倉勢は「矢ノ一ヲモ不射、朝倉敦賀ヲ引ケレバ、相伴兵三百餘騎、馬物具ヲ取捨テ、越前ノ府ヘゾ逃タリケル」。(三六巻三六四頁)

軍隊の行軍時は在家放火・略奪にはじまる路次狼藉があった。その軍が戦に敗れ、武将・兵士の逃亡する時、②③⑥⑨⑩のように、武具・物の具をうち捨て裸同然に逃げるという。これまた浅ましい路傍での姿であった。路次では略奪と放棄という、真逆の行動が展開された。この武装解除は①④のように降参の作法であった。⑪などでは「一矢」も射らずに自主的武装解除をした。

特に⑦は興味深い。以前に負けた高軍の兵士が、敵の敗走・武装放棄を見て、かつて捨てた物の具を取り返そうか、と冗談を言い高笑いする。ここから、(イ)放棄された武具類は回収されて再利用すること。(ロ)しかし、その回収作業は決して兵士が行うことではない。この二点を確認して良いと思う。それだからこそ、この放言が兵士らの笑いになったのだ。そして、その回収は④⑤⑧のように、野伏、近隣傍荘の庶民が行うのであった。資財略奪にあった彼等が、物の具で取り返すのである。

これは恐らく大将や武将の命・許可というものではなく、特に彼等が商人というわけでもなく、成るべくして成った交換のシステムであろう。その背景には、社会のベースとして「仕事と稼ぎに裏づけられた贈与の社会」(10)を想定したい。庶民の行動は、命を防御する、生きるための糧を得る、その糧を守るためには戦う、という生活の営為である。兵士等、庶民から奪う側も、庶民からの収奪物は、いずれ放出され、庶民に還元されるという流れを承知していたはずである。社会が贈与・「交換」で成り立つ社会なのである。商人の介在ももちろん想定できるが、人々、社会が、そして戦争が、総じて「交換」で活きていると考えた方が良いであろう。

二 落書・口遊の思考とその力

『太平記』は物語である。軍記物である。当然、そこでは人々の対話（ダイアローグ）が記される（A）。一方で話者を個人的に同定できない詞、また、対象が不特定である詞もある。「うわさ」もある（B）。この二種を確認したい。

1 合意の形成（A）

①元徳三年・元弘元年（一三三一）九月、笠置の城を囲む幕府軍中において、備中国住人陶山藤三義高・小見山二郎某は一族若党を集めて語った。その内容は、源平合戦の熊谷次郎の一ノ谷の先駆け、佐々木四郎高綱の宇治川の先陣などで、その何れもが他の助力を期待してのことで高名ほどのことではないとし、説く。「「数日攻レドモ落シ得ヌ此城ヲ、我等ガ勢許ニテ攻落シタランハ、名ハ古今ノ間ニ双ナク、忠ハ万人ノ上ニ可立、イザヤ殿原（中略）一夜討シテ天下ノ人ニ目ヲ覚サセン。」ト云ケレバ、五十余人ノ一族若党、「最可然」トゾ同ジケル」。（三巻一〇五頁）

②同年十月、楠木正成、赤坂城にて、「諸卒に向テ云ケルハ「（中略）城中既食尽テ助ノ兵ナシ、元来天下ノ士卒ニ先立テ、草創ノ功ヲ志トスル上ハ、節ニ当リ義ニ臨デハ、命ヲ可惜ニ非ズ（中略）正成自害シタル躰ヲ敵ニ知セント思フ也（中略）面々如何計ヒ給」」と謀を諮る。「諸人皆「可然」トゾ同ジケル」という。（三巻一一八～一一九頁）

③翌年、児島備後三郎高徳は「主上隠岐国へ被遷サセ給ト聞テ、無貳一族共ヲ集メテ評定」した。高徳は「衛ノ懿《い》公」「其臣ニ弘演」と、中国の故事を引いて「見義不為無勇」、「君ヲ奪取奉テ大軍ヲ起シ」「名ヲ子孫ニ伝ヘン」と

申すと、「心アル一族共皆此義ニ同ズ」とある。（四巻一三九頁）

④正慶二年・元弘三年（一三三三）、京都で幕府・官軍の合戦が始まると、大塔宮護良親王は山門に牒を送った。これをうけて一山の衆徒は大講堂の前で僉議を行った。そこでは「為七社応化之霊地、作百王鎮護之藩籬」という、山門の由来と役割を確認し、「早翻武家合体之前非、宜専朝廷扶危之忠膽」と僉議した。「三千一同ニ尤々ト同ジ」たのであった。（八巻二五六〜二五七頁）

⑤建武三年・延元元年（一三三六）十一月、足利尾張守高経に属す瓜生判官保は、兄弟で謀反を企てていた。「哀同心スル人アレカシト、壁ニ耳ヲ付ケ、心ヲ人ノ腹ニ置テ、兎角伺ヒ聞ケル折節、陣屋ヲ双ベテ居タリケル宇都宮美濃将監ト、天野民部大輔ト寄合テ、四方山ノ雑談ノ次ニ、家々ノ旗ノ文共ヲ云沙汰シケル処ニ、（中略）「今ノ世ニ引両ニ成ヌ、是ヲ又亡サンズルハ文ハ、一引両ニテコソアランズラン」ト申シケレバ、天野民部大夫「勿論候、周易ト申文ニハ（中略）」ト、文字ニ付テオ学ヲ吐ケレバ、又傍ラナル者ノ「天ニ口ナシ、以人云シム」ト、無憚所笑戯レケレバ、瓜生判官是ヲ聞テ、「サテハ此人々モ、野心ヲ挿ム所存有ケリ」ト嬉ク思テ」とある。（一八巻二三四頁）

⑥建武五年・延元三年（一三三八）、前年暮に奥州国司北畠顕家の勢は鎌倉を落として、年が明けて上洛する。この勢を、敗れた桃井播磨守直常・高駿河守・上杉民部大輔が追撃する。彼等は美濃国で戦評定を行った。宇治で京の将軍と国司軍を挟み撃ちする案が出される。これに対し土岐頼遠は、「矢ノ一ヲモ射ズシテ、徒ニ後日ノ弊ニ（中略）只楚ノ宋義ガ「蚊ヲ殺ニハ其馬ヲ撃ズ」ト云シニ似タルベシ、天下ノ人口只此一挙ニ有べシ」と申した。桃井も同意し「諸大将皆理ニ服シテ、悉此儀ニゾ同ジケル」ことになった。（一九巻二九一頁）

これらの対話は特徴がある。それは①③④⑥とも、諸将兵の同意を得るに、中国を初めとする故事に基づいて語っていることである。これは物語としての趣向でもあろうが、決してそればかりではない。多くは軍評定という場面ではあるが、中世の人々が故事を判断基準として尊重していたことを示しているに違いない。それを「理」とする故事思考・志向があったというべきであろう。[11]

⑥では故事もさることながら、「人口」、すなわち世間での評判・世評をも意識していることに注目しておきたい。

興味深いものに⑤がある。軍評定などの公の場ではない私の会話である。お互いの物言いの中に本心を探り合っている。気持ちの通い合いは、こうした日常の話し合いでなされたのであろう。

2 落書―揶揄・嘲弄の鎗先―(B)

特定の人々の対話・会話ではなく、一種のモノローグではあるが、多くの衆を対象にした言説がある。あるいはジャーナリズムとも言えるかも知れない。

①元徳二年（一三三〇）五月、和泉・河内で勢力を盛り返した楠木勢が京に攻め上るとの情勢から、六波羅探題は隅田・高橋を軍奉行として派遣し、楠木軍と渡部橋で戦ったが大敗した。「只馬・物具ヲ脱捨テ、逃延ントスル者ハ有レ共、返合セテ戦ハントスル者ハ無リケリ、而レバ五千余騎ノ兵共、残少ナニ被打成テ這々京ヘゾ上リケル、其翌日ニ何者カ仕タリケン、六条河原ニ高札ヲ立テ一首ノ歌ヲゾ書タリケル。

　渡部ノ水イカ許早ケレバ高橋落テ隅田流ルラン

京童ノ癖ナレバ、此落書ヲ歌ニ作テ歌ヒ、或ハ語伝テ笑ヒケル間、隅田・高橋面目ヲ失ヒ、且ハ出仕ヲ逗メ虚病シテゾ居タリケル」。（六巻一八八頁）

②正慶二年・元弘三年（一三三三）一月、幕府軍は吉野勢も加えて百万騎余で千早城を囲んだ。金沢右馬助などの献策もあって名越越前守は千早城の水源に兵を配した。ところが楠木勢に夜襲され逃げ帰った。翌日、城兵は、城の大

手に奪った名越氏の旗を掲げ、「「御中ノ人々是へ御入候テ、被召へカシ」ト云テ、同音ニドット笑ケレバ、天下ノ武士共是ヲ見テ「アハレ名越殿ノ不覚ヤ」ト、口々ニ云ヌ者コソ無リケレ」と嘲られた。（七巻二一九頁）

③この嘲りを受けて、名越軍は無理を押して総攻撃をかけるが、切り立った岸で大木を落とされ四、五百人が死んだ。「「アハレ恥ノ上ノ損哉」ト、諸人ノ口遊ハ猶不止」という有様であった。（七巻二二〇頁）

④建武三年・延元元年（一三三六）五月、兵庫湊川の合戦に於いて新田・楠木の官軍は足利将軍軍に敗れた。楠木正成は自害する。「湊川ニテ討レシ楠判官ガ首ヲバ、六条川原に懸ラレタリ、去ヌル春モアラヌ首ヲカケタリシカバ、是モ又サコソ有ラメト云者多カリケリ。

疑ハ人ニヨリテゾ残リケルマサシゲナルハ楠が頸

ト、狂歌ヲ札ニ書テゾ立タリケル」。（一六巻一六九～一七〇頁）

⑤暦応三年・興国元年（一三四〇）七月、将軍方の畠山入道道誓と仁木右京大夫義長の間に対立が有り、仁木は京を退いた。「畿内遠国ノ御敵ハ、是ニ時ヲ得テ蜂起スト聞へケレバ、スハヤ世ハ又大乱ニ成ヌルトハ、私語《ササヤ》カヌ人モ無リケリ、其比何ナル者ノ態ニヤ、五条ノ橋爪ニ高札ヲ立テ、二首ノ歌ヲ書付タリ。

御敵ノ種ヲ蒔置畠山打返スベキ世トハ知ズヤ

何程ノ豆ヲ蒔テカ畠山日本国ヲバ味噌ニナスラン

又是ハ仁木ヲ引人ノ態カト覚テ、一首ノ歌ヲ六角堂ノ門ノ扉ニ書付タリ。

イシカリシ源氏ノ日記失ヒテ伊勢物語セヌ人モナシ

畠山入道、其比常ニ狐ノ皮ノ腰当ヲシテ、人ニ対面シケルヲ、悪シト見ル人ヤ読タリケン。

畠山狐ノ皮ノ腰当ニバケノ程コソ顕レニケレ

又湯河庄司ガ宿ノ前ニ、作者芋瀬ノ庄司ト書テ、

　　宮方ノ鴨頭ニナリシ湯川ハ都ニ入テ何ノ香モセズ

今度ノ乱ハ、併畠山入道ノ所行也ト落書ニモシ歌ニモ読、湯屋風呂ノ女童部マデモ、モテアツカヒケレバ、畠山面目ナクヤ思ケン、暫虚病シテ居タリケルガ、如斯テハ、天下ノ禍何様我身独ニ係リヌト思ケレバ、将軍ニ暇ヲモ申サデ八月四日ノ夜、密ニ京都ヲ逃出テ、関東ヲ差テゾ下リケル」。（三五巻三一四～三一五頁）

⑥康安二年・正平十七年（一三六二）七月、足利直冬は備後の宮下野入道を討つために富田判官秀貞に合流した。しかし、宮方に逆寄せされ敗北した。「直冬朝臣、宮入道ト合戦ヲスル事其数ヲ不知、然共、直冬一度モ未打勝給ヒタル事ナケレバ、無云甲斐ト思フ者ヤシタリケン、落書ノ歌ヲ札ニ書テ、道ノ岐《チマタ》ニゾ立タリケル。

　　直冬ハイカナル神ノ罰ニテカ宮ニハサノミ怖テ逃ラン

侍大将ト聞ヘシ森備中守モ、佐殿ヨリ前ニ逃タリト披露有ケレバ、高札ノ奥ニ、

　　楢ノ葉ノユルギノ森ニイル鷺ハ深山下風《ヲロシ》ニ音ヲヤ鳴《ク》ラン」。（三八巻四〇二頁）

故事思考を理とする中世の人々・庶民は、為政者や武将の動向を注意深く見守った。そして彼等の行動の意味と結果にすばやく反応した。そして、その結果を高札などで公に知らしめた。中世のジャーナリズムである。

酒井紀美氏はこれらを「うわさ」と捉えた。そしてその広がりの早さを確認し、「超越性と神話的な力」と評した。[12]情報は①⑤⑥⑦のように、高札によって歌などを披露したが、酒井氏は「匿名性ゆえに生じる力というものがある」とし、「京童の口遊」も「人間を超越した絶対的なものの意志やメッセージが込められているとされていた[13]」と述べる。指摘の通りである。本稿の視点からもう少し言えば、人々は、故事思考すると同時に、表現としては落書・「歌」言説を巧みにしたと、注目しておきたい。

人々・庶民は故事で価値評価をし、落首・落書で事態の関連を示し、歌で気持ちを放言し、語った。落首語りである。これは歌である。リズムに乗って記憶され、調子を以て放言された。飲み込みやすく、覚えやすく、軽口で語った。これが衆人に、巷に放言されるようになると、意味合いはポピュラーとなり、凄まじい力を持った。②③のように武将・兵士間に武門の恥が晒されるのは勿論だが、⑤のように、「湯屋風呂ノ女童部」までもが評するようになると、畠山は京を逃げ出すしかなかったのである。ここに庶民の「言説の力」は、ある意味で武力に勝るとみたい。女童の言説、畠山を追った、のである。

3 世評の脅迫・縛

前項では、匿名ジャーナルの力を確認した。ここではその対象となった為政者・武将の受け止め方を検討する。うわさについてはその力が注目されているが、その対象となった人物の側の検討は少ないからである。

①建武二年(一三三五)一月、三井寺において北畠・新田勢に攻められ、敗れた将軍勢は京都に遁れたが、さらに追撃された。敗れた細川定禅は四国の兵に語った。「今日ノ負ハ三井寺ノ合戦ヨリ事始リツル間、我等ガ瑕瑾《カキン》、人ノ嘲ヲ不遁、サレバ態《ワザト》他ノ勢ヲ不交シテ、花ヤカナル軍一軍《ヒトイクサ》シテ、天下ノ人口ヲ塞ガバヤト思也」と汚名の挽回を計った。(一五巻一〇五頁)

②建武三年・延元元年(一三三六)五月、新田義貞は楠木正成と会談し、「去年関東ノ合戦ニ打負テ上洛セシ時、路ニテ猶支ザリシ事、人口ノ嘲遁ル丶時ヲ得ズ、其コソアラメ、(中略)一支モセズ京都マデ遠引シタランハ、余リニ無云甲斐存ル間」と敗戦を恥じた。正成は「「衆愚之諤々タルハ、不如一賢之唯々」ト申候ヘバ、道ヲ不知人ノ譏ヲバ、必シモ御心ニ懸ラルマジキニテ候」と励ました。(一六巻一五二頁)

③同年七月、新田義貞は天皇に挨拶し、将軍の陣する東寺へ向かった。その途次「女童部、名和伯耆守長年ガ引サガリテ打ケルヲ見テ、「此比天下ニ結城・伯耆・楠木・千種頭中将、三木一草トイハレテ、飽マデ朝恩ニ誇タル人々ナリシガ、三人ハ討死シテ、伯耆守一人残タル事ヨ」ト申ケルヲ、長年遙ニ聞テ、サテハ長年ガ今マデ討死セヌ事ヲ、人皆云甲斐ナシト云沙汰スレバコソ、女童部マデモカ様ニハ云ラメ、今日ノ合戦ニ御方若討負バ、一人ナリ共引留テ、討死セン者ヲト独言シテ、是ヲ最後ノ合戦ト思定テゾ向ケル」と、名和の決意を伝える。（一七巻一九七頁）

④康永元年・興国三年（一三四二）五月、脇屋刑部卿義助は伊予国国府で病に倒れた。それを機に細川刑部大輔頼春は河江城を攻め、義助恩顧の兵は是を迎え撃って、海上での戦いと成ったが「両方ノ兵、ヨシヤ死シテ海底ノ魚腹ニ葬セラル、共、逃テ天下ノ人口ニハ落ジ者ヲト、互ニ機ヲ進メ、一引モ不引終日戦ヒ暮シケル」と、人の嘲りを懼れる姿を描く。（二二巻三八二頁）

⑤貞和四年・正平三年（一三四八）十一月、「九月十七日ニ河内国藤井寺ノ合戦ニ、細川陸奥守顕氏、無甲斐打負テ引退シ後」、十一月に天王寺住吉に出陣した。細川顕氏は「楠帯刀左衛門正行に打負テ、天下ノ人口ニ落ヌル事、生涯ノ恥辱也ト被思ケレバ、四国ノ兵共ヲ集テ「今度ノ合戦又如先シテ帰リナバ、満人ノ嘲弄タルベシ、相構テ面々身命ヲ軽ジテ、以前ノ恥ヲ洗ガルベシ」」と勇めた。（二五巻四六四～四六五頁）

⑥文和三年・正平九年（一三五四）、足利直冬は吉野へ尊氏・義詮を討つ宣旨を求めた。それは「宣旨ニ任テ都ヲ傾ケ、将軍ヲ攻奉ランハ、天ノ怒リ人ノ譏リモ有マジトテ」と自らの行動を正当化するためであった。宣旨を要請したのではあるが、実は「天」と「人」との許可を求めたのである。（三二巻二一七頁）

⑦同年十二月、山名伊豆守時氏は綸旨を受けて、伯耆より山陰道を京へ目指した。その通り道である丹波の仁木右京

大夫頼章はこれと戦わず、「遂ニ矢ノ一ヲモ不射懸シテ城ノ麓ヲノサ〳〵ト通シケレバ、敵ノ嘲ルノミナラズ天下ノ口遊《クチズサミ》トゾ成ニケル」と不評をかった。（三二巻二二四頁）

ここで挙げた事例は、いずれも敗戦を悔いる武将達の想いである。①③⑤では敗戦の瑕瑾、恥辱を晴らさんとする必死の決意である。汚名を浄化しようとするのである。

精神科医中井久夫氏は、農耕民の世界が脅迫的であることを前提に、神の怒りを浄化すること、「浄化は強迫症の代表である」[14]としている。ここでは神の怒りではないが、酒井紀美氏も指摘し、また後述するように、世評は神に通ずるところがある。そして中井氏は、「うつ病の心理の底に「くやみ」「とりかえしがつかない」とするところに執着的気質の努力の原動力があるとみてよいであろう。したがって「執着」でもある」と、こうした精神状況を診断する。[15]

①④⑤⑦では、武将としての彼等功罪の評価、それゆえ恐れは「天下ノ人口」にあることが判明する。「天下ノ人口」、すなわち世評でありうわさである。ここで非難され軽蔑されること、これを何よりも恐れている。

中井氏は「「職人根性」は、或るほんとうの父なる神といってもよい、かたくなに沈黙する絶対的なものの下における努力の倫理であり、執着的気質的職業倫理は、そのような神が次第に見失われていく過程における倫理、世俗化された良心の倫理である。執着気質の人が「頼まれたら断れない」という裏には世俗化された社会から自らが疎んじられることの恐怖がある」、「執着気質の人は自己の作品の是認の基準を究極的には周囲の人々に依存する」、と述べる。[16]武将として、武門の職人としての彼等の作品＝戦闘・戦術は、周囲の人々、兵士と俗人、つまり人口の評価に依存せざるを得ない。その世評は武将生命に関わるのである。と思わざるを得ないとすれば、彼等の精神状況は、強迫症・執着的気質であるのは当然と言える。それを知ってか知らずか、庶民は遠慮、憚りなくそこを衝く。歌い、言いふらす。強力な武器である。

③で名和は、「女童部」までも自身の評価を下していることに衝撃を受けている。中井氏は、中世の修道院の精神科医療に触れたあと、「今日精神障害者とよばれる人たちが、今日よりも閉鎖的なその社会において、一定の役割をしていたと考えられるふしがある」、「〝阿呆〟や〝気狂い〟は最も端的に真理を告知する役割を果たす者として一種の畏敬の念さえもたれていた」と述べている。(17) もちろん、「女童」は精神障害者ではない。しかし、中世においては社会的弱者と見て良いであろう。庶民の中でも権威や権力から疎外された存在である。その意味では、非力の者として、逆説的に「最も端的に真理を告知する役割」と認識されてもいたのであろう。

それを準えるのが⑥の直冬の行為である。宣旨を得ることによって「天ノ怒リ人ノ譏リ」を免れようとした。ここでは「天の怒り」と「人の譏り」とが等化されているのである。彼女らの口遊は武将の進退を左右する致命傷を負わす武器となった。

おわりに

戦争が准日常の時代、個々の人々にとっては、つらく、厳しい、そして悲しい生活であったろう。嘆かぬ日とてない、誰かにすがりたい日々。怒り、イライラとする毎日であった。そして、生きていかなければならない。何とかして自分と家族の身を守り、生きる糧を得なければならなかった。

これを社会的にみた場合、それでも社会の消滅がないのであれば、その社会には成り立ちがあったのである。動員され戦争に向かう軍隊の兵士達も、糧を稼ぐ。それは軍の路次の狼藉として顕れる。当然、露地の周辺の人々は、狼藉から身を守るために防御する。それ自体戦争であろう。しかし、戦争・合戦には勝ち負けがある。合戦がなくても。負けた軍は路次を通過する。彼等には戦意と統率がない。敗戦の作法として、また、かつては略奪の対象であった路次周辺の人々への'通行料'として、武具をおいていく。それも生きる知恵と作法であった。こうして、庶民のうばわれた資財・対価は、放棄した物の具として庶民へ環流する。巨視的に見れば、こうした交換のありようが戦争を准日常とする社会を成り立せていたのである。

庶民には特有の武器があった。身分制の社会、社会の為政者・指導層は選ばれた者としての役割があった。社会を成り立たせる責任ある機能を持ったはずであった。ノブレス・オブリージュである。それは庶民の生活を成り立たせることでもあり、負った使命をその通りに実現することであった。この事を各身分が自覚をしていた。特に武将は精神的に、成功に執着し、周りの期待に強迫感をもっていた。成功すれば英雄として崇拝され、失敗すれば能力を欠いた者として、自覚の足りない者として非難された。日々の生活と生存に脅かされている庶民にとって、身分ある人々の動向は、自分たちにも直接に影響を持つものとして大いなる関心をもって情報を交換していた。詞や書き物で。そして、社会の指導者として威張りもし、尊大な振る舞いをもする人物の失敗談は、庶民にとってかっこうの精神的解放感を味わわせるものであった。一方で武将にとってはこれほどつらく、厳しい、強迫はなかったのである。庶民にとっては為政者を討つ武器となったのである。

庶民は戦争も物・心両面で生活の場とした。

註

(1) 岡田啓介『岡田啓介回顧録』(中央公論社、一九八七年)二五六頁。

(2) 佐藤優「佐藤優のウチナー評論〈486〉」(『琉球新報』一版、二〇一七年五月二十七日)。

(3) 小林一岳・則竹雄一『戦争1　中世戦争論の現在』（青木書店、二〇〇四年）。
(4) 山田徹「鎌倉後期～南北朝研究の諸論点」（『日本史研究』六五八、二〇一七年）。
(5) 酒井紀美『中世のうわさ―情報伝達のしくみ―』（吉川弘文館、一九九七年）。
(6) 蔵持重裕『声と顔の中世史』（吉川弘文館、二〇〇七年）。
(7) 五味文彦「史料の醍醐味」（『本郷』一三〇、吉川弘文館　二〇一七年）。
(8) 『岐阜県史　史料編　古代中世三』「茜部荘古文書」三九一号。
(9) 『岐阜県史　史料編　古代中世三』「大井荘古文書」三六七号。
(10) この理解とイメージについては以下の文献より示唆を受け想定したものである。柄谷行人『探究Ⅱ』（講談社学術文庫、一九九四年）、同『世界史の構造』（岩波書店、二〇一〇年）、同『憲法の無意識』（岩波書店、二〇一六年）、内山節『情景の中の労働』（有斐閣、一九八八年）、同「「自然と労働」についての方法の問題」（『国立歴史民俗博物館研究報告』八七、二〇〇一年）。
(11) ホイジンガ『中世の秋』（中公文庫、一九七六年）「日常生活における思考」一三三・一三五頁。
(12) 酒井前掲註(5)一八頁。
(13) 同右、一八七頁。
(14) 中井久夫『分裂病と人類』（東京大学出版会、一九八二年）二一・一九三頁。
(15) 同右、五〇頁。
(16) 同右、五三頁。
(17) 同右、一一四頁。

良慶・大進房・姫鶴女
―正和四年兵庫関悪党事件の背景―

渡邊浩史

はじめに

正和四年（一三一五）の東大寺領兵庫関で起きた悪党事件では二通の交名が遺されている。「兵庫関合戦悪行輩交名注文案」[1]（交名①）と「注進　籠置悪党等交名人等事」と題されている交名[2]（交名②）である。このうち交名①に記載されている石見房は、同じ年の正和四年十月二八・九日に隣国播磨国矢野荘で南禅寺領である別名に打入った悪党寺田法念に与同した例名雑掌石見注記覚海と同一人物とされている。同じく交名①に記載されている江三（教性）という人物と、ここには記載されていないものの江三（教性）の父と考えられている教念に関する史料が新たに公開されたことによって[3]、この交名①はまた注目を浴びることとなった。

交名①に記されている人物は、山僧と淀川流域を中心とした地域に居住しているとされている。しかし今まではこの二人しか考察されていない。それは関連史料が乏しい事が理由である。しかし彼ら以外にも関連史料が残っているにもかかわらず、ほとんど考察されてこなかった人物がいる。それは最初に記載されている良慶と、四番目に記載されている大進（大進房）の二人である。

一方、交名②の方には女性名が多く、網野善彦氏が悪党と遊女との関係を想定する根拠としていた(4)。しかしここに上がった女性たちが遊女である証拠は何一つ無い。彼女たちがどのような存在であったのかは全くわかっていないが、さすがにこの網野説を鵜呑みにするわけにはいかない。彼女たちがどのような存在かわからないのは、彼女たちに関する関連史料がこれまで見つかっていなかったのが理由でもある。しかし、このうちの姫鶴女に関してのみ、関連すると思われる史料が存在する。これを手がかりとして彼女たちの姿に迫る事は出来ないだろうか。

そこで本稿では、特にこの三人に焦点を当てて彼らの姿の一端を明らかにし、この正和四年の兵庫関悪党事件の背景を考えてみたい。

一 良慶

正和四年(一三一五)の悪党交名は以下の二つである。

【交名①】

(裏書)「賢俊」

注進 正和四年十一月二十三日於兵庫関所対守《旭旭旭》護使致合戦○放矢致刃傷悪行輩等交名注文事

合

治部卿律師良慶　成林房因幡大宮閇籠之時、蒙衾宣旨者也、都賀河住

宝蔵房伊賀竪者　勝蔵房大進元者号西城坊大輔房弁承依為悪党、蒙衾宣旨者也

西谷浄定坊信乃竪者弁承同　妙法院門徒播磨注記懐玄成実房同宿、弁承舎兄也

福智院尾張坊
帥注記 都賀河住
同谷勝蔵坊讃岐房 彦勝、頼甚舎弟
北谷大宝坊小輔房 玄賀
同坊肥前注記 親覚
同坊宰相阿闍梨 永玄
同南谷極楽坊侍従注記 教恵
同坊播磨注記 良縁
同上総阿闍梨 貞祐
同舎弟兵衛太郎 同
□（少カ）納言坊 河原崎住
童子八郎 飯来住
石熊匂（勾）当 西宮住
同舎弟熊夜叉 同
生福 同
馬四郎 同
五郎大郎 同
左近次郎 同

東塔西谷摩尼坊少輔阿闍梨 頼甚
南谷戒前坊帥注記 定尊
東谷円宗坊弁坊 都賀河住
同坊大輔房 祐賀
西塔北乗明坊遠江竪者 尭玄
彦大郎左衛門尉 細曹住
ゆはらの兼行 かふりの住
市熊次郎 賀嶋住
儀又太郎 同
摩尼王 同
阿古法師 同
愛得次郎 兵庫住
堅（監）物 同
小六郎 同
阿波入道 同

大徳 同
掃部丞 同
大蔵丞 同
大夫大郎 同
香（ママ）阿 同

□大郎
藤大郎入道 同
ふこの平次 兵庫住
正願法師 同
同下人弥三郎 同
薬師堂前 又三郎 同
越前房 目銭取手 同
牛五郎 淀
左近次郎 同
五郎 下津住
□（鬼カ）次郎 下津住
後藤右衛門尉 打出
乙次郎 賀嶋住
松熊三郎入道 同
同子息 同
石見房 同

得次郎 同
木工入道 同
とか四郎 同
進士入道 同
嶋本 初熊大郎 同
小四郎馬允 同
□《ウシ》又大郎 兵庫住
藤大郎 同
竹王大郎 同
橘次 淀
藤内次郎子息 同
有熊右衛門尉 同
九郎大郎 今市住
中五郎 同
宮王四郎入道 同
石見房 西村重原住

又五郎 同
五郎三郎 輪田庄住
三郎大郎 同
公文弥次郎 同
同舎弟御房三郎 同
越前房 都賀河 記代 兵庫住
南 三郎大郎 同
江口又大郎 同
石王次郎 同
孫大郎 イモアライ
観音四郎 水垂
清左衛門尉 同
松次郎 尼崎住
熊松右衛門尉 同
江三 同
刑部次郎 西村住

右此外雖有悪党等数輩、不知名字之間、随見及、且注進如件、

正和四年十一月　日

（傍線筆者、以下同じ）

【交名②】

注進　籠置悪党等交名人等事

合

本開房　浄明房　得万女悪党関所

犬女　きぬや　教順得業

本庄

入道五郎悪党関所　姫鶴女　大蔵丞悪党関所

大夫大郎　孫（ママ）大郎　五郎大郎

進士入道　若菊女

右、且注進如件

正和四年十一月　日

交名①の最初に載せられているのが良慶である。彼はどうやら、この正和四年の兵庫関悪党事件において、そのきっかけの一つを作った人物のようである。

〔史料1〕

被満寺衆議称、当寺八幡宮新御願料所兵庫島関所者、去延慶元年就被下永代之　院宣、関東同成施行、始行厳重数箇之御願之次第、先〻言上事旧了、依之興福寺・長谷寺等、称空地良慶之寄進雖掠申子細、就中開此等之次第、毎度被下棄置之　院宣候了、爰興福寺一類之凶徒等、当于神木帰座之折節、就奉掠上聞及御沙汰云々、事実者希代珍事候、所詮当寺之有無此事候之間、衆徒已企蜂起、閇一寺数宇之仏閣、欲及三所霊神之入洛候、仍不能

委細言上所令馳申也、不廻時尅可被経御　奏聞之由、満寺群議所候也、以此旨可令申沙汰給候、恐ゝ謹言、

（正和三年）八月十三日子刻年預五師慶算

進上　帥法眼御房(5)

〔史料2〕

当寺（東大寺）八幡宮料所摂津国兵庫島津料事、如良慶律師寄進状者、可為禅定院之執奏之処、不帯彼挙状条、不審不少之間、内ゝ令尋申彼院家之処、無存知之旨、返答上者、為空地・良慶等之謀訴之条、無異議歟、何況如良慶所進之禅定院家返契状者、謀書所見非一、先文章之体、於事凢卑之上、彼院家執事良懐者未敍法眼之処、載法眼之位署、未来任官之謀難、無所遁、次連署之次第、日下載綱維、居凢僧於座上、是則眼前謀書之所見也、此上者速被召出良慶・空地之其身、任被(6)

この二通の史料に見えるように、東大寺が伏見上皇から寄進を受けた兵庫島津料が、良慶によって興福寺・長谷寺などに寄進されたという訴訟が継続している。史料2によれば、興福寺禅定院の挙状が無い事が問題になっており、禅定院に問い合わせたところこの訴訟を知らなかった。兵庫島津料が東大寺に寄進された事で良慶の所持していた何らかの権益が侵害され、それを回復するために興福寺や長谷寺を利用したのだろう(7)。結局、興福寺と東大寺は正和四年二月以前に兵庫関を巡って紛争を引き起こす事となる(8)。こうして同年十一月に兵庫関の現地において悪党事件が勃発するのである。

その後の良慶はどうなったのであろうか。ここにそれを知る事が出来る一通の史料がある。

〔史料3〕

発志院領海知庄可令奉行之旨、謹以奉候了、早可存知候、以此旨、可披露給候、恐ゝ謹言、

（正和五年）八月五日　　　　権少僧都良慶(9)

事件の翌年の正和五年には、良慶は興福寺発志院領海知荘を受けている。これは代官職という事であろうか。つまり守護使と合戦までしておきながら、彼はその後も活動を続けていたばかりでなく、新たに興福寺から領地を得ているのである。

二　大進房

兵庫関乱入事件の直前に作成されたとされる、交名を含めた二通の文書が東大寺文書の中にある。一通は六波羅御教書案で、もう一通はそれに添えられたであろう交名注文(案)である。

〔史料4〕

（端裏書）「御教書　山門方　　賢縁」

大津上大路并東坂本分、大進房・兵衛三郎以下輩事、就生得法師白状、而有沙汰、可召給候、以此旨、可有御披露候、恐惶謹言、

（正和四年）十一月二十一日　　越後守平時敦裏判

陸奥守平維□（貞）同

進上　大□法印御房(10)

【交名③】

交名注文

大進房　　弥六男　　松王男　　得法師

東坂本

兵衛三郎　左近次郎　六郎　九郎

次郎法師　丹後房　淡路房　藤四郎男

大進《（ママ）》房　七郎男　孫四郎(11)

端裏書にある山門方という文字と、大津上大路や東坂本という地名から、比叡山延暦寺に関わる何かしらの事件に関連する文書である事はわかる。その事件は正和四年（一三一五）十一月二十一日以前に起きたものである。事件は大津上大路で大進房を張本として、東坂本で兵衛三郎を張本として起こされたものであるらしい。ここで真っ先に名前の挙がっている大進房とは、延暦寺に関わっている事や事件の起きた時期を考え合わせれば、交名①の「勝蔵房大進元者号西城坊大輔房弁承依為悪党、蒙衾宣旨者也」と同一人物と考えて間違いない。だとすると、彼が悪党として衾宣旨を蒙ったのは、この事件によってではないだろうか。

そこで思い起こされるのが交名①の「成林房因幡大宮閇籠之時、蒙衾宣旨者也、都賀河住」という人物についての割注の記載である。彼は大宮閉籠によって衾宣旨を蒙っているのである。大宮とは日吉大宮の事であろう。これは今は西本宮といい、坂本にある。成林房因幡という名前は交名③には無いが、この二通の文書こそ、この割注に示された大宮閉籠事件に関連した史料ではないか。つまり日吉大宮に閉籠する事件と関連して、その周辺である大津上大路と東坂本で何らかの事件が引き起こされていた。成林房因幡は閉籠事件に関与しただけなので、この交名③には名前が無く、大進房の方は後者の事件における中心人物だったのだろう。

案文が東大寺文書中に残されているという事は、正文は延暦寺に渡されたという事であろう。そしてこの事件の一方の当事者は東大寺という事になる。

この事件そのものに関する直接的な関連史料が全く無いので、今までこの二通の文書についての位置づけはなされてこなかった。だがどうやら兵庫関乱入事件の直前に、その関係者が関わった事件であり、東大寺と延暦寺の間で起きた紛争という意味で、乱入事件とも関係ある事件である可能性が高い事がわかった。しかも大進房は確実に両方の事件に関わっているし、成林房因幡もその可能性が高いのである。

三　姫鶴女

交名②に記された人物は、交名①に記載されているもの達を関の中に引き込んだもの達(12)であるから、姫鶴女は何らかの関務を担っていたのであろう。そして交名①と交名②で重複している人名を見てみると、大蔵丞・五郎大郎・大夫大郎・進士入道で、彼らはいずれも兵庫住である。すると姫鶴女も兵庫関近辺に居住していた可能性が高い。果たして姫鶴女はどこに住んでいたのだろうか。

交名②に載せられている姫鶴女に関する関連史料と思われるものは、播磨国の朝光寺文書内にある次の史料である。

〔史料5〕

（花押）

（播磨明石郡）住吉下保住人姫鶴女申、為当保公文并惣追捕使等、称稲盗・放火人、令追捕氏女住宅、被収公名田畠之由事、相

尋子細之処、無指所見上者、早令安堵本宅、於名田畠者、如元領掌、不可有相違之旨、可令下知給之由所候也、
仍執達如件、
正和四年十二月十三日　沙弥向西奉
謹上　預所殿(13)

住吉下保とは明石川の支流性海寺川の流域にあった保で、現在の神戸市西区押部谷町高和周辺にあったものと考えられる。兵庫関からはやや距離があるが、近隣の範囲と言っていいだろう。

この近隣に天平勝宝六年(七五四)勧請の由緒を持つ住吉神社がある。これは明石川の西岸にあり住吉下保の中ではないが、現在の社地は永禄二年(一五五九)に遷座したもので、それ以前は対岸の元住吉山にあったという。これは住吉下保の範囲内であり、性海寺とともに保の中心であったのだろう。保の名称とともに、この地域の住吉社との関係が推測される。住吉社はこの後に東大寺と兵庫関を巡り紛争を引き起こす事になる。

ところで、他にも姫鶴女という女性名の記載のある史料がある。

〔史料6〕
八条大宮地事
訴人国光
論人姫鶴女
右、来十五日可有対問、各帯文書等、可被参決状如件、
延慶二年九月十日(14)

〔史料7〕

国光与藤原氏字姫鶴女　相論八条大宮田地事、雖多子細、国光越訴之趣、不相違以前沙汰歟、然者、早任先度成敗、如元可有進退領掌之由、可令下知氏女給旨候也、仍執達如件、

延慶二年十一月六日　　主税権助（花押）

雅楽入道殿(15)

〔史料8〕

預所沙弥

国光与藤原氏相論八条大宮田地事、御教書如此、如元可安堵之状如件、

延慶弐年十一月六日

氏女所(16)

八条大宮の土地に関して国光というものと訴訟になり、国光は一度敗訴していたようだが、延慶二年（一三〇九）に越訴をおこした。係争地が東寺に属していたものか、両者は東寺の命により九月十五日に文書を帯びて対決し、結局姫鶴女勝訴の判決が十一月六日に出されている。この土地は東寺の東側にほぼ接した場所にあり、その側には東市の故地がある。この東市の故地は鎌倉期にも鍛冶工房などがあり商業地として栄えていた(17)。係争地は田地とも書いてあるが、もしもこの土地を巡る訴訟の当事者となれるのであるならば、この姫鶴女は商業に従事していた可能性がある。『病草紙』の肥満した女性に見られるように、当時の金融業者に女性は多かった。この姫鶴女は土倉だったのではないか。だとすると延暦寺の山僧と関わりがあった事だろう。

住吉下保の住人として史料上に登場した姫鶴女、洛中八条大宮田地を巡って国光なる人物と争った姫鶴女。この二人の姫鶴女は同一人物であったのだろうか。交名②に多く出てくる女性達は関務を担える存在であるのだから、金融

に長けたもの、つまり土倉であったと考えられる。(18) 教順得業は山僧と思われるから、これもまた金融業に関わっていたのだろう。浄明房も山僧であったかもしれない。それ以外の俗人の男性達は、金融業や運送業に携わっていた人々ではなかったか。つまり兵庫関の関務を担っていたのは山僧と土倉と金融・運送業者の連合体だったのである。すると八条大宮の姫鶴女も土倉であるならば、ここで関務を担っていた可能性が高くなる。同一人物と考えたい。

得万女・入道五郎・大蔵丞の三名の割注には悪党関所とある。他に用例がないために詳細は不明というしかないが、当時の悪党の用例から考えると、本所敵対行為を行うものに対して悪党と呼称していた事から、関務を請負っていながら東大寺に敵対していたものを特に悪党関所と呼んでいたのではないか。(19) さらに交名①に出てくる山僧達は、成林房因幡・帥注記・東谷円宗坊弁坊が都賀河に居住しているように、兵庫関近くに拠点を構えながら広範に活動している。八条大宮の姫鶴女が兵庫関に近い住吉下保に同時に居を構えていてもおかしくない。さらに土倉として延暦寺の山僧と関係を持ち、居住地の関係で住吉社とも関係を持っていた事が想定される。この姫鶴女に限らず、兵庫関は延暦寺を中心とした複数の権門と関係を持った金融・運送業者の連合体によって運営されていたのである。

おわりに

良慶は兵庫島津料を興福寺・長谷寺に寄進した事によって訴訟に発展し、正和三年(一三一四)にそれが蒸し返され、正和四年二月以前に東大寺と興福寺との間で直接に紛争が起きている。大進房は正和四年十一月二十一日以前に大津上大路と東坂本で何らかの紛争を引き起こしている。これも東大寺を相手とするものであった。そしてこの事件により大進房は衾宣旨を蒙っている。大進房はさらに十月二十八・二十九日に南禅寺領播磨国矢野荘別名への打入りに参加しているのである。こうした事件の末に、正和四年十一月二十三日に兵庫関において守護使と合戦する事件が引き起こされているのである。交名①に記載された人名を追う事によって、これらの事件が人的につながる事がわかった。

おそらくは正和三年の秋頃から始まって正和四年の十一月末という短い時期に、これだけ多くの事件が起こされている。しかも十月二十八・二十九日の矢野荘別名打入り事件以外は、すべて東大寺と山僧との対立によって引き起こされている。すべて兵庫関を巡った紛争だったのである。これまでの研究では正和四年の兵庫関悪党事件のみを単独で考えていたが、正和三年以前からこの事件を考察する必要性が明らかになった。伏見上皇による東大寺への関の寄進という行為が、かくも大きな影響を淀川水系及び瀬戸内海東側の地域社会に与えたのである。

交名②に記載された姫鶴女も、あるいは山僧等とつながりを持ちつつ、いくつかの権門と関係を結んでいたのではないだろうか。彼女の居住地は住吉社との関係が推測されるが、正和五年に住吉社の神官津守国冬によって狼藉を受ける事となる[20]。このようにいくつもの権門と結び付いて行動し、兵庫関に何らかの権益を有していた人物は他にもいた。それが先述した教性である。教性についての考察は、さしあたって熊谷隆之氏[21]や大村拓生氏[22]の論考に任せるが、彼もいくつもの権門と結び付いていたのである。

ところで良慶と姫鶴女は、正和四年の兵庫関悪党事件以後の活動が確認できた。また教性も先述した新出史料などによって元徳年間（一三二九〜三二）の活動が確認できている。とすると一つの疑問が湧いてくる。守護使の行動は、合戦したとはいうが実は徹底したものではなかったのではないか。ひとつは守護使の怠慢が考えられる。しかし摂津国の守護は六波羅探題北方北条時敦が兼帯していて、守護使の懈怠は考えにくい。だとすると、初めから追捕ではなく排除が目的だったのではないか。

良慶は興福寺との深い関係が推測される。姫鶴女は住吉社との関係が推測される。教性は東大寺だけでなく鴨社や春日社などとの関係が看て取れるのである。従来は、こういった複数の権門と関係を持つ事例について、自己の保身のために様々な権門と結び付いていたと考えられていた。しかしそれでは、彼等のように何度も何度も悪党とされていたもの達が生き残って活動を継続できた事を説明できない。保身のために彼等の側から権門と結び付いただけではなく、彼等と結び付いた権門の側にも、また単に彼等を利用するというだけでなく、彼等と結び付かなければ関を実効支配できないという事情があったのではないだろうか。彼等を完全に排除してしまっては、地域の交通・流通や金融が機能しなくなってしまう、そんな事情があったのではないか。だからこそ彼等は生き延びる事が出来たのである。

本シンポジウムにおける佐藤公美氏のコメントにある「ローカル・エリート」という概念―佐藤氏はヨーロッパ史で使われてきたこの概念を、日本中世史にも適用するために厳密に定義している―で捉えられるような存在のものが日本中世にもいて、地域の中枢に位置していた。彼等がいなければ地域は機能しなくなり、権門も彼等を自己の側に取り込まなければならなかった。東大寺は新たな寄進により、しかも幕府による保証を受けて地域秩序を無視する形で強引に入ってきた事で彼等との間に軋轢を生み、彼等を悪党として牽制したのである。

註

（1）『兵庫県史　史料編　中世五』東大寺文書―摂津国兵庫関三四。

（2）『兵庫県史　史料編　中世五』東大寺文書―摂津国兵庫関三五。

（3）摂津国長洲荘悪党関係史料の史料集としては、勝山清次編『南都寺院文書の世界』（思文閣出版、二〇〇七年）がある。

（4）網野善彦『悪党と海賊』（平凡社、一九九五年）。

（5）東大寺年預五師慶算書状案『大日本古文書　家わけ第十八　東大寺文書之二十』一三八五。

（6）東大寺僧某書状案（後欠）『大日本古文書　家わけ第十八　東大寺文書之二十』一四一三。

（7）大村拓生氏も「鎌倉後期の尼崎―長洲荘「悪党」教念・教性の活動を通じて―」（『地域史研究』三九―一、二〇〇九年）で「良慶は単なる交通業者ではなく、「寄進」の実態はさておき兵庫島にもともと何らかの権益を有しており、それが東大寺に侵害された事で、興福寺と結んだと考えられる」としている。

（8）某起請文『兵庫県史　史料編　中世五』東大寺文書―摂津国兵庫関二八、正和二二年二月四日東大寺衆徒連署起請文『兵庫県史　史料編　中世五』東大寺文書―摂津国兵庫関二九、正和四年二月七日東大寺衆徒評定事書追加『兵庫県史　史料編　中世五』東大寺文書―摂津国兵庫関三〇。

（9）良慶請文『鎌倉遺文』三四―二五九〇五。

（10）六波羅御教書案『鎌倉遺文』三三―二五六五九。

（11）交名注文『鎌倉遺文』三三―二五六〇〇。

（12）拙稿「悪党を籠置くことについて」（『日本大学人文科学研究所紀要』四二、一九九一年）。

（13）向西奉書朝光寺文書『鎌倉遺文』三三―二五六八二。

（14）家地訴論人召文白河本東寺文書『鎌倉遺文』三一―二三七六二。

（15）主税権助奉書白河本東寺文書『鎌倉遺文』三一―二三七九九。

（16）預所沙弥某安堵書下白河本東寺文書『鎌倉遺文』三一―二三八〇〇。

（17）京都新聞二〇一六年十月十四日の記事。

(18) 先に網野善彦氏が、彼女達は遊女ではないかと推測していたことを述べた。辻浩和氏によれば、十三世紀後半から十四世紀後半にかけて、兵庫遊君の存在と彼女達における長者以下一二人の臈次制が確認できるという(「「遊女」集団の内部構造」『中世〈遊女〉生業と身分』京都大学学術出版会、二〇〇〇年)。交名②の女性名からは臈次制は読み取れない。「籠置」という事からも、遊女が悪党を兵庫関に引き入れる必然性が見いだせない。そもそも遊女が関務に携わる事が出来たとも思えない。やはり網野氏の遊女説は成り立たない。

(19) 拙稿「鎌倉中期迄の「悪党」」(『史叢』三八、一九八七年)。藤田良明氏は「鎌倉後期の大阪湾岸治天の君と関所」(『ヒストリア』第一六二号、二〇〇〇年)で悪党関所を住人等による非公認関所だとしているが、その根拠は一つも示してはいない。当時の悪党の用例から考えても、非公認という意味はまったく出てこない。これでは藤田説はとうてい首肯できるものではない。

(20) 文保元年五月日東大寺学侶并満寺衆徒等申状案(『兵庫県史 史料編 中世五』東大寺文書―摂津国兵庫関四四)。

(21) 「摂津国長洲荘悪党と公武寺社」(勝山清次編『南都寺院文書の世界』思文閣出版、二〇〇七年)。

(22) 大村註(7)論文。

東国武士と南北朝内乱
―武蔵国足立郡三室郷の平氏一族を中心として―

山野龍太郎

はじめに

本稿は、南北朝内乱で地域社会を拠点として活動した東国武士の実態について、鎌倉後期の政治情勢も含めて検討するものである。(1)

南北朝内乱とは、朝廷が南朝と北朝に分裂して、全国の勢力を二分して続いた争乱であるが、その発端は鎌倉幕府の崩壊に表徴される政治的な混乱に求められる。したがって、南北朝内乱の実態を検討するためには、鎌倉期からの連続面を意識することが必要となるだろう。また、南北朝内乱において、それぞれの朝廷に属した武将には、鎌倉期の御家人の系譜に連なる武士がきわめて多かった。とすれば、そうした御家人社会の主要な構成員だった東国武士が、鎌倉後期から南北朝期に至る政治的な動乱に対して、どのように向き合ってきたのかを探究することが、南北朝内乱に参加した勢力について理解するためには重要だろう。

こうした課題を踏まえて、南北朝内乱の時代を生きた東国武士の一例として、武蔵国足立郡三室《みむろ》郷(埼玉県さいたま市緑区)を拠点とした平姓の一族を取り上げてみたい。この平氏一族は、あまり研究が深められてこなかった存在なので、さほど知名度は高くないが、鎌倉末期から南北朝期までを中心に、武蔵国の地域社会に密着した活動がうかがえる武士である。(2)

以下では、足立郡三室郷を拠点とした平氏一族を中心にしながら、南北朝内乱における東国武士の政治的な活動について検討していきたい。

一 三室女体社の大般若経と平氏一族

埼玉県さいたま市緑区宮本町の氷川女体神社(3)は、足立郡三室郷と呼ばれていた地域に鎮座しており、船霊信仰を背景とする見沼の祭祀にも関連があったといわれる古社である。その境内は、見沼を見下ろした舌状台地の一角に位置しており、近世に見沼が干拓されるまでは、水上交通の拠点としても重視されていたと思われる。

この三室女体社には、紙本墨書大般若波羅蜜多経が伝来しており、中世の政治情勢が表れた史料として利用されてきた。(4)大般若経は、本来六〇〇巻で構成される経典だが、三室女体社には五九三巻が現存しており、大別すると二度の期間に集中して書写されたことが明らかになっている。前期の書写事業は、鎌倉末期から南北朝期にかけて、三室女体社の性尊という社僧を中心として着手された。そして、後期の書写事業は、戦国期に仙波玉林坊の良芸らを中心に進められたと推定されている。

南北朝内乱における政治情勢について伝えるのは、性尊によって書写された前期の経典群である。(5)それらの奥書に銘記された紀年によれば、正慶二年(一三三三)四月(6)から建武四年(一三三七)八月(7)にかけて、平姓の武士を願主として書写が進められた。願主の人名が確認できる経典は、巻第一一九・一六九・三九三に限られるが、願主が記されていなくても、類似した文言の奥書を持つ経典は多く、性尊による書写事業は、いずれも足立郡三室郷の平氏を願主にしていたと判断できるだろう。したがって、これらの一群の経典には、南北朝内乱に身を置く東国武士の願いが込められていたと考えられる。

そこで、足立郡三室郷の平氏について、政治的な実態が如実に表れた二点を提示して、詳しく分析していきたい。

〔史料1〕『大般若経』巻第一一九奥書[8]

御室女体御経

二百内二袟九

大般若波羅蜜多経巻第一百一十九

女体大明神　金剛仏子性尊

元弘三年癸酉六月八日申剋、書写之了、

右志者、奉為当社繁昌也、

奉為金輪聖王、天長地久、御願円満也、

右志者、為当所地主平人々、殿中安穏、子孫繁昌、所従眷属、牛馬犬畜生、益万倍、心中所願、成就円満、

一切衆生、皆成仏道、雖両眼苦暗、書写之処也、（性尊）（花押）

元弘三年（一三三三）六月八日、「当所地主平人々」という平氏一族を願主として、三室女体社を取り巻く関係者の繁栄などを祈願した内容である。「御室女体御経」「女体大明神」「当社繁昌」とあることから、三室女体社に奉納された経典であることは疑いない。よって、平氏一族が拠点とした「当所」とは、足立郡三室郷を示していたと考えられ

る。また、平氏の「子孫繁昌」だけでなく、「所従眷属」「牛馬犬畜生」など、地域社会の住人や家畜まで祈願の対象に含めているのも見逃せない点だろう。

〔史料2〕『大般若経』巻第一六九奥書[9]

御室大明神不断経

大般若波羅蜜多経巻第一百六十九

二百内七帙九巻

奉為金輪聖王、天長地久、御願円満、
右志者、為当所地主平重遠并芳縁平氏女并平泰重等、所生愛子、子孫繁昌、息災延命、増長福寿、一門繁昌、心
中所願、皆令満足、貴賤諸人、福寿長遠也、
建武四年丁丑六月廿三日未乾(剋)、書之、　性尊(花押)
同七月六日辰時、女体御示現曰、
内発憐愍衆生之誓、外為擁護軍兵之形、

建武四年(一三三七)六月二十三日、「当所地主平重遠并芳縁平氏女并平泰重等」を願主として、一族の繁栄などを祈願した内容である。「所生愛子」「子孫繁昌」「一門繁昌」は、足立郡三室郷の平氏一族を指した表現だが、「貴賤諸人」は、地域社会の住人を包摂した語と考えられる。また、同年七月六日、三室女体社の神が出現して、「内発憐愍衆生之誓、外為擁護軍兵之形」という託宣を残したことが追記されている点も注目される。

では、これらの三室女体社の大般若経に登場する平氏は、どのような出自を持つ一族だったのだろうか。従来の研究によると、こうした足立郡三室郷の平氏について、主に二つの仮説が提起されてきた。

一つ目は、河越氏一族だったとする説である。(10)河越氏とは、武蔵国入間郡河越荘（埼玉県川越市）を本領とした平姓秩父氏の武士である。足立郡三室郷の平氏には、重遠や泰重という人物がみられるが、河越氏の系図にも同名の人物が見出せるので、河越氏に比定できると考えられてきたのである。この説は、偶然の一致という疑いが残るものだったが、平氏一族について言及した唯一の推論として、なかば通説的な位置を占めてきた。

二つ目は、鎌倉北条氏関係者だったとする説である。(11)足立郡三室郷の平氏を河越氏と仮定した場合、重遠や泰重の系譜や世代に齟齬が生じる点を指摘して、河越氏一族とする通説に疑問を呈した。その上で、鎌倉後期の足立郡を北条氏が支配していた状況を踏まえて、北条氏の被官も含めた関係者だったと推定したのである。

このように、足立郡三室郷の平氏については、大別して二つの説が提起されてきた。河越氏一族とする通説には問題があったが、鎌倉北条氏関係者とする新説も決定打を欠くうらみがあり、現在では両説が併存した状態で膠着しているのが実情といえる。

そこで、これらの学説を批判的に継承しながら、足立郡三室郷を拠点とした平氏一族について、政治的な実態を再検討していきたい。

二　鎌倉後期の足立郡と北条氏

足立郡三室郷の平氏について考える前提として、足立郡の政治的な情勢について最初に確認しておく。

鎌倉前期、足立郡を本領として権勢を誇ったのは、足立遠元を家祖とする足立氏の一族だった。しかし、弘安八年（一二八五）十一月の霜月騒動において、足立氏の嫡流とみられる足立直元が、安達泰盛の一派として自害している。(12)

足立氏は、霜月騒動で安達氏に加担したことで、政治的な衰退を余儀なくされたのである。

徳治二年(一三〇七)五月には、一族の「足立源左衛門入道」が、円覚寺の大斎で一月分の担当として定められている。[13] この結番には、北条氏の嫡流に仕える得宗被官が組織されたので、[14] 鎌倉で北条氏を主君として活動していたと考えられる。足立氏は、霜月騒動で嫡流が失脚したのを契機に、得宗被官として生き残る道を選択したのである。

また、足立氏の本領だった足立郡も、霜月騒動によって北条氏に没収されて、得宗領に組み込まれたと思われる。鎌倉末期には、北条高時の弟である北条泰家が、足立郡を支配していたことが確認できる。[15] このように、三室女体社の所在地である足立郡は、幕府が滅亡する段階では、北条氏一族の泰家に相伝されていたのである。

鎌倉後期の足立郡が北条氏の所領になっていたとすれば、足立郡を拠点とする勢力の多くも、北条氏との関係を深めていったと考えられる。[16] 足立郡大宮郷(埼玉県さいたま市大宮区)に鎮座する氷川神社は、鎌倉期に武蔵国の三宮として信仰を集めていたが、[17] この地にも北条氏の影響力が及んでいた形跡がある。鎌倉末期、氷川神社の社家だった内倉正与は、得宗の高時に仕えて、鎌倉の葛西谷で討死したという。[18] 武蔵国には、鎌倉で北条氏に祗候する御家人が多かったが、神社の社家にも北条氏の被官となる者が少なくなかった。[19] 得宗領に転化した足立郡では、氷川神社の内倉氏が得宗被官となって、幕府の滅亡と運命を共にしたのである。[20]

また、鎌倉前期の内倉正家は、三室女体社の社家だった佐伯経高を娘婿にしたと推定されており、[21] 三室女体社にも北条氏の権力が浸透するようになったと考えられる。三室女体社には、三鱗文兵庫鎖太刀が伝来しており、北条泰時によって奉納されたと伝えられている。[22] この太刀は、北条氏の家紋である三鱗が鎖・柄・鐔・鞘などに刻まれており、北条氏の一族が寄進した儀杖刀だったことは確実である。[23] ただし、鎌倉末期の製作とみられるので、泰時が奉納したという伝承については疑わしい。その製作時期から推せば、足立郡を相伝した泰家による寄進とみるのが妥当で、それが後世に泰時と結びつけられたのではないだろうか。いずれにせよ、三室女体社の三鱗文兵庫鎖太刀は、足立郡三室郷と北条氏との関係を裏づける物証といってよい。

このように、北条氏の政治的な影響力は、三室女体社の関係者にも及んでおり、足立郡三室郷は北条氏の支持基盤として位置づけられていたと推定される。とすれば、足立郡三室郷を拠点とした平氏一族も、鎌倉の北条氏と接触していた可能性がきわめて高いだろう。

三　足立郡三室郷の平氏一族の再検討

こうした足立郡の政治的な情勢を前提にして、足立郡三室郷の平氏一族について、あらためて検討していきたい。まずは、平氏一族の政治的な地位であるが、史料１・２には、共通して「当所地主」という願主の立場が明示されている。「当所」とは、三室女体社が所在する足立郡三室郷であり、「地主」とは、足立郡三室郷の地主職を指していたと考えられる。

武蔵国では、中小規模の武士が地主職として本領を経営することが多かった。治承四年（一一八〇）十二月、源頼朝が武蔵国の住人に対して地主職を安堵しており、(24)武蔵国に散在する開発領主は、地主職という形式で把握されることで、独立した御家人として認定されたのである。(25)したがって、足立郡三室郷の平氏は、幕府から安堵された地主職を相伝しながら、武蔵国の御家人として活動していたと考えられる。

次に、平氏一族の系譜であるが、史料１には「平人々」とあり、平姓に属する武士だったことがわかる。また、史料２には「当所地主平重遠并芳縁平氏女并平泰重等」とあり、より具体的な人名が列挙されている。

武蔵国足立郡三室郷平氏系譜 復元案

「当所地主平重遠」とは、足立郡三室郷の地主職を知行していた一族の当主だろう。「芳縁平氏女」は、その妻と考えるのが自然であり、平姓の家から重遠に嫁いだ女性とみられる[26]。そして「平泰重」は、二人の間に生まれた息子と考えるべきだろう。これを系図として表すと、平氏一族が〝重〟を通字としていたことが明瞭になる。

これらの検討から導かれる平氏一族の性格は、おおよそ次の三点に整理できるだろう。①平姓に属する一族である。②武蔵国を拠点とした御家人である。③一族の通字は〝重〟である。この三点を踏まえると、足立郡三室郷の平氏一族は、平姓秩父氏の一族だった可能性が高いのではないだろうか。平姓秩父氏は、桓武平氏良文流に連なる平姓の武士で、武蔵国を中心に権勢を誇っており、〝重〟を代々の通字として用いていた。このように、平姓秩父氏は、①〜③の要件を完全に満たしており、足立郡三室郷の平氏も同族だったと認定することができるだろう。

なお、河越氏も平姓秩父氏の武士なので、足立郡三室郷の平氏は、河越氏の縁者だったことになる。しかし、かれらを河越氏の出身とみる説には大きな疑問がある。河越氏一族の重遠や泰重は、それぞれ平安後期と鎌倉中期に活躍した人物で、世代や系統も離れており、足立郡三室郷を拠点とした平氏とは系譜が符合しない。また、河越氏が足立郡に地主職を持っていたという傍証も見出せない[27]。したがって、かれらが平姓秩父氏だったことは首肯できても、河越氏の人物だったと断定することは難しいだろう。足立郡三室郷の平氏は、地域社会で活動する中小規模の武士であり、平姓秩父氏でも傍流の一族だったと考えられる。

続いて、足立郡三室郷の平氏について、それぞれの実名を手がかりにしながら、烏帽子親子関係を結んだ勢力を探ってみたい。まずは、一族の当主とみられる「平重遠」だが、〝重〟は平姓秩父氏が用いていた通字なので、〝遠〟

の字を烏帽子親から付与されたと推定される。〝遠〟を実名に持つ人物といえば、足立郡を本領とした有力御家人の足立氏が想定できる。(28) 足立氏は、鎌倉初期に足立遠元が公文所寄人として活躍したり、(29) 鎌倉後期に足立遠氏が豊前国佐田荘を知行したりと、(30)〝遠〟を実名に多用している一族だった。また、建武政権では足立遠宣が武者所に勤仕するなど、(31) 霜月騒動後にも政治的な勢力を維持しており、後々まで足立郡に所領を持っていたことが確認できる。(32) とすれば、重遠は、足立氏と烏帽子親子関係を結んで〝遠〟の字を付与されることで、政治的な連携を実現していたのではないだろうか。

さらに、重遠の息子とみられる「平泰重」だが、〝重〟は一族の通字なので、〝泰〟の字を烏帽子親から付与されたと考えられる。そこで想起されるのが、鎌倉末期に足立郡を相伝していた北条氏一族の泰家である。泰重は、泰家と〝泰〟の字が共通しており、やはり烏帽子親子関係で結ばれていたと推測される。北条氏の権力が足立郡に浸透した結果、平氏一族の泰重は北条氏に接近して、泰家を烏帽子親とすることで〝泰〟の字を付与されたのだろう。とすれば、足立郡三室郷の平氏は、鎌倉の北条氏とも政治的に連携していたことになる。したがって、かれらを北条氏の関係者とみる説も、その意味では事実の一面を捉えていたといえるだろう。

このように、足立郡三室郷の平氏は、武蔵国に勢力を広げた平姓秩父氏の出身であり、足立氏や北条氏と擬制的な親子関係を結んだ中小規模の御家人だったと位置づけられる。また、かれらは、鎌倉後期に足立郡の支配者が交代したのに対応して、政治的に連携する相手を足立氏から北条氏へと変更しており、周辺の政治情勢に合わせて行動することを一族の基本的な方針にしていたと推定されるのである。

四 平氏一族と中先代の乱

三室女体社が鎮座する足立郡は、鎌倉後期には北条氏の所領となって、得宗の縁者である泰家に相伝されていった。足立郡三室郷の平氏一族は、そうした政治情勢の影響を受けて、北条氏と連携しながら活動するようになった。

史料1は、元弘三年(一三三三)六月八日、平氏の人々の繁栄などを祈願したものだが、ここで注目したいのは、「殿中安穏」という表現である。「殿中」という語は、鎌倉末期には北条氏の嫡流である得宗の住所・居所という意味で用いられた(33)。とすれば、史料1の「殿中」は、足立郡三室郷の邸宅ではなく、鎌倉の得宗邸と考えるべきだろう。平氏一族の泰重は、泰家を烏帽子親としていたが、そうした関係が結ばれる元服の場には、烏帽子親の私邸を利用する慣例があった(34)。つまり、泰重は、鎌倉にある北条氏の邸宅で烏帽子親子関係を結んだと推定される。とすれば、足立郡三室郷の平氏は、北条氏と交流のある昵懇の一族として、得宗邸にも出入りしていた可能性が高いだろう。このように、「殿中安穏」とは、得宗邸にいた関係者のことを案じる文言だったと解せられる。

しかしながら、鎌倉の地は、元弘三年五月二十二日、新田義貞を主体とする討幕軍の攻撃によって陥落しており、すでに得宗の関係者は壊滅的な状態にあった。足立郡三室郷の人々が、そうした悲報に接していなかったとは思われない。ただ、北条氏の一族は、完全に命脈を絶たれたわけではなく、幕府の再建をうかがって、各地で根強い抵抗運動を展開していた。足立郡を相伝した泰家は、そうした活動を主導した急先鋒であり、鎌倉の攻防戦で敗北が決定的になると、高時の息子たちを得宗被官に託して、自身は再挙を期して奥州へ逃れたという(35)。足立郡三室郷の平氏が、奥州へ下向する泰家と通じていたとすると、「殿中安穏」とは、得宗家の円滑な再興を祈念する文言だったと解することもできるだろう。

高時の次男である北条時行は、泰家の指示によって、得宗被官の諏訪盛高に保護されて信濃国に潜伏した。泰家は、ひそかに上洛して西園寺公宗に匿われて、各地に散った北条氏の余党と連携しながら、建武政権を転覆しようと画策したという。その計画によれば、泰家が京都の大将、時行が関東の大将、名越時兼が北国の大将となって、一斉に蜂起する予定だったらしい。しかし、建武二年（一三三五）六月、その陰謀が露見したことで、首謀者の公宗は処刑されて、泰家は再び行方をくらました[36]。

建武二年六月、信濃国で時行が挙兵して、中先代の乱に発展した[37]。時行は、東国の勢力を糾合しながら武蔵国を進撃して、七月二十四日、ついに鎌倉を奪還することに成功した。時行の軍勢には、武蔵国を拠点とする多数の武士が参加していた。東国の地域社会には、幕府が崩壊した後にも、得宗の支持勢力が残っていたのである。中先代の乱における泰家の足取りは定かでないが、それまでの経緯からすれば、時行の挙兵を支えていた公算が高いだろう。

こうして鎌倉を占拠した時行だったが、八月十九日、京都から下向してきた足利尊氏の軍勢に敗れたことで、中先代の乱は短期間のうちに終結した。鎌倉を落ち延びた時行は、やがて南朝の勢力と合流して、北朝方になった足利氏と戦い続けたという。泰家も、翌年の建武三年二月、信濃国で南朝方の勢力として蜂起しており[38]、北朝方の足利氏に対して、最後まで抵抗運動を続けていくのである。

足立郡三室郷の平氏についても、泰家との烏帽子親子関係などを考慮すれば、こうした北条与党の乱に呼応したと想定することは十分に可能だろう。ただし、平氏一族の動向を物語る史料は乏しく、その具体的な行動を確認することは困難である。平氏一族が、それ以降にも足立郡三室郷を没収されずに維持している点をみると、日和見的な態度をとっていた可能性も否定できない。いずれにしても、「殿中安穏」という表現が示すように、泰家と連携していた平氏一族が、幕府の滅亡後にも北条氏を支援していたことは間違いないところだろう。

このように、地域社会に温存された得宗の支持勢力は、中先代の乱を支える社会的な基盤となり、南北朝内乱を継続させる要因にもなったと推察されるのである。

五 平氏一族と南北朝内乱

建武二年(一三三五)六月、尊氏は時行を鎌倉から追い落として、中先代の乱に終止符を打つと、後醍醐天皇の建武政権から離反して、北朝の武将として活動していった。三室女体社が所在する足立郡は、やがて尊氏の所領となって、足利氏の基盤として相伝された(39)。足立郡三室郷の平氏一族は、そうした政治情勢を機敏に察知して、足利氏の麾下に属したと推測される。

史料2は、建武四年六月二十三日、平重遠・平氏女・平泰重の繁栄などを祈願したものだが、ここで注目したいのは、「建武四年」という表記である。この年号を用いている点に、平氏一族の南北朝内乱における政治的な立場が表明されていると考えられる。というのも、建武四年とは北朝の年号であり、南朝であれば延元二年を用いていたはずだからである。三室女体社の性尊が、北朝年号を選択したということは、願主である平氏の一族も、北朝に味方していたことを意味する。おそらく北朝に属する足利氏が、足立郡の全域を掌握したことで、足立郡三室郷の平氏も、北朝との結びつきを深めていったのだろう。

足利氏に従って北朝に帰順する動きは、三室女体社の関係者に限られた話ではなく、足立郡で広範にみられるものだった。たとえば、足立郡大調郷《おおつき》(埼玉県さいたま市浦和区)に鎮座する調《つき》神社は、建武三年、京都に進撃する尊氏の繁栄を祈願しており、南北朝内乱の戦場でも神徳を現して、足利氏の勝利に大きく貢献したという。こうして、建武四年二月、尊氏は一色範行に命じて、調神社の社殿を復興させたと伝えられている(40)。足立郡に足利氏の支配が浸透したことで、寺社勢力にも北朝方の足利氏に共鳴する人々が現れたのである。

また、足立郡で造立された板碑をみると、暦応・観応・延文・貞治などの北朝年号が刻まれており、地域社会に北朝の影響力が及んだ結果だったと推定される(41)。

これらの史料からは、足立郡を拠点としていた諸勢力が、足利氏に従って北朝方に傾いていった様子がうかがえる。かくして、足立郡三室郷の平氏も、北朝方の足利氏に従って活動するようになったと考えられる。史料2が祈願する内容は、一族や地域社会の繁栄を念じた穏当なものだが、三室女体社の託宣として「外為擁護軍兵之形」とあるのは、南北朝内乱における平氏一族の動向を示唆するものといってよい。三室女体社の神は、外では軍兵を擁護する形で現れると述べており、これは願主の平氏を擁護することを約束した言葉とみられる。足立郡三室郷の平氏は、南北朝内乱に巻き込まれて、「軍兵」の一員として出陣していたに違いない。平氏一族は、北朝方の勢力だったと推定されるので、足立郡を支配した足利氏に率いられて、戦場に駆り出されていた可能性が高いのではないだろうか。

このように、南北朝期に足立郡が尊氏の所領となって、足利氏の権力が地域社会に浸透すると、足立郡三室郷の平氏も足利氏に帰順して、北朝方の武士として各地を転戦するようになった。足立郡三室郷を拠点とした平氏一族は、刻々と変化する南北朝期の政治情勢に応じて、自身の政治的な立場を変更する決断を迫られたのであり、南北朝内乱に翻弄される東国武士の実情を端的に示した存在だったといえるだろう。

性尊による書写事業は、願主の平氏一族が南北朝内乱で出陣している最中にも継続された。史料2には、建武四年(一三三七)七月六日、三室女体社の神が出現して、「内発憐愍衆生之誓、外為擁護軍兵之形」という託宣を残したことが追記されている。この出来事は、これ以降に成立した経典の奥書にも記されており、(42)三室女体社の霊験を高める奇跡として発信されて、地域社会にも受容されていったと思われる。そうであれば、この現象を単なる幻覚として一蹴するのでなく、南北朝内乱を生きる人々の意識が発露したものとして積極的に理解していく態度が必要だろう。

六 平氏一族と足立郡三室郷の内・外

さて、史料2の三室女体社の託宣によれば、「内」では衆生を憐愍する誓いを発して、「外」では軍兵を擁護する形をなしたという。すなわち、三室女体社の神は、「内」で人々を救済して、「外」で軍勢を外護するという二面性を備えた存在として認識されていたことになる。この表現は、平氏一族による支配領域の「内」と「外」に照応していたと解釈することができるだろう。

足立郡三室郷の領域外では、平氏一族が「軍兵」として動員されて、足利氏の軍勢として各地を転戦していたと思われる。こうした状況に直面したことで、三室女体社には、願主の戦勝を祈る武神としての役割が期待されたのだろう。南北朝内乱は、多数の武士たちを戦闘に巻き込んで、その拠点である地域社会にも戦時としての緊張感を与えていたのである。

一方、足立郡三室郷の領域内では、「諸人」が地域社会の担い手として、生業を営んでいたと考えられる。三室女体社が加護する対象には、平氏一族の「愛子」「子孫」「一門」といった親類だけでなく、「貴賤諸人」のような様々な階層の住人も含まれていた。こうした人々で構成される本領の秩序維持が、武士の存続にとって重要な意味を持っていたことは間違いない。

なお、平氏一族は、史料1と史料2の間で、北条氏から足利氏へと帰属先を変えており、政治的に重大な転機を経験したことになるが、地域社会の安寧を求める祈願内容に大きな断絶はみられない。足立郡三室郷に暮らす住人たちは、鎌倉後期から南北朝期に至る動乱の渦中でも、基本的に変わらない生活を続けていたのだろう。

このように、女体大明神の託宣に示された内・外の認識は、地域社会に拠点に持ちながら、南北朝内乱で戦場に向かった多くの武士たちに共通する願いでもあったと想像される。東国武士の対外的な軍事行動は、本領である地域社会に立脚して展開されたのであり、住人の生活を重視する武士の心情は、南北朝内乱を分析する際にも見落としてはならない視角といえるだろう。

おわりに

以上、足立郡三室郷を拠点とした平氏一族を中心に、南北朝内乱における東国武士の政治的な活動について検討してきた。

足立郡三室郷の平氏は、平姓秩父氏を出自とする中小規模の御家人で、足立郡を本領とした足立氏を烏帽子親としていたが、霜月騒動の影響で足立郡が得宗領になると、北条氏と烏帽子親子関係を結んで、鎌倉の得宗家とも政治的に提携するようになった。

元弘三年（一三三三）五月、得宗を中核とする鎌倉幕府は滅亡したが、足立郡を所領とした北条泰家は、北条氏の再起を図って各地で暗躍しており、少なくとも建武三年（一三三六）二月まで足利氏に対する抵抗運動を続けていた。泰家と通じていた足立郡三室郷の平氏も、北条氏の支持勢力として、しばらくは得宗家の再興を目指す動きに望みを抱いていた。

やがて南北朝内乱が始まり、足立郡が足利尊氏の所領になると、足立郡の諸勢力も、足利氏が属する北朝に帰順していった。足立郡三室郷を拠点とした平氏一族は、そうした形勢に応じて北条氏と決別して、足利氏に従って行動するようになり、建武四年七月までには北朝の軍勢として戦場に発向することになった。

このように、足立郡三室郷の平氏は、中小規模の勢力であるが故に、鎌倉後期から南北朝期に至る政治情勢に翻弄されながらも、地域社会を基盤とする意識を持ち続けて、南北朝内乱を戦った東国武士だったと評価できるだろう。そして、南北朝内乱で願主の平氏一族が出陣するという事態を受けて、三室女体社の神は、地域社会の「内」で諸人を加護するだけでなく、地域社会の「外」で軍勢を擁護する存在としても認識されるようになった。

地域社会の「内」と「外」という構図は、いってみれば武士の活動を規定する車輪の両軸であり、東国武士の実態を解明するためには、今後もこの二つの面を統合的に追究していく必要があるだろう。

註

（1） 鎌倉末期から南北朝期の研究としては、伊藤喜良『東国の南北朝動乱』（吉川弘文館、二〇〇一年）、森茂暁『南北朝の動乱』（吉川弘文館、二〇〇七年）、小林一岳『元寇と南北朝の動乱』（吉川弘文館、二〇〇九年）、細川重男『鎌倉幕府の滅亡』（吉川弘文館、二〇一一年）、湯浅治久『蒙古合戦と鎌倉幕府の滅亡』（吉川弘文館、二〇一二年）、櫻井彦『南北朝内乱と東国』（吉川弘文館、二〇一二年）などを参考にした。

（2）平氏一族は、武蔵国に所領を維持していた武士であり、本領の地名を名字として用いていた可能性もあるが、本稿では「足立郡三室郷の平氏」と呼称しておく。

（3）氷川女体神社は、近世に氷川神社との関係が生まれたが、それ以前には女体宮として単独に存在していたという。こうした先学の指摘を踏まえて、以下では中世の氷川女体神社について「三室女体社」と表記する。

（4）三室女体社の大般若経については、加増啓二「研究ノート　三室女体社の大般若経の成立について―本願主をめぐる通説への問題提起―」（同『経典と中世地域社会』日本史史料研究会、二〇一七年、初出二〇〇三年）に教えられるところが多かったことを明記しておく。

（5）性尊が書写したと推定される経典は、巻一から巻四〇一までの範囲で、計一八三巻が現存している。奥書の引用に当たっては、性尊の筆跡と判断した部分のみ掲出して、梵字や後世の追筆などは省略した。

（6）『大般若経』巻第一一〇奥書（埼玉県さいたま市氷川女体神社所蔵、埼玉県編『新編埼玉県史』資料編9（埼玉県、一九八九年、第三章第一節三七号）。

（7）『大般若経』巻第三九三奥書（同右、四三号）。

（8）『大般若経』巻第一一九奥書（同右、三八号）。

（9）『大般若経』巻第一六九奥書（同右、四一号）。

（10）『浦和市文化財調査報告書』第一五集（浦和市教育委員会、一九七〇年）、川越市庶務課市史編纂室編『川越市史』第2巻 中世編（川越市総務部市史編纂室編、一九八五年）。

（11）加増註（4）論文。

（12）（弘安八年（一二八五）十一月十七日）安達泰盛乱自害者注文（「熊谷直之氏所蔵『梵網戒本疏日珠抄』紙背文

書」、『鎌倉遺文』二一巻、一五七三四号）。

(13) 徳治二年（一三〇七）五月日崇演北条貞時判円覚寺大斎料結番定文（「円覚寺文書」、『鎌倉市史』史料編第二、鎌倉市、一九五六年、四二号、『鎌倉遺文』三〇巻、二二九七八号）。

(14) 佐藤進一『鎌倉幕府訴訟制度の研究』（岩波書店、一九九三年）七三〜七四頁。

(15) 年未詳足利尊氏・直義所領目録（「比志島文書」、『南北朝遺文』中国四国編一巻二一五号）。

(16) 足立郡を本領とした東国武士としては、足立氏の一族の他にも、大宮氏や高鼻和氏などが挙げられる。かれらは、氷川神社の周辺を拠点とした御家人とみられるが、鎌倉期の実態については不明な点が多く、北条氏との関係なども明らかになっていない。

(17) 氷川神社は、鎌倉期まで武蔵国の三宮で、一宮は多摩郡の小野神社だったといわれている。氷川神社が、室町期までに一宮へと昇格した背景には、南北朝内乱に始まる地域社会の秩序再編が大きく作用していたはずである。

(18) 「西角井系図」（『大宮市史』第二巻 古代・中世編、大宮市役所、一九七一年）一六八頁。この系図は、武蔵国造家の流れを汲むという氷川神社の社家の系譜である。

(19) たとえば、武蔵国高麗郡（埼玉県日高市）に鎮座する高麗神社では、社家の高麗行持・行勝の兄弟が、得宗被官となって鎌倉の葛西谷で討死したという。『高麗氏系図』（埼玉県日高市高麗神社所蔵、埼玉県編『新編埼玉県史』別編4、埼玉県、一九九一年）一七四頁。

(20) 得宗被官に氷川神社の内倉氏が含まれていたことは、従来の研究でも注目されてこなかった事実である。得宗被官の構成については、北条氏研究会編『北条氏系譜人名辞典』（新人物往来社、二〇〇一年）参照。

(21) 註(18)史料、一六八頁。井上香都羅『みむろ物語 見沼と氷川女体社を軸に』（さきたま出版会、一九九八年）六九頁。

（22）三鱗文兵庫鎖太刀（埼玉県さいたま市氷川女体神社所蔵、『浦和市史』第二巻 古代中世編Ⅱ、浦和市、一九七八年、美術工芸品十三）。
（23）原田一敏「「兵庫鎖太刀」について」（『MUSEUM』三〇八、一九七六年）。
（24）『吾妻鏡』治承四年（一一八〇）十二月十四日条。
（25）菊池紳一「武蔵武士の概念と特色」（北条氏研究会編『武蔵武士の諸相』勉誠出版、二〇一七年）。
（26）「芳縁」という語は、金石文などで願主の妻を指して用いられることが多かった。峰岸純夫「金石文などにおける「縁友」について」（『鎌倉遺文』月報一〇、東京堂、一九七六年）。
（27）鎌倉後期の河越氏は、足立郡河田谷を本領とした足立氏一族の河田谷氏と連携していたが、足立郡に拠点となる所領を持っていたことは確認できない。拙稿「河越氏と尊海による無量寿寺の再興」（『武蔵野ペン』一六八、二〇一七年）。
（28）菊池紳一「鎌倉時代の足立氏」（北条氏研究会編『武蔵武士の諸相』勉誠出版、二〇一七年）。
（29）金沢正大「鎌倉幕府成立期に於ける武蔵国々衙支配をめぐる公文所寄人足立右馬允遠元の史的意義（上・下）」（『政治経済史学』一五六・一五七、一九七九年）、菊池紳一「足立遠元と藤九郎盛長」（北条氏研究会編『武蔵武士の諸相』勉誠出版、二〇一七年）。
（30）正応三年（一二九〇）十月四日関東下知状（「豊前佐田文書」、『鎌倉遺文』二三巻、一七四六〇号）。
（31）『建武年間記』（『群書類従』第二十五輯、続群書類従完成会）五〇五頁。
（32）応永四年（一三九七）七月二十日足利氏満寄進状（「黄梅院文書」、埼玉県編『新編埼玉県史』資料編5、埼玉県、一九八二年、六〇五号）。
（33）細川重男氏は、鎌倉期の用例を分析して、「末期鎌倉政界の人びとが「殿中」という言葉を聞いたとき、最初に頭に浮かべたのは得宗邸であった」と指摘している。細川重男『鎌倉政権得宗専制論』(吉川弘文館、二〇〇〇年)二二八～二三二頁。

(34) 拙稿「鎌倉期武士社会における烏帽子親子関係」(山本隆志編『日本中世政治文化論の射程』思文閣出版、二〇一二年)。

(35) 『太平記』巻第十「亀寿殿信濃へ落さしむる事付けたり左近大夫偽つて奥州へ落つる事」。

(36) 『太平記』巻第十三「北山殿謀叛の事」、『小槻匡遠記』建武二年(一三三五)六月二十二日条、同二十六日条。

(37) 中先代の乱を中心とする政治情勢については、鈴木由美「中先代の乱に関する基礎的考察」(阿部猛編『中世の支配と民衆』同成社、二〇〇七年)、同「建武政権期における反乱—北条与党の乱を中心に—」(『日本社会史研究』一〇〇、二〇一二年)を参考にした。

(38) 建武三年(一三三六)二月二十三日市河経助軍忠状(「本間美術館所蔵市河文書」、『南北朝遺文』関東編一巻、四〇七・四〇八・四〇九号)。

(39) 註(15)史料。

(40) 『調宮縁起』(浦和市総務部市史編さん室編『浦和市史』第二巻 古代中世編Ⅱ、浦和市、一九七八年、社寺縁起・由緒書一号)。この史料は、近世に作成された縁起で、その信頼性には疑問もあるが、一定の史実を反映していたと考えることは可能だろう。

(41) 埼玉県立歴史資料館編『埼玉県板石塔婆調査報告書』Ⅱ・Ⅲ資料編(1・2)(埼玉県教育委員会、一九八一年)。

(42) 建武四年八月五日に書写された奥書にも、三室女体社の託宣について、史料2と全く同様の記載がある。『大般若経』巻第三九三奥書(前掲註(6)書、四三号)。

紀伊国飯盛城合戦の実像
―六十谷定尚の考察を中心に―

牡丹健一

はじめに

本稿では、建武元年十月に紀伊で起きた北条一族による反乱である飯盛城合戦の考察を目的とする。

佐藤進一氏は、建武新政の凋落を促進したものとして北条一族による反乱を八例挙げており、その一つが飯盛城合戦である[1]。以下は氏が示した北条一族による反乱である。

①元弘三年（一三三三）冬から四年正月まで　奥州北部の反乱
②建武元年（一三三四）三月　南関東の反乱
③建武元年正月　北九州の反乱
④建武元年七月頃　日向の反乱
⑤建武元年七月頃　越後の反乱
⑥建武元年十月　紀伊の反乱
⑦時期不詳　長門・伊予の反乱

⑧建武二年(一三三五) 信濃の反乱(中先代の乱)

これらの反乱に対して、氏は五つの点を指摘する。(2) A北条氏が守護職もしくは旧領をもつ国で発生していること、B ほとんどの場合北条一族や家人が参加していること、C地方土着の豪族が参加している場合が少なくないこと、D中央の政治情勢が地方に波及していること、E北条氏の旧領のうち尊氏が獲得した地域に反乱が発生していることである。

飯盛城合戦に注目するとC・Dが該当する。Cでは、地方土着の豪族である六十谷《むそた》定尚が北条一族である佐々目顕法を担いで蜂起したこと、(3) Dでは、討伐に後醍醐の手足である楠木正成と足利尊氏の武将斯波高経が選定され、これは中央での正成と尊氏との関係が反映したものであると指摘する。(4) Dについては注目すべきであるが、氏は飯盛城合戦の詳細な分析まで行っていない。次に飯盛城合戦に関する先行研究をみていくことにしたい。

先行研究では北条一族=佐々目顕宝の正体に関する分析がほとんどである。(5) それによると、佐々目顕法とは東大寺東南院院主を務めた人物であり、金沢流北条氏の出身で、式部大夫時雄の子であるという。顕法の出自や経歴は明らかになったけれども、顕法が蜂起した理由や顕法を担ぎ出した六十谷定尚との関連が不明である。それは『太平記』以外に飯盛城合戦と顕法との接点は全く見いだせないからである。そのため本稿では、顕法ではなく、彼を担ぎ出した六十谷定尚に注目し、飯盛城合戦の実像を明らかにしていきたい。

近年、生駒孝臣氏が飯盛城合戦について検討し、楠木正成などによって一度鎮圧されるものの六十谷定尚が新たな首謀者として現れるという指摘をしている。(6) この点についても検討したいと思う。

一　六十谷氏の実体

1　六十谷氏と湯浅党

本節では、飯盛城合戦の中心である六十谷定尚の六十谷氏とはどのような一族であったのかを明らかにしていきたい。まず六十谷氏の本拠地について確認してみよう。

六十谷という地は、紀ノ川下流右岸、和泉山脈南麓の台地上に位置している。この場所から考えて、紀ノ川水運に携わっていたことが想定できる。また、鎌倉時代にはこの地に六十谷保が設置され、官務の小槻家が管領したという(7)。六十谷氏は六十谷保司であった可能性もあるだろう。六十谷の位置については六十谷氏関係地図(以下、「地図」とする)を参照されたい。

文和四年(一三五五)二月五日付の摩訶鶴丸文書紛失状案(8)をみると、証判者の一人に「むそた　藤原宗尚」という人物が確認でき、六十谷氏が藤原姓であるとわかる。つまり、六十谷氏は紀ノ川下流右岸の台地上にある六十谷を本拠地とし、紀ノ川水運や六十谷保との関わりが想定できる藤原姓の在地領主であった。

六十谷氏と湯浅党との繋がりについて検討してみよう。湯浅党に関する系図から六十谷氏と湯浅党との婚姻関係をみていくことにしたい。

『金屋町誌』所収の上山勘太郎蔵湯浅氏系図(9)をみると、六十谷氏と湯浅党に関わる一族との婚姻が三例確認できる。丹生図助経の娘が六十谷彦次郎の妻、石垣宗基の娘が六十谷左衛門尉の妻、糸我貞重の娘が六十谷左衛門尉の妻となった三例である。これらの婚姻関係については六十谷氏関係系図(以下、「系図」とする)を参照されたい。

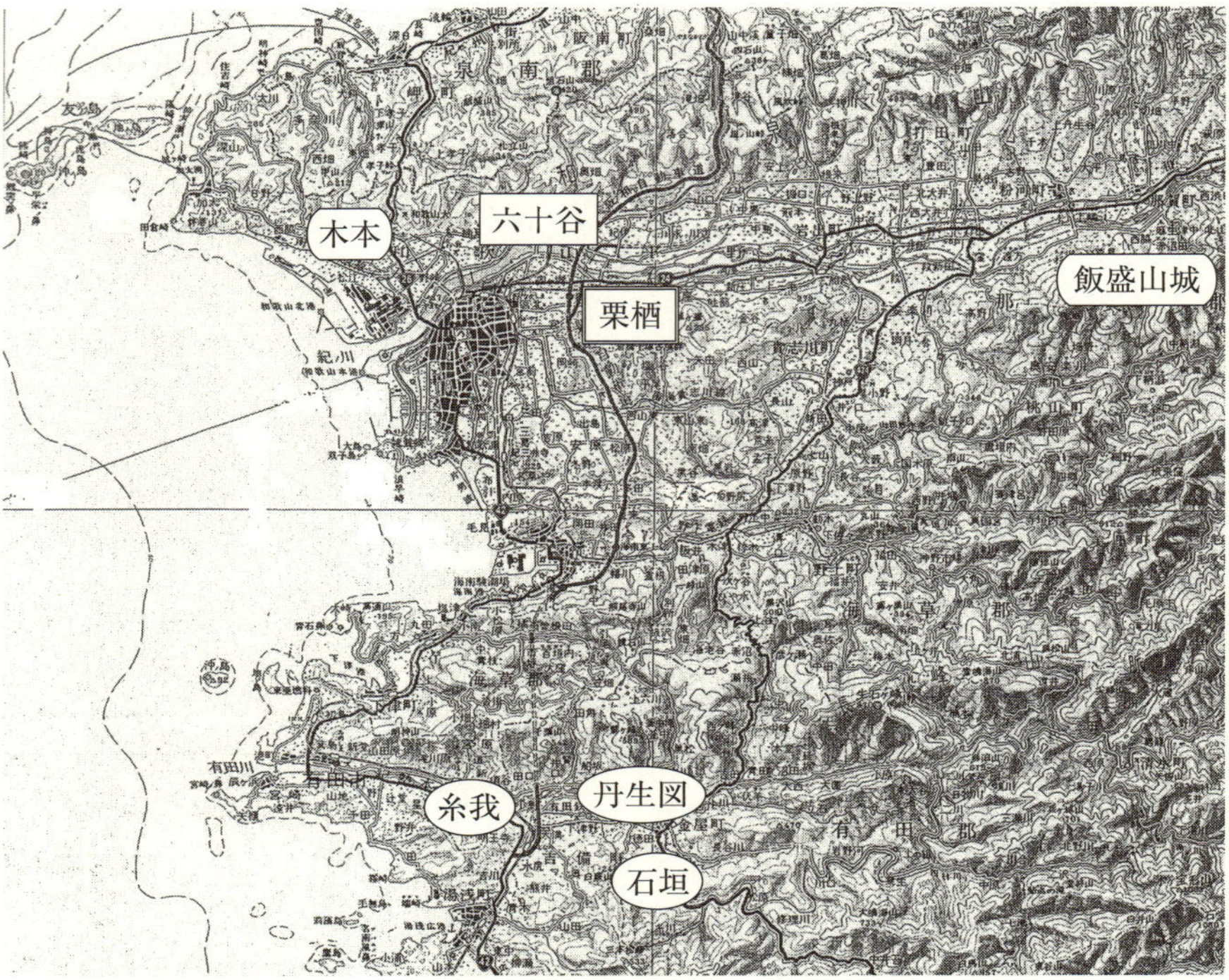

六十谷氏関係地図　『20万分の１　和歌山地形図』(国土地理院発行、一九九九年)をもとに作成

系図をみると、石垣宗基の娘の夫と糸我貞重の娘の夫が両者とも六十谷左衛門尉とあり、時期的にも同一人物の可能性は高いであろう。また、丹生図助経の娘が六十谷彦次郎の妻になった時期は、他の二例より後であることは明らかである。人物比定はできないけれども、六十谷氏が左衛門尉という官職を得ていることがわかる。

すなわち、六十谷氏は石垣氏・糸我氏・丹生図氏と姻戚関係にあり、左衛門尉の官職を得ていたことが確認できた。

では石垣氏・糸我氏・丹生図氏とはどのような一族なのであろうか。ここでは湯浅党の一族に関する高橋修氏の研究を参考にしたい。[10] 以下は高橋氏の研究に拠っている。

湯浅党に属する武士は「一門」と「他門」に大別できる。「一門」とは湯浅宗重を祖とする男系による血縁関係にある一族であり、

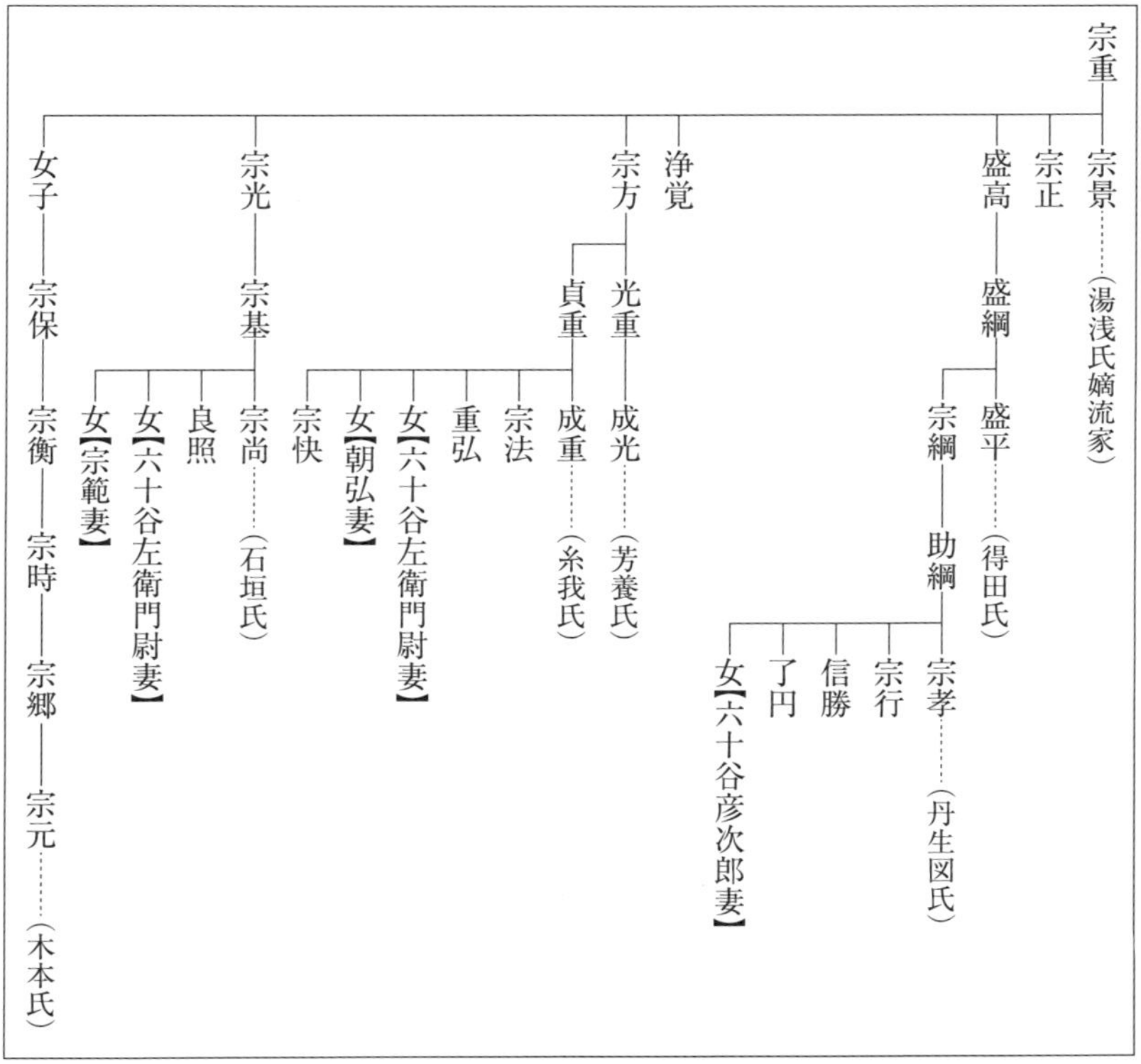

六十谷氏関係系図（『金屋町誌　上』所収の上山家蔵「湯浅氏系図」から作成）

湯浅氏（嫡流家）・須原氏・広氏・得田氏・糸我氏・芳養氏・保田氏・石垣氏・阿氏川氏・栫田氏・崎山氏を指すという。

「他門」とは「一門」と血縁関係にある一族、つまり、女系を通じて湯浅党「一門」と血縁関係を結んだ一族であり、木本氏・田仲尾藤氏・藤並氏・貴志氏・六十谷氏・生地氏・本宮氏を指すという。

　すなわち、石垣氏・糸我氏は湯浅党「一門」ということになる。しかし、系図をみると、得田盛綱の子宗綱から分かれた一族が丹生図氏であることが確認できるので、丹生図氏も湯浅党「一門」に加えて良いだろう。つまり、石垣氏・糸我氏・丹生図氏は湯浅党「一門」であることがわかった。

石垣氏は系図をみると、湯浅宗重の子である宗光の子宗基が祖となる一族であり、その本領は有田川中流域であったと考えられる。糸我氏は湯浅宗重の子宗方が祖となる一族であり、有田川下流左岸に位置する糸我荘を本拠地にしたと考えられる。丹生図氏は名字から有田川中流域に本拠地をもつ一族であり、系図をみると、湯浅宗重の子である得田盛高の孫にあたる宗経が祖となる。また、正応二年（一二八九）十二月日付の湯浅宗重跡結番注文[11]をみると、「七番石垣河南丹生図十ケ日」とあり、丹生図氏が湯浅党の一員として活動していたことがわかる。

以上から、石垣氏・糸我氏・丹生図氏は湯浅党「一門」であり、その本拠地が有田川流域にあることから、有田川水運との関わりも想定できよう。彼らの本拠地については地図を参照されたい。

最後に、六十谷氏と三氏との姻戚関係の意義について考えてみたい。これらの婚姻が六十谷氏の主導によるものか、三氏の主導によるものかは不明である。しかし、三氏は湯浅党「一門」であるので、湯浅党の惣領[12]である保田氏の許可なく婚姻が成立したとは考えにくい。なぜなら、六十谷氏と湯浅党「一門」との婚姻が成立するということは、六十谷氏が湯浅党「他門」として湯浅党に包摂されることになるからである。つまり、六十谷氏と三氏との婚姻には保田氏の意志が働いていたということになる。

では保田氏の意志、すなわち湯浅党が六十谷氏を他門として包摂する利点とは何であろうか。地図をみれば明らかなように、それは湯浅党の紀伊北部への勢力拡大であり、もう少し想像すれば紀ノ川水運に関わることでもあったと考えられる。

一方の六十谷氏の利点とは何であろうか。それは紀伊国内で勢力をもつ湯浅党に包摂されることで紀伊における政治的地位を上昇させることであり、紀ノ川水運における利権拡大という目的もあったのではないだろうか。

すなわち、六十谷氏と湯浅党「一門」の婚姻は、湯浅党の紀伊北部への勢力拡大、六十谷氏の政治的地位の上昇というように、お互いの利害が一致したところに成立したものと考えられる。特に湯浅党の紀伊北部への勢力拡大については留意しておきたい。

2　鎌倉期における六十谷氏の活動

鎌倉期に六十谷氏はどのような活動をしていたのであろうか。嘉禎四年（一二三八）十月日付の八条辻固湯浅御家人交名案[13]をみてみよう。

『正文同前、在京御判番帳』

八条辻固湯浅御家人等事

一番　藤並太郎奉　　　得田太郎盛平奉

　　　六十谷次郎幸保奉　田中三郎兵衛尉光平奉

　　　宮原次郎寸（ママ）恵奉

二番　「阿願祖父」（朱筆）湯浅太郎宗弘奉　糸我刑部允貞重奉

　　　木本左衛門尉宗時奉　同次郎兵衛尉宗高奉

　　　湯浅九郎景元奉

三番　『田殿庄本主円明父』沙弥浄心奉　勢多九郎光弘奉

右、各親者相共、可二月勤仕也、懈怠候者、事之由上尓可申上候、被勤仕人各交名所被奉候也、

嘉禎四年十月　日　　　『前司殿』在御判

この史料をみると、一番に六十谷次郎幸保の名前が確認できることから、少なくとも嘉禎四年には六十谷氏が湯浅党の一員であり、御家人として在京活動していたことがわかる。ここで注意しておきたいことは、六十谷氏が湯浅党の通字である「宗」の字を使っていないことである(14)。この点から、六十谷氏は湯浅党に属しつつも、一定の自立性があったものと理解したい。また、史料中に「右各親者相共可二月勤仕也」という文言がある。親＝各家の長＝惣領と考えられるので、この頃の六十谷氏は次郎幸保が惣領であったと考えられる。

寛喜三年(一二三一)四月日付の藤原景基山寺寄進状(15)をみてみよう。これは湯浅宗重の孫にあたる景基が一族出身の高僧明恵の遺跡に建立した寺を京都の高山寺に寄進し、境内の四至を定めて一族とともに殺生禁断を誓った史料である(16)。四九人の連署の中に藤原行保という人物が確認できる。藤原姓であり、幸は行と同じ「ゆき」という読みが可能であるので、六十谷次郎幸保と藤原行保は同一人物であると考えて良いだろう。すなわち、寛喜三年には六十谷氏は湯浅党の一員として活動し、当時の惣領は次郎幸保であった。また、嘉禎四年には御家人としての活動も確認できる。

正応二年(一二八九)十二月日付の湯浅宗重跡結番注文(17)をみてみよう。この史料は湯浅党に属する御家人の京都大番役の結番を記したものである。

湯浅入道宗重法師跡本在京結番事次第不同

一番　田殿庄下方『他門』加大豆田五ヶ日定　正月九日まで

二番　田仲庄「他門」　同月十九日まて

三番　糸我庄　　同月廿七日まで
四番　石垣河北庄加長谷川村定　丁塩津今年除之　　二月廿七日まで
五番　浜仲庄除丸田・大崎、加『他門』小倉新庄三ヶ日　『他門』并公文分三ヶ日及真松名一日一夜定　　三月十五日まで
六番　宮原庄『他門』加当麻井村三ヶ日三分一役今年除之　　四月廿八日まで
七番　石垣河南丹生図十ヶ日　　四月廿日まで
八番　湯浅庄　　五月晦日まで
九番　同庄多須原　　六月廿日まで
十番　六十谷・紀伊浜　　七月廿日まで
十一番　芳養庄東西　　八月十日まで
十二番　保田庄加丸田・大崎・岩野川阿弖河上方半分定　　十月三日まで
十三番　阿弖河庄上下除上方半分真松名一日一夜定　　同月廿五日まで
十四番　木本東庄「他門」加糸河一日一夜定　　十一月廿六日まで
十五番　同西庄　　十二月廿六日まで
十六番　田殿庄上方　　明年正月十一日まで
十七番　藤並庄「他門」　　二月六日まで
右、守結番次第、無懈怠可被勤仕之状如件、

正応二年十二月　日

この史料をみると、「十番　六十谷」とあり、六十谷氏の湯浅党としての活動や御家人としての在京活動も確認できる。

以上から、少なくとも寛喜三年まで六十谷氏と湯浅党との結びつきをさかのぼることが可能であり、六十谷氏は湯浅党の一員として、御家人役である京都大番役の負担を行っていたことがわかった。

紀伊国内における六十谷氏の活動をみていくことにしたい。永仁六年（一二九八）八月十日付の関東下知状写(18)は、紀伊北部にある粉河寺と公家である徳大寺家との紀伊国栗栖荘をめぐる相論について幕府が出した裁許状である。幕府は裁許の判断として、栗栖荘近隣七人の御家人に請文を提出させている。この七人の中に六十谷大進坊道海という人物が確認できる。大進坊道海の実名は不明であるが、六十谷氏の惣領かそれに近い存在であろう。

最後に、鎌倉最末期の六十谷氏の活動を確認しておきたい。元弘三年（一三三三）七月十日付の紀犬楠丸等連署紛失状(19)をみてみよう。

紀伊国池田庄内豊田村地頭職事

右地頭職者、印東又六常基重代相伝所帯也、而譲与于栗栖六郎実行畢、実行法名道実又相副関東御下文并安貞御下知安堵御下文等所譲与于子息犬楠丸也、爰其身者罷向金剛山城之折節、今年元弘三年五月二日安原郷犬楠丸住宅仁大塔宮（護良親王）祇候人保田次郎兵衛尉宗顕・生地蔵人師澄（マヽ）以来寄来令放火之時、彼御下文等悉焼失候畢、就之、池田庄内豊田村地頭職関東御下文并安貞御下知宛犬楠丸身安堵御下文等事、兼日地頭御家人等令存知之処、焼失之条無其隠候、此条偽申候者、日本国中大小諸神罰於各身上罷蒙候、且為後日亀鏡、加連署所立紛失状也、仍状如件、

元弘三年七月十日　　紀犬楠丸（花押）

沙弥道実（花押）
臈次不同
紀時綱（花押）
大伴兼綱（花押）
紀実泰（花押）
沙弥行有（花押）
沙弥浄妙（花押）
大伴実村（花）
和佐又次郎（裏花押）
六十谷四郎入道
湯橋新大夫入道（裏花押）
　加納八郎（裏花押）
小倉弥十郎
　栗栖六郎（裏花押）

これは豊田村地頭職に関する安堵下文などの関係文書を焼失したため、栗栖氏が作成した紛失状に近隣武士が連署したものである。連署者の中に六十谷四郎入道[20]の名前が確認できる。四郎入道は当時の六十谷氏の惣領かそれに近い存在であろう。湯浅党は初め幕府方として活動していたが、その後討幕方に転じたことが明らかにされている[21]。

ここで注目したいのは、大塔宮伺候人である保田宗顕・生地師澄が栗栖氏の住宅を焼き討ちしていることである。この出来事について市沢哲氏は当時、栗栖氏が幕府方に属して楠木攻めに参加していたので、この焼き討ちは討幕方の湯浅党による後詰めであったと指摘している。(22) しかし、筆者は討幕活動の一環という意味だけではなく、在地社会の変化に起因するのではないかと考えている。

注目すべきは六十谷氏の動向である。栗栖氏の文書に署名しているので、姻戚関係にある湯浅党ではなく近隣の栗栖氏に味方しているのである。つまり、六十谷氏は湯浅党という血縁から近隣の栗栖氏という地縁を重視するようになったのである。この地縁的つながりは焼き討ち以前から始まっていたことになるだろう。当該期の六十谷氏と湯浅党との関係は不明であるが、少なくとも栗栖氏と保田・生地氏との対立が起きた状況のなかで、六十谷氏は栗栖氏側に立ったことには注目したい。次節では、飯盛城合戦とはどのようなものであったのか考察していくことにする。

二 飯盛城合戦の復元

1 木本宗元書状の分析

本項では、飯盛城合戦の様子が記されている木本宗元書状(以下、「宗元書状」とする)の分析を行いたい。

その前に、飯盛城合戦が行われた飯盛城(飯盛山城)とはどのような城であったのか確認しておこう。近年刊行された中井均編『図解 近畿の城郭Ⅲ』の中で飯盛山城が紹介されているので、これを参考にしたい。(23)

飯盛山城は龍門山系の最高所にあたる山頂に築かれている。規模は東西約三六m、南北約三〇m、曲輪の北を横堀がめぐる単郭の城郭で、横堀は幅約五m、外側の土塁の高さは〇・三〜一・五mある。西に行くにつれて高くなっており、西尾根からの侵攻に備えた造り。現在残る遺構は南北朝以降のものと評価できるそうである。

次に木本宗元とは、どのような武士か確認しておこう。宗元は湯浅党「他門」の木本氏の一族であり、本拠地は紀ノ川下流域であった(24)。鎌倉時代を通じて木本氏は湯浅党「他門」・御家人として活動していたことが確認できる(25)。木本氏と湯浅党との関係は系図を、木本の位置については地図を参照されたい。

宗元書状とは、和泉国熊取荘地頭職をめぐる相論の際に雑訴決断所に提出したものが、師守記の紙背文書として残された文書群であり、全部で七通の文書が残されている(26)。宗元は熊取荘地頭職相論を有利に進めるために、飯盛城合戦の軍功を挙げている点が注目できる。そのため、宗元書状には飯盛城合戦に関する詳細が書かれたわけである。

建武二年（一三三五）二月一日付の木本宗元軍忠状案(27)をみてみよう（傍線は筆者加筆、以下同じ）。

大将軍一見状

湯浅木本新左衛門尉宗元申、飯盛城為凶徒等対治、大将軍御発向当所之後、今年正月四日致合戦忠節、親類兵衛三郎正充被疵右脚射疵、同廿六日致合戦忠、家人又太郎重清被疵左眉射疵、半死半生、同晦日紀州張本人六十谷彦七定尚討取之畢、此条被遂御実験畢、次自去年十一月十二日合戦、至于十二月度々致合戦忠節、雖有手負其数、於大将軍御発向以前、合戦分者守護□代等見知之上者、不及注進言上、加之、宗元自最前参御方、度々致合戦忠節之上者、被経御注進、浴恩賞、且賜御証判、備後証、弥可致奉公忠候、以此旨可有御披露候、恐惶謹言、

建武二年二月一日　　左衛門尉宗元

進上　御奉行所　　承了御判

これをみると、大将軍＝斯波高経(28)が到着したのは、合戦途中の遅くとも建武二年正月四日以前であったこと、正月四日の合戦で宗元の親類が疵を受けたこと、同月二十六日の合戦で宗元の家人が半死半生の重傷を受けたこと、同月晦日に「紀州張本人六十谷彦七定尚」を討ち取ったこと、建武元年十一月十二日から合戦があり、（紀伊）守護代が見知していることが確認できる。

次に建武二年二月日付の木本宗元申状案(29)をみてみよう。これは長文であるので、該当部分のみ抜粋した。

（前略）次今度又自去年十一月四日参御方馳向飯盛城、今年正月晦日マテ度々致合戦忠節、親類・家人等数輩被疵、討捕紀州張本人六十谷彦七定尚之畢《（ママ）》、是等大将軍一見状分明也、（後略）

内容は宗元が建武元年十一月四日に飯盛城に馳せ向かったこと、建武二年正月晦日まで合戦が続いたこと、宗元の親類・家人など数人が疵を受けたこと、「紀州張本人六十谷彦七定尚」を討ち取ったことである。

二通の史料から、宗元や紀伊守護代は大将軍である斯波高経の発向以前から飯盛城合戦に参加していたこと、宗元が「紀州張本人六十谷彦七定尚」を討ち取ったことがわかる。

「はじめに」でも触れたが、生駒氏は、楠木正成などによって一度鎮圧されるものの六十谷定尚が新たな首謀者として現れるという指摘をしている(30)。生駒氏は佐々目顕法と六十谷定尚が別々に蜂起したと考えているが、その根拠は示されていないので検討の余地があるだろう。宗元書状から明らかなように、当初飯盛城合戦は宗元や紀伊守護代などの在地勢力により討伐が行われたが鎮められなかった。そのため、大将軍として足利一族の斯波高経が派遣された。そして、宗元が六十谷定尚を討ち取ったことで約三カ月間にわたる合戦は終わったのである。つまり、生駒氏が指摘するように顕法と定尚が別々に蜂起したのではなく、在地勢力による討伐がうまく進まなかったので、斯波高経を中心とする在京勢力による討伐が行われたと考えたい。宗元書状からの分析には限界があるので、次項では他の史料を使って飯盛城合戦の復元を行いたいと思う。

2 宗元書状以外の史料分析

まず、『関城書裏書』（以下、「裏書」とする）(31)をみてみよう。

（前略）今年建武元年（中略）十月、高時一族、於紀伊国飯盛山構城柵、正成有殊功（後略）

これをみると、建武元年（一三三四）十月に高時一族が飯盛山で蜂起したことに対して、楠木正成が討伐に参加したことがわかる。

『続々群書類従』所収の「忽那一族軍忠次第[32]」をみると、「紀伊国飯森城大将足利尾張守、建武元年」という記述がある。伊予の忽那氏が飯盛城合戦に動員され、その際の大将が足利尾張守＝斯波高経であったことが確認できる。また、高経が現地に到着したのは建武元年中であることもわかる。

次に延元二年（一三三七）十二月二十四日付の三善資連地頭職寄進状[33]をみてみよう。これは三善資連が高野山に備後国山中郷地頭職などを寄進した際の文書である。この史料中に飯盛城合戦の様子が確認できる。

三善資連地頭職寄進状

（異筆）「備後国山中郷寄進状」

奉寄進

　高野山大塔

　一所　備後国太田庄山中郷地頭屋敷并田地陸町等事

右当郷地頭職者、曩祖康信法師法名善信、建久年中、以鎌倉右大将家下文、令知行以来数代相伝之所職也、爰去建武元年、為紀州飯盛城凶徒追伐、亡父信連為　勅使、楠木河内大夫判官正成相共発向之時、高野山衆徒殊被抽軍忠之間、信連依感存、以別儀、避進当郷地頭職於領家当山大塔訖、（中略）

　延元弐年十二月廿四日　　左兵衛尉三善資連（花押）

これをみると、建武元年、三善資連の父信連が勅使として楠木正成とともに飯盛城の凶徒追伐に派遣され、高野山衆徒も動員されたことが確認できる。高野山は飯盛城から東に一〇数㎞しか離れていないので、動員をかけられたのだろう。

次に『藻原寺文書』所収の「金綱書裏書」(34)をみてみよう。この史料は日蓮宗の僧である日静の書状である。ここでは飯盛城合戦における関東武士の動向を知ることができる。

(前略)南部殿可向飯守城之由、蒙勅□雖上表候、及度々間難叶して、去極□廿七日被向候き、三井孫三郎□□被立寄之間、被下候、中野殿十騎まて□候はす、無勢無申計候、及ぬ其身に候へとも、いたわしとこそ存候けれ、小田殿、西谷殿御事ハ、中々申におよはす候、便宜候は丶、現當共恐憑由申入てと、丁寧二候、大晦早旦自城中懸出候て、数剋合戦、互尽忠功候ける中、今度之打手中にハ、宗と乃者に候常陸前司蒙疵候、其外多軍兵等或被討、或負手候ける後、朝敵成悦、又城之内ゑ引籠之由、自件城上洛人語申候、愚身者南部殿御事こそ承度候て、雖尋申さる御名字ハ未承及候しと申候、凡此城以外強候間、路中煩只此一事に候、其外者諸国静謐候了、女性乃御方様にハ、都無事躰可有御披露候、大方ハ無勢と申、城之躰と申、此方□御す丶とさと申、いつよりも都無心本存候、いま一しほも御祈禱丁寧にと存候て、如此申入候、定可有御意得候歟、小田殿、西谷殿状した丶め、於属便宜可進御物語候しかは、定可然候ハん歟、(後略)

傍線部をみると、常陸前司＝小田時知(35)が負傷するなど、大晦日早朝の合戦は攻め手に大きな被害が出たこと、飯盛城が大変頑強であり苦戦している様子、飯盛城以外の諸国は静謐であったことがわかる。ここからも、建武政権が飯盛城討伐に苦戦していることが読み取れる。また、在地勢力を使って討伐を試みたが功を奏さなかったので、在京中の南部や小田など東日本の勢力を結集して討伐したことがわかる。

以上までをまとめておく。飯盛城合戦は建武元年十月に高時一族の佐々目顕法・六十谷定尚らが蜂起したことにより始まった。当初は木本宗元や紀伊守護代、楠木正成や高野山衆徒などの在地勢力に討伐が命じられるも成功しなかった。そこで、おそらく在京中であった伊予の忽那氏や南部・小田など東日本の武士にまで動員がかけられ、斯波高経が大将軍として派遣された。大晦日早朝の戦いで攻め手に大きな被害が出るなど、討伐に苦戦をしたことがわかる。そして、約三カ月続いた合戦であったが、正月晦日に宗元が六十谷定尚を討ち取ることにより、飯盛城合戦は終結したのである。

「はじめに」でも触れたが、佐藤氏は楠木正成と斯波高経が動員された点に注目され、飯盛城合戦に正成と尊氏の関係、つまり中央政治が影響したと指摘した。(36)しかし、考察の結果、正成は在地勢力の一人として、高経は在京勢力による討伐軍の大将として派遣されたのであり、中央における正成と尊氏の関係が影響したとは考えにくい。しかし、高経の派遣に尊氏の意志が働いていたことは間違いないであろう。そして、正成など在地勢力が討伐に成功せず、高経の指揮下に入った宗元が六十谷定尚を討ち取ったことで、高経の功績、ひいては尊氏の権威が上昇したことは想像できよう。飯盛城合戦により建武政権内における尊氏の影響は一層増したのである。

おわりに

最後に、飯盛城合戦で敗れた六十谷氏はその後どうなったのか明らかにしたい。結論を先に述べれば室町期の六十谷氏と湯浅党は対照的な運命をたどることになる。湯浅党はその後も建武政権を支え、南朝成立後も支持勢力の一つとして存続していた。(37)しかし、足利方からの攻勢により次第に弱体化していったようである。一方の六十谷氏は滅亡したわけではなく、その後も存続したことが確認できる。(38)飯盛城合戦に敗北した六十谷氏であったが、南北朝内乱を生き延び、室町期にまで存続することができた。

註

(1) 佐藤進一『南北朝の動乱』(中央公論新社、二〇〇五年、初出一九六五年)一〇四~一〇八頁。

(2) 佐藤註(1)書。

(3) 「第一二巻 三 安鎮法の事」(兵藤裕己校注『太平記 二』岩波書店、二〇一四年)二四八頁。

(4) 佐藤註(1)書。

(5) 主な研究としては、永井晋「金沢北条氏の系譜」(同『金沢北条氏の研究』八木書店、二〇〇六年、初出一九九八年)、平雅行「鎌倉山門派の成立と展開」(『大阪大学大学院文学研究科紀要』四〇、二〇〇〇年)、鈴木由美「戦うお坊さん—東大寺東南院院主顕宝の挙兵—」(日本史史料研究会編『日本史のまめまめしい知識』第一巻、岩田書院、二〇一七年)などである。

(6) 生駒孝臣『楠木正成・正行』(戎光祥出版、二〇一七年)五五~五六頁。

(7) 高橋修「第一章 湯浅党の構成」(同『中世武士団と地域社会』、清文堂、二〇〇〇年)三四~三五頁。

(8) 「六 南北朝時代 一六一号文書」(和歌山市史編纂委員会編纂『和歌山市史 第四巻 古代・中世史料』和歌山市、一九七七年)五七一~五七二頁。

(9) 『金屋町誌』上(金屋町、一九七二年)をみると、「湯浅一門系図」(崎山家文書)・「湯浅一門系図」(崎山家文書)・「湯浅氏系図」(上山勘太郎蔵)の三種類の系図が確認できる。本稿では湯浅一族以外との婚姻が詳細に書かれている「湯浅氏系図」(上山勘太郎蔵)を使用することにする。

(10)　高橋註(7)書一五〜三六頁。
(11)　註(8)書「五　鎌倉時代　一三八号文書」四〇五〜四〇六頁。
(12)　高橋修「第三章付論　湯浅本宗家のその後」(同『信仰の中世武士団　湯浅一族と明恵』清文堂、二〇一六年)九〇頁。
(13)　註(8)書「五　鎌倉時代　七二号文書」三五八頁。
(14)　註(9)書の三つの湯浅氏系図を参照。
(15)　註(8)書「五　鎌倉時代　五九号文書」三四八〜三五〇頁。
(16)　高橋註(12)書、三頁。
(17)　註(11)書と同じ。
(18)　註(8)書「五　鎌倉時代　一六八号文書」、四一九〜四二一頁。
(19)　註(8)書「六　南北朝時代　四号文書」、五〇二〜五〇三頁。
(20)　この人物は註(8)書「六　南北朝時代　七九号文書」をみると、端裏書に「又四郎入道」とあり、史料中には沙弥浄妙とあり、註(19)中の連署者の中にいる「沙弥浄妙」と同一人物であることがわかる。
(21)　「光明寺残篇」(『群書類従　第二十五輯』続群書類従完成会、一九三三年)や「楠木合戦注文」(『続々群書類従　第三史伝部』国書刊行会、一九〇八年)、「第六巻　二　楠天王寺に出づる事」(兵藤裕己校注『太平記』一、岩波書店、二〇一四年)をみると、湯浅党は初め幕府方として活動していたが、正慶元年(一三三二)十二月日に楠木正成により取籠められ、幕府方に転じたことがわかる。そして、正成を介して討幕方の中心であった護良親王とも通じたのだろう。
(22)　市沢哲「太平記とその時代」(同編『太平記を読む』、吉川弘文館、二〇〇八年)一三頁。
(23)　新谷和之「一六七　飯盛山城」(中井均監修『図解　近畿の城郭Ⅲ』、戎光祥出版、二〇一六年)五〇二〜五〇三頁。

(24) 高橋註(7)書、三〇頁。
(25) 註(13)の史料をみると、二番に「木本左衛門尉宗時・同次郎兵衛尉宗高」の名前を確認でき、湯浅党の一員として活動しており、また註(15)をみると、「十四番　木本東庄」「他門」とあるので、他門として木本氏は湯浅党から認識されていたことがわかる。
(26) 註(8)書「六　南北朝時代　一〇・一一・一二・一九・二〇・二一・二二号文書」五〇六・五〇七・五一二～五一四頁。
(27) 註(8)書「六　南北朝時代　二〇号文書」五一二～五一三頁。
(28) 註(8)書「六　南北朝時代　二二号文書」五一三～五一四頁。これをみると、「大将軍足利尾張殿一見状案」とあるので、大将軍が斯波高経であることがわかる。
(29) 前掲(28)。
(30) 生駒註(6)書。
(31) 「関城書裏書」(『群書類従』第二十五輯、続群書類従完成会、一九三三年)、四八七頁。
(32) 「忽那一族軍忠次第」(続群書類従完成会『続々群書類従　第三　史伝部二』、続群書類従完成会、一九八五年)、五五七頁。
(33) 註(8)書「六　南北朝時代　五四号文書」五二五～五二六頁。
(34) 『藻原寺文書』所収「金綱書裏書」(千葉縣史編纂審議會編『千葉縣史料　中世篇　諸家文書』千葉縣、一九六二年)、二〇四～二一二頁。
(35) 註(21)書「第八巻　一　摩耶軍の事」をみると、赤松討伐の幕府軍内に常陸前司時知が確認でき、小田殿・常陸前司が小田時知であることがわかる。

（36）佐藤註（1）書、一〇四～一〇八頁。

（37）「花営三代記」（『群書類従』第二十六輯、続群書類従完成会、一九三二年）をみると、応安四年（一三七一）十一月五日条に「湯浅一族凶徒百余人被討」、永和元年（一三七五）九月二十五日条に「紀伊国ニ所楯籠之宮方没落之間、翌日守護人以下攻入在田郡湯浅等之間、所々宮方城没落云々」、康暦元年（一三七九）二月九日に「山名修理権大夫、同陸奥前司、伊予守、打入紀州有田郡藤浪之、湯浅城没落」、同十一日に「拂暁差遣軍勢於石垣城之處、凶徒没落之由」、康暦二年（一三八〇）八月二十三日に「紀州生地城没落之由注進到来」とあり、湯浅党が南北朝内乱の末期まで南朝方として活動していたことが確認できる。

（38）註（8）書の史料や、前掲註（8）書「六　南北朝時代　七九号文書」から、室町期において六十谷氏は足利方として活動していることが確認できる。ゆえに、六十谷氏は飯盛城合戦で滅亡したわけではなく、存続したと考えられる。

建武新政下の宇佐大宮司職相論
―到津公連の評価をめぐって―

徳永健太郎

はじめに

十四世紀の内乱は、中央の政治権力や地域社会だけでなく、それらに包摂され、あるいは密接な関係を持つ中央の権門神社や地域権力たる神社にとっても大きな画期であった。神社の運営を司り一社を支配する祠官ら(1)は、大宮司や神主、検校・別当といった惣官(2)をめぐって、鎌倉後期以来、熾烈な争いを繰り広げてきた。だが十四世紀内乱のなかから、家名を冠し惣官を相承していく祠官家が成立してくる。この時期に成立した祠官家は、その後、中世・近世を経て明治維新に至り、今なお神社の宮司として続く家も少なくない。石清水の田中・善法寺・新善法寺、祇園の宝寿院、杵築社の千家・北島といった家がそうである。権門や地域権力たる神社にとって、内乱期は長期的にみても大きな変革期であったということができよう。

こうした変革期に成立した祠官家として、本稿で取り上げる宇佐大宮司家がある。十四世紀初頭の宇佐公世の子孫が、内乱期を通じて、宮成・到津など宇佐宮の大宮司家として成立し、結果的には近代に至るまで続く社家となったことはよく知られている。

では内乱のなかでなぜ祠官家が成立し、固定化していくのか。

十四世紀の公家政権を論じた市沢哲氏は、治天の君権力による貴族の氏長者や家督の決定への深い関与が生みだした「新しい知行の由緒の創造」は、都市領主集団の危機回避のための新しい支配のあり方をもたらし、建武新政ではそれが武家にまで及ぼされて鎌倉幕府とは異なる専制的な権力を打ち立て、室町幕府へと引き継がれていく、とする(3)。確かに後醍醐による建武新政は、海津一朗氏が指摘するように(4)、宇佐宮にも庶流の出自であった公連大宮司を生み出した。海津氏は公連大宮司の誕生に、後醍醐による「由緒の創造」のみならず、社内神官層の支持を基盤とする神社組織の内部改革、一円荘園制の再建をみる。海津氏の評価から考えると、建武政権の成立にこそ、到津大宮司家成立の根本的な契機を見出すことができるだろう。

しかし建武政権があっけなく瓦解したのと同様、公連大宮司も現実に宇佐の現地を掌握していたとは言いがたい。宇佐宮が十四世紀を通じて「一円荘園制に立脚した地域権力」へと変容していくとする海津氏の示した道筋自体には筆者も首肯するが、それが果たして後醍醐による建武新政時の公連大宮司の時であったのか、という点には再考の余地がある。また後醍醐による「由緒の創造」が現地に何をもたらしたのか、その実態を踏まえた時、その専制性に関しても、市沢氏の見解とは別の評価もまた可能なのではないか。

そこで、建武新政時に補任された公連と公右とのあいだに生じた大宮司職をめぐる相論を取り上げ、後醍醐政権下における宇佐宮の政治状況の実態を見極めつつ、地域権力にとっての後醍醐政権の位置づけとその後の南北朝内乱への見通しを論じたい。

一　建武の大宮司職相論

鎌倉幕府滅亡は、宇佐大宮司の人事にも大きな影響を及ぼした。元弘三年（一三三三）九月、建武政権によって到津公連が大宮司に任じられた。公連の大宮司職補任に関してはいくつかの研究がある。[5] 海津氏は公連の大宮司職還補を「荘園制再建という政治課題と改革路線を共有した」後醍醐の政策によるものだと評価する。

ところがこの公連大宮司補任には後日談があった。翌建武元年（一三三四）、前大宮司の宮成公右が公連を雑訴決断所に訴え、相論が勃発していたのである。ここではまず、到津文書に残された関連史料からこの相論の経緯を整理していきたい。

相論に際して作成された文書は、以下の一〇点である。[6]

①年月日欠　宮成公右目安案[7]
②年月日欠　宇佐宮大宮司職系図案[8]
③年欠十月二十日　了諸・主殿連署書状案[9]
④建武元年十月　日　宮成公右重言上状案[10]
⑤建武元年十月二十四日　雑訴決断所牒案[11]
⑥建武元年十一月　日　宮成公右重言上状案[12]
⑦建武元年十月　日　到津公連雑掌陳状案[13]
⑧元応元年十月十八日　宇佐公世譲状案[14]

⑨元徳四年三月十二日　光心譲状案[15]
⑩建武二年二月十四日　雑訴決断所廻文[16]

このうち①の目安状がもっとも長文であり内容にも富んでいる。この目安で公右は、公連が「非其器」、つまり大宮司に適格でない人物であったこと、にもかかわらず元弘三年四月二十八日「国衙奉献之勅書」、同六月十五日「神領興行之綸旨」を、「相語使節」りて「令誘取之」、それを支証として大宮司に任じられたことを問題にしている。特に後醍醐の発給した両通綸旨(＝勅書と綸旨)は、本来公敦・公右に充てられたものであるにもかかわらず、公連が掠め取ったと訴えている。

この目安の作成時期に関して森茂暁氏は、①の公右目安の後半、文書抑留を訴える部分を、建武元年七月四日までの間の経緯を述べている内容であると指摘する。[17]一方④建武元年十月の公右重言上状によると、公右は「本解状」と「小申状」とを決断所に提出したとしており、現在残されているこの目安が「本解状」に該当するのか「小申状」なのか、確定することは難しい。ただいずれにせよ建武元年七月から十月までのあいだに作成されたものであろう。

こののち公右は訴訟戦術を変更して論点を絞ったらしく、④建武元年十月の公右重言上状以降は、もっぱら公連による「社務職補任官符以下公験証文」などの文書抑留に論点を絞って訴えている。

その後の相論の経緯は、以下の通りである。すなわち公連は、公右の訴えた「本解状」を建武元年七月四日に請取っているにもかかわらず、陳状を提出しなかった。このため公右は「小申状」を捧げた。雑訴決断所は九月八日の「御廻文」において「来十八日以前不進陳状、可有其沙汰」と期限を切った対応を公連に求めた(④)。だがそれでも公連は対応しなかったため、決断所は十月二十四日に再び公連に弁申を求めた(⑤)。さらに公右は十一月十日にも公連に陳状の提出を求める重言上状を捧げた(⑥)。その結果、公連は雑掌を通じて陳状を十一月十九日(文書上では十月日）に提出した⑦。公連陳状の副進文書が⑧⑨である。その後、建武二年二月十四日の雑訴決断所廻文において、公右・公連の双方に対し、二十日に文書証文を帯して雑訴決断所において参決すべきことを命じている⑩が、それ以降、関連文書はみえなくなる。

では、訴えられた到津公連は、どのような反論を行っているのだろうか。⑥では、事書に「亡父対馬守公世所帯文書事」とあり、公右からの訴えが公世所帯文書の抑留であること、その訴えについての陳状であることを明示している。一方、公連の主張によると、公世の所帯文書は、公世後家光心が得た元応元年（一三一九）十月十八日の公世自筆譲状によって公連に譲り伝えられた。公右の祖父公敦は、手継を帯せず「非分競望」をなしたため、鎮西探題で訴陳を番えたが、光心による文書譲渡を備進文書で明らかにしたため、公世所帯文書は公連が帯持する御成敗になったと主張する。一方で、公敦による「於公世以前公験者、公敦相承之条、乾元・嘉元状掲焉也、至公世以後文書者、皆以公敦所給之公験也」との主張に対し、公連は乾元・嘉元の状は不審であるとして正文の提示を要求する。さらに先祖から公世に至るまでの証文は公連相伝であり、公敦が賜った文書を公連は干渉しなかったのに、公右が公連相伝の証文を奪い取ろうとするのは「奸濫」であると反駁する。そして公右は「公世放捨之公解之子」「員外身」だとして、公右の訴えを否定する。

以上のように、公連の主張もまた文書抑留という点におおむね絞られており、自身の大宮司在任の適格性などをここで主張しようとはしていない。

そもそも公右の目安自体、公敦―公右父子が大宮司として嫡流であることを主張しようとしつつも、前年の九月六日に建武政権によって公連が大宮司に補任されたことを必ずしも「濫補」などとしてはおらず、相論での論点を文書抑留だけに絞っている。あくまで公右は前大宮司として「無咎被改当職之、公右被閣嫡々一流之条不便次第」であることを訴えるにとどまっている。[18] このため公連の陳状では、大宮司としての器用やその就任の正統性を正面から争うようなことをせず、文書抑留に絞って反論を組み立てることになったのだろう。公連の大宮司補任を公右が「濫補」だと主張すれば、公右の主張としては非常に明快になるにもかかわらず、公右はなぜそうしないのか。この点にこそ、建武年間の大宮司職をめぐる実像を考えるカギがあるように思われる。

そこで次節では、元弘の公連大宮司職就任に至る経緯を整理し、なぜ公右の大宮司譲補が事実上否定されたのかを考えてみることにしたい。

二　公連の二度の大宮司就任

本節では、公連が大宮司に補任された経緯、そして建武政権瓦解後の大宮司職の推移を、先学の成果に導かれながらたどっていきたい。

鎌倉期の宇佐大宮司に関して海津氏は、鎌倉末期における宇佐大宮司職の遷替化を論じている。[19] 氏は、永仁六年(一二九八)の関東御教書に注目する。この御教書は、大宮司職が「連々被改補之間、社家衰微、神領牢籠、於事敷々沙汰」であるとして「糺利運器量、被任之、輙不可有遷替」ことを本所に申し入れる旨六波羅に伝えたもので、朝廷・幕府の協調による神領興行政策の背景の一つには、こうした大宮司職をめぐる宇佐氏内部の対立、職の遷替化があったと氏は分析する。そして神領興行政策による荘園諸職の一円化、本所である近衛家の恣意的補任を排し、神官諸勢力の支持を得た大宮司公世や公連による社家権力の掌握が、地域権力としての宇佐宮の再建へとつながったと論じる。ただ氏の議論は、建武政権による公連大宮司還補を宇佐宮の再建として位置づけるところで終わってしまっており、公右らは本所を後ろ盾とする守旧派大宮司が社内神官層の支持を失った、という評価しか与えられていない。果たして還補によって公連は「社家の実権を掌握」したのか。また公右は「社内神官層の支持を失った」のか。本節では、そうした公連の位置づけに関する再検討も視野に入れ、鎌倉末期の大宮司職をめぐる状況を検討したい。

宇佐大宮司職については乙咩政已氏の専論がある。(20) 氏の作成した「宇佐大宮司一覧表」によると、永仁の関東御教書以降、鎌倉末までの大宮司職在任者として、宇佐公氏・宇佐公世・岩根公夏・宇佐公為・宇佐公宣・宮成公敦・岩根公景・到津公連・宮成公右が挙げられている。この一覧をみる限りでは、確かに大宮司の遷替化が生じているように思われるが、乙咩氏の表では在任期間が考慮に入れられていない。したがってまずは鎌倉末期における大宮司在任の徴証について検討していきたい。

【公世】正安元年（一二九九）六月～乾元二年（一三〇三）三月（在任）

正和の神領興行における挙状発給者として知られる公世の大宮司職補任の経緯は、正安元年十月二十四日太政官符の記載から知ることができる。それによると、同年六月十七日に「停止公氏之濫補」し、近衛家による「御書下」によって公世が補任され、そして当該太政官符の発給に至るという手続きが取られている。彼の在任は乾元二年三月までは確認できる。(21)

【公夏】嘉元三年（一三〇五）一月（在任）～嘉元四年（一三〇六）二月

公夏は岩根流の宇佐氏である。嘉元三年には公夏の在任が確認できるが、(22) 公世はそれ以前の乾元二年八月にはすでに「社務職事、有譲補志上者、便宜之時被伺申之条、不可有子細」との状を公敦に与えていることが、先述の宮成公右目安から明らかとなっている。したがって公夏の大宮司就任は乾元二年八月前後と推定される。

【公敦】 嘉元四年（一三〇六）二月～嘉暦三年（一三二八）五月（在任）

公敦は公世の子で、宮成文書中の「宇佐氏系譜」では童名一徳丸、また対馬太郎と号したとあり、公敦が嫡子であったと考えられる。嘉元三年七月、公世は本所近衛家に「被召補愚息公敦、於愚老者、令上下向都鄙、為神為君欲抽忠」との状を進めた。公敦は、翌年二月二十日には近衛家からの「補任御書下」を得て、徳治二年（一三〇七）には太政官符が発給され、大宮司に就任する。建武の大宮司職相論で訴人公右は、公敦が「重任還補四箇度」という長期在任となったと主張しており[23]、確かにこののち嘉暦三年五月までは在任の徴証をみることができる[24]。

なお乙咩氏はこの間に「公為」の大宮司在任を挙げている。だが「公為」なる人物は、史料上では十五世紀頃作成と考えられる宇佐宮寺回禄注進状案にみえる、延慶二年回録時の署名者である大宮司の傍注として「きんため」の名が挙げられるのみであり、他の史料からは確認できない。したがって大宮司在任者には含めないこととする。

【公勝／公景・公宣】 嘉暦三年（一三二八）九月（在任）～元徳元年（一三二九）九月

公勝は公夏の子で岩根流、公宣は安心院流である。公世が嘉暦二年五月に没した後、大宮司職をめぐる状況は大きく変化し始める。嘉暦三年六月の池永重頼解[25]には裏書に「大宮司公景専使」との記載があり岩根流の公景在任の徴証をみることができる一方、同年九月には安心院流の公宣在任の徴証をみることができる[26]。ただ双方ともに在任の確証とは言いがたい。さらに翌年六月十二日の関東御教書には「而改公敦被補公勝云々」とある。

このように、この時期の大宮司在任者として公景・公宣・公勝の三人の在任可能性を絞り込むことができるが、これ以上の在任者・在任時期の特定は困難である。公勝と公景は父子であるため、岩根流の公勝・公景と安心院流の公宣とが在任した可能性を指摘しておくにとどめたい。

【公連】 元徳元年（一三二九）九月～元徳二年（一三三〇）五月

公連は公世の子で、豊前到津荘・筑前立岩別符を知行していた。公連の補任は、建武の大宮司職相論における公右目安状に記されているように、元徳元年九月から翌年五月までの約八ヶ月間と考えられる。(27)「重畳之咎依令露顕」のかどうかはともかく、「不賜官符、不遂拝社」という状況のままごく短期間で改替されている。公連自身は「近則天養公通、（中略）正安公世、元徳公連相続之条、為官符連綿」と称するが、(28)とうていそのような長期在任者の列には加わりようのない、遷替的な大宮司在任であったとみなさざるをえない。

【公徳・公景】元徳二年（一三三〇）五月～正慶二年（一三三三）四月

公徳に関しては不詳である。建武の大宮司職相論における公右目安状によると、公連の後は公徳・公景と任じられた後、公敦が還補されたと記す。そこから、元徳二年五月以降在任が公徳、正慶二年五月まで在任が公景であったことが判明する。ただ、両者の交替時期は判明しない。

【公敦／公右】正慶二年（一三三三）四月～元弘三年（一三三三）六月

公敦が還補されたのは正慶二年四月十八日であるが、公敦は病を理由に、五月十二日の譲状で孫の公右に大宮司を譲与し、本所近衛家からの安堵も得ている。(29)しかし後醍醐が六月に隠岐より還幸し、十五日付綸旨により参内した公連に、公景・公右らが異議を訴えた。これに対して公連は「於公景・公右等、永被棄捐訖、公連帯古今公験、理運器量之上者、当職不可有相違」との宣下を受け、さらに二十三日には公景・公右・公浦・公徳・公宣らの訴えを、そして二十六日には公景の訴えを後醍醐は棄捐し、公連は「安堵　勅許」を賜った。(30)

以上、公世以降の大宮司在任者を整理したのが表1である。

この分析と表から、鎌倉末期の大宮司在任状況について以下の点を指摘することができる。

鎌倉期宇佐大宮司家略系図

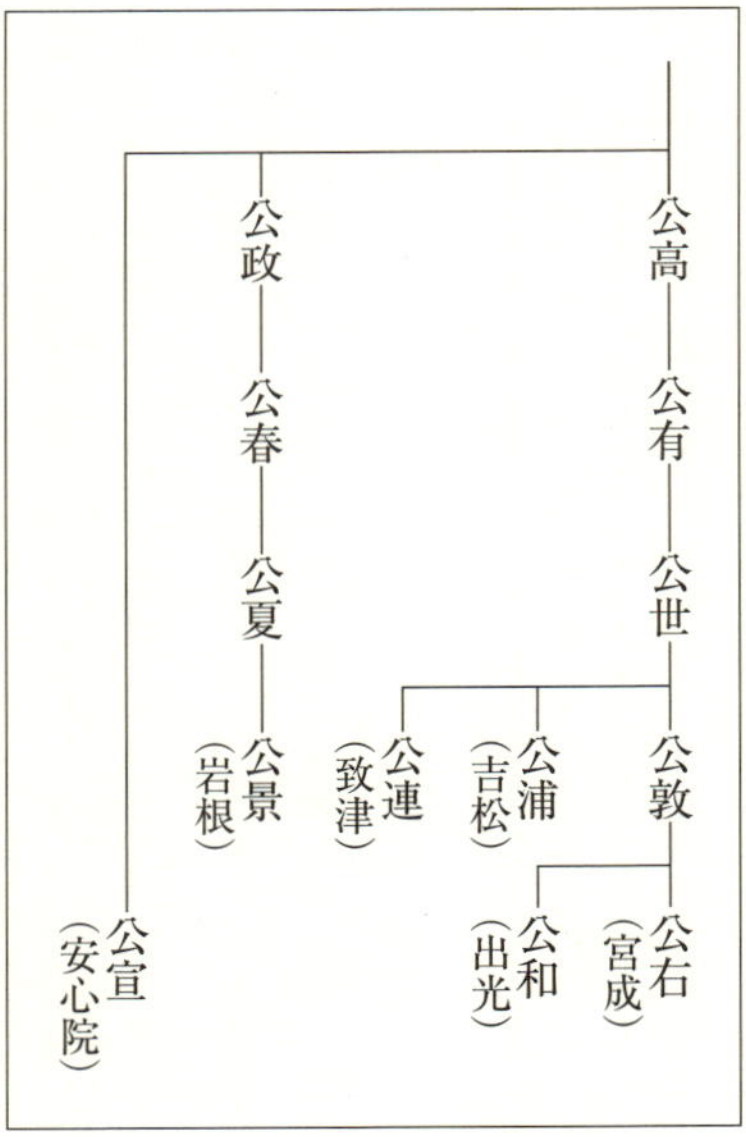

表１　鎌倉末期の宇佐大宮司在任

年月	在任
正安元(1298) 6	宇佐公世
乾元 2 (1303) 3	
嘉元 3 (1305) 1	(岩根)公夏
嘉元 4 (1306) 2	
嘉元 4 (1306) 2	(宮成)公敦
嘉暦 3 (1328) 5	
嘉暦 3 (1328) 6	(岩根)公勝・公景
元徳元(1329) 9	(安心院)公宣
元徳元(1329) 9	(到津)公連
元徳 2 (1330) 5	
元徳 2 (1330) 5	宇佐公徳
正慶 2 (1333) 4	(岩根)公景
正慶 2 (1333) 4	(宮成)公敦・公右
元弘 3 (1333) 6	
元弘 3 (1333) 9	(到津)公連
建武 4 (1337) 1	

まず公世の在任期間は約五年程度と短いが、子である公敦の在任期間のほぼ全期にわたり君臨していたことがわかる。逆に言えば、大宮司としての公敦の権力は、父である公世の存在によって支えられていた、という評価も可能である。海津氏が注目した正和の神領興行実施時の挙状は、大宮司正員である公敦の権限というよりも、公世による社務実権の掌握にもとづいて発給されていたのであろう。大宮司権力は、正員公敦とその父であり実質的な社務権を行使する公世によって構成される重層構造になっていたと考えられる。

この点と関連するが、公世の死により、大宮司職をめぐる状況は非常に流動的になっていったことが判明する。宇佐宮造営条々を指示した元徳二年五月十日の関東御教書によると、宇佐宮中楼の造営が半分しか進捗していなかった状況のなかで公敦は改易された(31)。「半作」を罪に問われたか否かは不明であるが、公世の死が公敦の立場を不安定化させたことは明らかであろう。公世—公敦—公右という嫡流の宮成流に対し、公世庶流の公連、岩根流の公勝—公景、さらには安心院流の公宣らが大宮司職を競望する状況が生まれていた。

そして最後に、そうした競望状況のなかで就任した公連も、公世死後の流動期に就任した遷替の大宮司の一人に過ぎない、という点である。少なくとも元徳年間の大宮司就任は、嫡流であった公敦の改替に伴うものであって、決してこの就任だけで大宮司到津家の由緒を導くようなことはできなかったと言えよう。

にもかかわらず、多くの遷替大宮司、そして嫡流の宮成流をも押しのけ、建武政権成立直後に公連が大宮司に還補されたのはなぜか、そしてその還補をどう位置づければよいのか。この点を次節で考えていきたい。

三　宇佐大宮司にとっての建武政権

公連が大宮司に補任された経緯は、大宮司補任の太政官符に引用された彼自身の解状に記されている。「帯文書、存故実」といった抽象的な記述ののち、四月二十八日・六月十五日の両通の綸旨を受けて参内したというところから具体的な経緯が記される。成立直後の新政下で、元弘の大宮司職相論というべき三度の裁許が行われていることが、その記述から明らかとなる。

元弘の相論の一回目は、六月十五日の綸旨を受け公連が参内した時である。二回目・三回目が六月中であることから、一回目の相論も十五日からほどなく行われたと思われる。またこうした短い期間に相論が行われているところから、公連以下の宇佐氏祠官らが在京していたことも明らかである。一回目の「宣下」では、「於公景・公右等者、永被棄捐訖」として公景や公右といった有力祠官の訴えを棄却し、公連が「古今公験」を帯していること、「理運器量」であることにより「当職不可有相違」として大宮司への就任を認め「可致御祈禱并社家興隆」と祈禱を抽んじさせている。さらに「被止本所号、可為聖断」として、宇佐宮における本所の停廃と後醍醐による進止、「牢籠惣神領」をことごとく返付させ勅役を賦課しないことを定めている。

二回目は六月二十三日である。公景・公右・公浦・公徳・公宣らの訴えに対して、政権側は「濫訴」をことごとく「棄置」いて、公連の訴えを認める綸旨を与えている。三回目は公景がさらに訴えてきたので、「庭中」に及び「同二十六日重被究御沙汰淵底」て「申詞」に記されて公景の競望を棄捐し、公連がまた「安堵　勅許」を蒙ったとする。

以上のように、三回の相論を経て「理運」により公連が大宮司に補任されたのが、元弘の大宮司相論である。またここから、公連が建武政権下で大宮司に任じられるに際して、以下の点を指摘することができる

まず後醍醐が、公敦・公右による大宮司譲補を一切認めていないと考えられる点である。建武政権が、朝廷人事を元弘の乱以前の状態に強引に引き戻したということはよく知られているが、近年、建武政権の寺社政策を論じた稲葉伸道氏は、権門寺社の長官(＝惣官)もまた元弘の乱以前の状態へと人事が引き戻されたことを、東大寺などの事例を通じて明らかにしている[32]。元弘三年(一三三三)四月から五月にかけての公敦・公右の大宮司譲補は、光厳—後伏見院政下、しかもその崩壊直前に行われており、後醍醐の宇佐宮への関心の高さから考えると、公右譲補の否定は後醍醐の強い意志のもとでなされた可能性が高い。つまり稲葉氏の指摘するような寺社政策が、宇佐宮に対してもとられたとみられるのである

また公右自身、元弘の相論時には現任であり祠官のなかでももっとも大宮司としての正統性を持つにもかかわらず、三回目の訴えには加わっていない。公右が嫡流であるか否かといった宇佐宮個別の事情はこの相論では反映されず、直近の補任や相伝が否定されるという原則が貫かれたと考えられる。同様に最後まで公連の還補に異を唱えた公景も、光厳—後伏見院政期の在任という、公右と同様の事情が問題視され、大宮司還補要求が却下されたと考えられ

る。また史料がないため推測の域を出ないが、元徳二年（一三三〇）に任じられた公徳も、光厳―後伏見院政期の在任にかかるため除外された可能性があろう。

以上の指摘からわかるように、公右や公景による訴えが棄却されたのは、彼らが光厳―後伏見院政期の在任であったという事情をもっとも大きな要因として考えるのが妥当であろう。後醍醐が宇佐宮現地や大宮司職相伝のあり方を踏まえた上で短期間に判断を下したとは考えがたく、嫡流の祠官を拒否して庶流の祠官を抜擢したという事情も想定しがたい。

また二回目の訴えに名の上がる公宣・公浦についてみると、公宣は後醍醐親政期のなかで公連以前に大宮司を改替されているし、公浦はこの当時大宮司未就任であった。こうした要因を考慮するならば、大宮司職を競望する他の祠官ではなく公連が大宮司に還補された理由は、元弘の乱以前の後醍醐親政期への人事引き戻しという原則に照らして、乱以前の直近に大宮司に在任していたことを想定するのがもっとも適切であろう。

公連の「勤王」など、政治的・軍事的立場にその理由を求める考え方も成り立たない。公連が六波羅の陥落する元弘三年五月以前から後醍醐派として活動していた徴証は存在しておらず、また彼が宇佐宮内において後醍醐派＝倒幕派としての政治的立場を明確にしていたのであれば、元弘三年の太政官符を求める解にその旨を記すのが自然であろう。だが彼が参内したのは後醍醐が隠岐から還幸した六月十五日綸旨発給の直後である。むしろ公右の方こそ、四月一日に綸旨（これは後醍醐からの綸旨と解するのが妥当であろう）を受給し「足利殿」（高氏か）の証判を受けており、先に後醍醐派となったことを訴えている(33)。

公連還補の要因を以上のように推測できるとしたら、後醍醐による大宮司人事の方針は、個人の能力や政治的立場、ましてや宇佐宮固有の在地状況や権力構造を考慮したものではなく、他の権門寺社の長官人事と同様、元弘の乱以前の姿に戻すという原則を適用しただけのものであったといえるのではないか。公連還補は、その原則がそのまま貫かれた結果だと理解できよう。

後醍醐による公連の大宮司還補をこのように理解すると、公連の評価を考えていく上で重要になってくるのは、彼による宇佐宮での社務権力掌握のあり方になろう。もし公連の社務としての権力が、海津氏の評価するように「内外の圧倒的な支持のもと社家改革を指揮した」(34)ということであるならば、公連は還補の状況にかかわらず実質的な社務として活動したということになる。

だが建武政権期における公連の宇佐での活動について、公浦が大宮司に補任された貞和三年(一三四七)七月の太政官符によると、公連は「元徳・元弘両度」補任されているものの「終以不遂拝社、不莅社壇」のまま改替されたとある。この点を考える上で踏まえるべきなのが、公連の在京という実態である。六月十五日の綸旨を受け取ることができ、しかもその後二十三日とそれまでの間に参内したということは、ほぼまちがいなく公連は在京していたと判断できる。在京していたからこそ、公連は宇佐宮充ての綸旨発給の情報を迅速に入手し、綸旨自体も獲得するに至って、その後の大宮司還補を有利に進めていくことができたのであろう。だがこうした状況から鑑みるに、公連は確かに大宮司に在任してはいるものの、逆に言えば、彼が宇佐宮で社務を執行しているとは考えられないのである。一方で公右は建武の目安状において「公右為社務令執行之条、出仕神官等着到歴然也」と主張しており、また神官の解に対する外題を与えている事例もみることができ、公右こそが現地における社務を掌握していたと考えた方が自然なのである。(35)

公連の宇佐宮における社務活動の徴証としては、他に元弘三年における宇佐宮神官連署起請文、そして大楽寺創建と勅願寺化とがある。だがこれらも宇佐宮現地における公連の大宮司としての活動であるとはいいがたい。

まず大楽寺の創建と勅願寺化に関して検討しよう。元弘三年十二月、公連は寺敷地と一〇ヵ所の料所を大楽寺に奉寄して大楽寺を創建、西大寺僧の道密上人（沙門光仙）を住寺にするとともに、(36)道密の申請により翌建武元年四月、大楽寺は太政官符によって勅願寺として定められた。この勅願寺認定の前日には妙顕寺も勅願寺に定められており、勅願寺認定自体は必ずしも宇佐宮だけの政策ではないが、他寺院の勅願寺認定は綸旨ないし口宣案で行われており、太政官符で勅願寺認定がなされた大楽寺の例は非常に独特であると言える。

ではなぜ公連は勅願寺認定を太政官符によって申請したのか。その理由は、公連奉寄状と同月、おそらく同時に作成された道密解状のなかにみることができる。道密解状には公連奉寄状がほぼ全文引用されているのだが、そこには公連が神領から割分した一〇ヵ所の料所がそのまま示され、太政官符にもそのまま記載された。つまり公連は、大楽寺料所を太政官符に記載させることでその公験化を図ろうとしたのではないだろうか。そもそも祠官としての公連の所領は豊前到津荘地頭職と筑前立岩別符しか確認できていない。一方、大楽寺に奉寄された所領は「根本一円神領」であったが、「近来京家人・武家輩、非分掠領」であったという。「牢籠地悉被返付」とはいえ、当時すべての料所で当知行が実現できていたとは考えられない。奉寄と官符申請とがほぼ同時であることを踏まえると、公連は大楽寺の創建当初から返付神領の料所化を狙い、また自身の経済基盤を形成する目的もあわせて、官符を申請したのであろう。大楽寺の創建と勅願寺化は、大宮司としての宇佐宮全体の神領興行推進よりも、大楽寺という新たな所領単位の創出にこそあるといえるのではないか。

次に連署起請文について検討する。まずはその文面を引用する。

敬白
起請文

神領興行沙汰事

右、当宮衰微者、依 廟領牢籠、神事陵遅者、故社務転変之謂也、是併有本所軽行之御計、惣官無安堵思之間、不及興隆沙汰処、今就 聖代憲政、被止本所御号、紕理運器量、被撰定当任公連宿祢之上、被付牢籠惣神領於社家、可有興行沙汰之由、拝 綸旨之条、為神為身、一同之大幸也、Ⓐ然者、各成自訴之思、敢不可有聊爾、Ⓑ将又面々所持之文書内、若可為当沙汰肝要者、致披見、可随評議也、Ⓒ惣是非採択之趣、用捨治定之篇、此衆中之外、不論親疎、更不可有漏脱也、此条偽中者、

元弘三年九月十三日

次第不同（以下署判者略）[37]

従来この文書では、前半部の「聖代憲政」「被止本所御号」、あるいは「紕理運器量、被撰当任公連宿祢」といった点に関心が集中しているが、この文書の主眼はむしろⒶ以降の後半部にあり、起請文の形を取っているのもⒶ以降の内容に拠っている。Ⓐは神官各自が神領興行の訴訟を決意し、あえて軽々しいことがあってはならないこと、Ⓑでは神官の面々が所持している文書のうちで「当沙汰」＝神領興行訴訟に関する「肝要」の文書があれば、神官中で披見し、訴訟に関する神官の評議に随うべきである、とのことを誓っている。

つまりこの文書は、「牢籠惣神領於社家」に付して「興行沙汰」を行うという後醍醐の宇佐宮興行政策において、大宮司公連のもとで神領興行訴訟を提訴する際に、神官同士が重要な文書を閲覧し合い、宇佐宮や神領に関する事実認定などを事前に評議しておくことを定めたものである。だからこそⒸで「是非採択之趣」や「用捨治定之篇」を「此衆中之外」には「親疎」を問わず「漏脱」してはならないとして、起請を立てたのである。

したがってこの起請文は、宇佐宮神官団として後醍醐の神領興行政策に対応した訴訟に関する起請文であると位置

づけるべきである。そしてこのように考えた時、この起請文が元弘三年の公連補任の太政官符のわずか七日後に作成されていることとの意味を考えてみる必要がある。

起請文は直接官符を受けて作成されたとは明示されていない。しかし神領興行訴訟に際し大宮司の挙状を帯する必要のあった正和神領興行令を想起するならば、大宮司が誰になるのかは、訴訟進行にとってきわめて重要である。また後醍醐が「本所御号」を停止しているため、大宮司補任に際して近衛家による補任の書下が発給されないことも考慮に入れておかなくてはならない。すなわち、この起請文は公連を支持していたから作成されたのではなく、建武政権下で公連が大宮司として正式に認定されたからこそ、公連のもとでの神領興行訴訟の方針を宇佐宮神官団として定めたと位置づけることができる。

このように考えた時、この神官連署起請文は、そもそも宇佐で作成されたのではなく、神領興行訴訟のために上洛していた神官らにより京都で作成されたのではないかと推論できる。日付の近接は、太政官符と起請文との関連を示すものとして理解することができよう。そして起請文自体は、必ずしも公連による宇佐宮現地での社務権行使とは関連をもたない、と評価せざるをえまい。

以上のような検討の結果、公連の関与した大楽寺の創建、また宇佐宮神官による連署起請文は、いずれも建武新政期における公連の大宮司としての社務運営活動を示すものではないという結論が導かれた。つまり公連は、元弘の還補後も宇佐宮の社務運営にはほとんど関与しておらず、むしろ神領の大楽寺料所化や大宮司職相論の惹起、京都と宇佐現地との大宮司権力の分裂など、地域権力としての宇佐宮の弱体化につながりかねない存在であったと考えられるのである。

おわりに

後醍醐による「由緒の創造」は、少なくとも宇佐宮にとっては、神領興行により鎌倉末期にかけて公世―公敦という安定した所職相伝を通じて権力秩序を構築しつつあった宮成流大宮司家に大きな混乱をもたらした。とはいえ建武新政の瓦解後まもなく宮成流の公和が大宮司に補任されており(38)、大宮司をめぐる混乱はいったん収まる(39)。

市沢氏の論じるように、後醍醐は恣意的な人事を行い新たな権力行使のあり方を提示した。その権力行使のあり方は、確かに政権運営といったレベルにおいては新しい支配のあり方だったといえるのかもしれないが、地域社会のレベルにおいて、そうした支配が必ずしも海津氏の論じるような「地域権力」としての再編を促したとはいえず、むしろ混乱と対立を生み出す契機さえ与えている。

後醍醐による「由緒の創造」が失敗した理由はなにか。私見では、それを由緒たらしめるだけの実力、ありていに言えば武力に欠けていたからではないだろうか。後醍醐による「由緒の創造」は、必ずしも敵・味方の峻別とそれに付随する武力とを伴うものではなかった。だからこそ裁判により「理運器量」を見定めるという形での「聖代憲政」の余地も生まれるのだが、少なくとも地域権力たる宇佐宮にとって、そうした形で創出された「由緒」は後醍醐の恣意性でしかなく、現地に混乱と反発とを生み出すことにもなった。

宇佐宮において、大宮司到津家の「由緒」そのものは、確かに公連大宮司の成立なくしては創出し得なかった。だが公連ののちしばらくの間到津流は宇佐大宮司としての活動を見出すことができない。到津家が大宮司家として確立するのは、内乱末期における今川了俊の武力を待たなくてはならなかった。新しい支配のあり方としての「由緒の創造」が地域において現実のものとなるためには、九州における内乱の収束が不可欠であったと考える。

註

（1）神社を運営し支配する階層の神職をここでは祠官と称する。
（2）祠官のなかでも一社を代表し統括、管理する祠官のことを、ここでは惣官と称する。
（3）市沢哲『日本中世公家政治史の研究』（校倉書房、二〇一一年、初出一九九二年）二〇二頁。
（4）海津一朗『中世の変革と徳政』（吉川弘文館、一九九四年）一六五～一六七頁。
（5）中野幡能『八幡信仰史の研究（増補版）』（吉川弘文館、一九七五年）。小島鉦作「近衛家領としての豊前宇佐宮」（『神社の社会経済史的研究』吉川弘文館、一九八七年、初出一九六六年）。『宇佐宮史』中巻（宇佐市史刊行会　一九七七年）など。
（6）宮成公右目安案（「到津文書」一一七『大分県史料』一所収）。
（7）『南北朝遺文』九州編（以下『南』と略）第一巻―一五一号（以下一―一五一と略）。
（8）『南』では一五一号中に収められている。
（9）『南』六―六六九七。
（10）『南』一―一五二。
（11）『南』一―一四八。
（12）『南』一―一七五。
（13）『南』一―一五三。

(14) 『鎌倉遺文』(以下『鎌』と略)三五―二七二八四。
(15) 『鎌』四一―三二七一〇。
(16) 『南』一―二〇七。
(17) 森茂暁『増補改訂南北朝期公武関係史の研究』(思文閣出版、二〇〇八年、初出一九七九年)一一六頁。
(18) 大宮司として社務を執行していたこと自体は「公右為社務令執行之条、出仕神官等著到歴然也」と訴えている。
(19) 海津前掲註(4)著書。
(20) 乙咩政已「八幡宇佐宮大宮司職について」(『大分県地方史』一〇九、一九八三年)。
(21) 乾元弐年三月 日宇佐宮貫首漆嶋正吉解(「北艮蔵文書」『鎌』二八―二一四一一)外題の花押。
(22) 「宇佐宮勘註」(『益永家記録』三、『宇佐神宮史』七巻四三一頁)。
(23) 註(7)建武元年宮成公右目安状案。
(24) 嘉暦三年五月二十一日関東御教書案(「益永文書」『鎌』三九―三〇二六四)
(25) 嘉暦三年六月日池永重頼解(「野中文書」『鎌』三九―三〇三〇二)。
(26) 「矢野宗直系図」一(『宇佐神宮史』七巻六二八頁)。
(27) 元徳三年十一月八日宇佐宮若宮擬神主職補任状(「北艮蔵文書」『鎌』四〇―三一五四一)、同日付宇佐宮勤仕主職補任状(「金光文書」『鎌』四〇―三一五四〇)は、『宇佐神宮史』では大宮司宇佐宿祢の花押を到津公連に比定しており、さらに検討が必要である。
(28) 元弘三年九月六日太政官符案(「到津文書」『鎌』四二―三二五五〇)。
(29) 正慶二年五月十二日宇佐大宮司宮成公敦譲状(「到津文書」『鎌』四一―三二一五八)。前掲宮成公右目安案。

(30) 註(28)元弘三年九月六日太政官符案(「到津文書」)。
(31) 元徳二年五月十日関東御教書案(「宇佐宮記」「宇佐宮御造営新古例書」『鎌』四〇―三一〇三六)。
(32) 稲葉伸道「建武政権の寺社政策について」(『名古屋大学文学部研究論集』史学六三(一八八)、二〇一七年)。
(33) 註(6)宮成公右目安案。
(34) 海津註(4)著書、一六五頁。
(35) 元弘三年十一月日宇佐宮神官小山田宇貞解(「小山田文書」『宇佐神宮史』七巻七五一頁、『鎌』四二―三二七二九)。なお公右の花押を確認できるのは『宇佐神宮史』所収の後闕断簡の方である(『大分県史料』七「小山田文書」五五)。
(36) 元弘三年十一月日宇佐宮神官丹波有世解(「薬丸文書」『鎌』四二―三二七三一)。建武元年五月廿二日宇佐宮猪山社司稲用公長申状(「稲用文書」『宇佐神宮史』八巻八頁)。
(37) 元弘三年十二月日宇佐公連奉寄状(「大楽寺文書」『鎌』四二―三二八二二)。
(38) 元弘三年九月十三日宇佐宮神官連署起請文(「早稲田大学図書館所蔵文書」『鎌』四二―三二五六一)。
(39) 建武四年宇佐大宮司出光公和言上状案(「到津文書」『南』一―八三一)。
(39) なお中野幡能氏は註(5)著書中で、公連と公右とをそれぞれ南朝大宮司・北朝大宮司とみなしているが、建武年間以降、公連の大宮司としての活動の支証はなく、大宮司の両立という見解には従いがたい。

建武政権・南朝の武力編成と地域社会
―武者所職員の事例から―

渡邊浩貴

はじめに

南北朝内乱が長期的かつ熾烈な全国内乱となった要因の一つに、南朝が勢力を減退させつつも、地域勢力の支持をうけて彼らと結びつき、常に地域から必要とされ続けてきたことが挙げられよう。研究史を振り返ると、佐藤進一(1)氏・網野善彦(2)氏を嚆矢に、戦後歴史学のなかで後景化してきた南朝(建武政権期も含む)そのものの検討がなされるようになり、森茂暁氏の自覚的な南朝研究(3)を経て市沢哲氏(4)に至る。だが、政治史の分析が進展をみる一方で、地域社会における建武政権・南朝と地域諸勢力との関係について十分な検討がなされていないのが現状である。

とりわけ建武政権・南朝による地域勢力の武力編成に関する研究は、極めて乏しい状況にあろう(5)。なぜ、南朝がかくも生き延び、何度も地域社会から必要とされ呼び出されてきたのか。かつて小林一岳氏は、在地領主の惣庶間相論による対立軸が、常に北朝・南朝を呼び込み続ける構造を指摘した(6)。ただし、小林氏の指摘通りに南朝を理解してしまうと、あくまでも地域紛争における対立概念としてでしか南朝を把握できず、かえってその固有性が摑みにくくなってしまうのではないだろうか。もちろん、南朝それ自体への評価は論者によって様々であろう。だが、先述した内乱期社会の様相を踏まえるならば、建武政権・南朝固有の武力編成の過程を分析する必要がやはりあるのではないだろうか。この課題の分析は、ひいては地域社会にとって建武政権・南朝とは如何なる存在であったのか、という研究課題にも接続すると考える。

右の課題を設定した場合、次の点を本稿では留意したい。①皇子将軍・公家大将や国司・守護といった上級権力ではなく、地域社会において建武政権・南朝の活動を下支えした勢力を検討の対象とし(7)、かかる地域諸勢力が結びつく契機を検証すること。②建武政権・南朝の武力編成における固有性を考える上で、市沢哲氏の「南朝は前代の天皇と比べ、戦場との距離を著しく縮めた」とし、南朝天皇と軍事の関わりに注意を促す指摘は重要であろう(8)。市沢氏が提示した視座を継承しつつも、建武政権・南朝によって「把握される側」の実態を注視する必要がある。

そこで本稿では、南北朝内乱初期の建武政権・南朝による地域社会の諸勢力を武力編成する契機と、彼らの地域社会内部での実態を分析することを目的とする。その具体例として、建武政権が設置した軍事部門「武者所」を取り上げたい(9)。楠木正成・名和長年・新田一族を含む武者所職員たちであるが、彼らの分析から先の課題に迫れるものと考える。

一 武者所職員広沢氏と建武政権

1 武者所四番「広沢弾正左衛門尉高実」

建武政権期武者所に関して森茂暁氏は、①武者所の性格・機能に、天皇の親衛隊であり畿内近国の治安警察を任務とすること、②職員の特徴に、建武政権発足当初は楠木正成とともに高師直など足利尊氏被官が職員として活動するも、足利尊氏離反後は新田義貞が統括し、新田一族によって職員が占められること、を指摘する。(10)近年では、武者所発足当初より新田氏惣領の義貞が同機関を統括したとする山本隆志氏の指摘や、(11)山本氏の指摘を受けて、建武政権下の義貞統括の武者所が官制上において足利尊氏と所管―被管関係にあったという田中大喜氏の指摘が出されている。(12)

このように武者所に関する先行研究は、足利尊氏との関係や新田義貞とその一族に焦点が当てられてきたといえる。だが、そもそも武者所職員は新田一族以外にも大勢の人員で構成されていた。むしろ他の職員に着目することで、足利尊氏と新田義貞やその一族との関係に収斂しない、武者所の性格を指摘しうるのではないだろうか。そこで、これまでほとんど検討されてこなかった武者所職員の四番「広沢弾正左衛門尉高実」という人物に焦点を当てることで、建武政権の武力編成契機について探ってみることとする。

広沢氏は、もともと武蔵国新座郡広沢郷を本貫地とする秀郷流波多野氏一族の東国御家人である。(13)広沢氏嫡流系統の動向をみてみると、行実・宗実が鎌倉期に得宗被官として活動していることが認められる。(14)また同氏は武蔵国広沢郷を本貫地に持ち、備後国三谷郡一帯に所領を有する西遷御家人でもあった。(15)西遷以降は、備後国三谷郡内に江田・和智・田利・光清・仁賀・湯谷等の庶子が分出していく。正応三年（一二九〇）、広沢行実の伊賀国大内東荘への悪党行為が訴えられ、(16)南北朝内乱期東寺領伊勢国大国荘で「当地頭広沢弾正」という人物も確認できる。(17)そのため、広沢氏は畿内近国や東海道地域にも権益を有していたことが窺える。「弾正左衛門尉」が嫡流系統の官途としてみえることから、武者所職員の高実は宗実の子息と推察されよう。建武政権期武者所の機能が京都近郊地域の治安維持であった、という先の森茂暁氏の指摘を踏まえるならば、当該期の高実は在京勢力として存在していたと考えられる。

広沢氏略系図

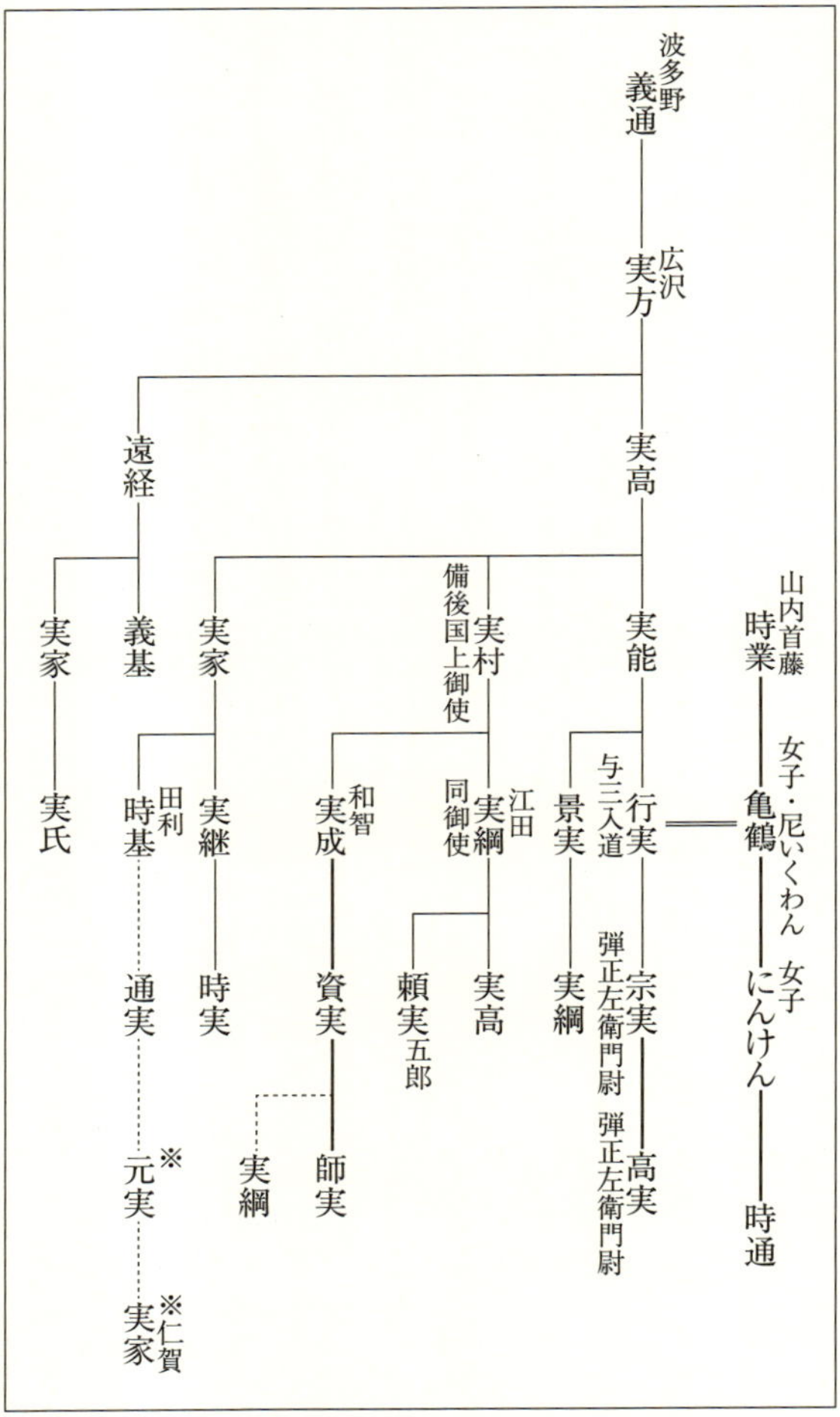

〔凡例〕
——は「松田系図」　━━は一次史料から確実なもの
＝は姻戚関係　……は諸資料からの推定　※は棟礼・金石文に基づく

２　船上山動座と編成契機

それでは、広沢高実が建武政権によって武力編成された契機はいつであろうか。実は、後醍醐の伯耆船上山動座と彼による軍勢催促の時期こそがそれに当たると考えられる。

正慶二年（一三三三）、後醍醐は隠岐を脱出し伯耆国の名和長年を頼って船上山に動座し、その後、足利高氏や赤松円心等と合流し京都への帰還を果たす。ここで着目したいのは、森氏や市沢氏が指摘する、後醍醐が隠岐脱出直後から討幕軍編成を目的として綸旨による軍勢催促を行い、軍事を勅裁事項として維持し続ける点である(18)。

『太平記』には、船上山の後醍醐のもとに、伯耆・石見・出雲・安芸・備後・備中・備前など大多数の武士が集う様子が記される(19)。実際、安芸国在庁石井末忠は「馳参伯州船上、依下預四月十四日忝　綸旨、付頭中将（千種忠顕）家御手、致度々合戦」し、但馬国小佐郷一方地頭伊達道西や(20)「居住出雲国」する須和部円教らも参戦していた(21)。「花園上皇書状」では、後醍醐の動向について「伯州大山寺傍に、已構城郭、千騎許御供武士等候之□（由）聞候」とあることから(22)、『太平記』の記述は、誇張はあれども一定程度の事実を反映していると言えよう。その『太平記』には、備後国より船上山に馳せ参じた武士のなかに「江田・広沢」がいたことを記す。

「松田系図」（『続群書類従』第六輯下）によると、広沢実義（実能、行実の父）の兄弟に「備後国上御使」を勤める実村がいる。実村の子に実綱がおり、この人物も同じく上御使を勤め、さらにその兄弟に実成が確認できる。『萩藩閥閲録』「和智氏系譜」では前者を江田氏、後者を和智氏の祖とする。江田氏は、「松田系図」の記載によると、建武政権期に上御使になっていることになる。建暦三年（一二一三）、惣領の広沢実高（行実祖父）は備後国海陸賊徒鎮圧の使節として下向している点を勘案すると(23)、広沢氏は当国における広域な検断権を行使する、地域社会での有力な武力を保持する武士として認知され編成されていたといえよう。実村・実綱が「松田系図」で上御使と注記されるのは、かかる背景があると考えられる。(24) 船上山に駆けつけた「江田・広沢」とは、広沢氏庶流系統の江田氏・和智氏ということになる。

つまり、後醍醐の船上山動座から京都帰還の段階で、広沢氏庶流の江田・和智両氏は後醍醐に従軍し、系図の記載ではあるものの、江田氏は建武政権下の上御使となっているのである。そして足利尊氏離反後の延元元年(一三三六)の「武者所結番」に惣領である広沢高実が名を連ねることとなる。広沢氏嫡流・庶流ともに建武政権の軍事部門と地方支配の基盤となっている点は注目すべきである。史料に現れる順序から考えると、江田・和智といった広沢氏の庶子は船上山における初期後醍醐軍の構成員であったため、建武政権では上御使に編成されたと考えられる。その後、後醍醐の帰還と建武政権発足による機構整備と鎌倉幕府吏僚層を始めとした在京勢力の取り込みが進み、記録所や武者所が設置される。延元元年の武者所四番に惣領広沢高実が編成されるのは、そうした一連の動向の帰結であると推察される。広沢一族は庶子などの地域勢力、惣領などの在京勢力ともに、建武政権によって武力編成されていったと評価できよう。

二 備後国広沢氏と地域社会

1 後醍醐の経路と山間交通路

それではなぜ広沢氏は後醍醐によって武力編成されたのか。そこで船上山以降の後醍醐軍の足取りを辿ってみることとしよう。

船上山を出発した後醍醐軍は千種忠顕を大将軍として入洛を目指す。まず元弘三年(一三三三)五月十三日「伊達道西軍忠状」によると、但馬国の武士伊達道西は「大将軍頭中将家自伯州御越当国《（但馬）》之時」より従軍し、[25]さらに元弘三年五月二十七日「足部光円着到状」では、伯耆国の足部氏が千種忠顕に属して播磨国書写山まで供奉していた。[26]つまり、後醍醐軍は山陰ルートで伯耆船上山から但馬へ移動し、播磨国書写山の瀬戸内海沿岸の山陽ルートに出てきたことになる。このことは、後醍醐軍が伯耆→但馬→播磨という山陰から山陽にかけての山間交通路を利用していたことを示している。その後、五月三十日に摂津国兵庫に到着し、翌六月一日に入洛を果たす。

山陰の日本海沿岸ルート→中国山地の山間地域→山陽の瀬戸内海沿岸ルート、という後醍醐軍の移動経路を考慮すると、山間を移動する後醍醐軍にとって、山間交通路に立脚する地域勢力の取り込みは必要不可欠であろう。そこに広沢氏の編成理由があるのではないか。そこで広沢氏の地域社会における立場をみていくこととする。

2　広沢氏の所領・権益

備後国広沢氏庶流の所領・権益の広がりを検討してみると、地域ネットワークに根ざした一族の展開を浮き彫りにすることができる。そこで南北朝内乱期の地域紛争とそこに関与する広沢氏一族の動向を追ったものが、「南北朝内乱期広沢氏一族活動一覧」である。なお、紛争の経過や性質などの分析は次節で行う。

表によると、広沢氏の活動範囲とその所領・権益は以下のようになる。本領の三谷西条郡の近隣にある地毗荘下原村（山内首藤氏所領）では広沢小法師丸による押領事件が起きる。また、高野山領大田荘山中領家職や横坂・溝熊地頭職を和智師実が保有し、仁賀氏は八坂社領小童保・浄土寺領徳良郷で押領行為を行う。そして、田利氏は津田郷和田村での、山内首藤氏庶流の相続問題へ関与している状況が窺える。さらに瀬戸内海沿岸部では、因島・尾道浦でも悪党事件に関わり当該地で権益を有していたことが分かる。次の史料では、南朝方として登場する「広沢五郎」なる人

内容	出典
後醍醐天皇が組織した武者所の四番として勤仕。	『建武年間記』
広沢小法師丸が地毗庄内下原村を押領。	『南中』1－817
広沢小法師丸の押領行為が継続中。	『南中』1－878
三谷西条を天龍寺造営の料所として寄進	『南中』1－958
江田頼実が悪党人と語らい、因島にて城郭を構える。	『南中』2－1054
広沢五郎が悪党人と語らい、因島にて城郭を構える。	『南中』2－1055
因島の大将大館氏明が没落し城主江田頼実が降伏。	『南中』2－1266
山内時業の娘尼いくわんが広沢行実に嫁していた。	『南中』2－1412
大田庄先預所大夫房とともに尾道浦で狼藉。	『南中』2－1539
大田庄先預所大夫房とともに尾道浦で狼藉。	『南中』2－1540
僧祐仙が田利通実に津田郷内和田村を譲る	『南中』3－2438
田利通実の押妨を止め、山内通氏に和田村を与える。	『南中』3－2622
備後国小童保領家職を押妨。	『南中』3－2628
備後国小童保領家職を押妨。	『南中』3－2628
田利通実の押妨を止め、山内通氏に和田村を与える。	『南中』3－2912
田利通実の押妨を止め、山内通氏に和田村を与える。	『南中』3－2915
田利通実の押妨を止め、山内通氏に和田村を与える。	『南中』3－2916
大多和氏とともに使節遵行。	『南中』3－2919
田利通実の押妨を止め、山内通氏に和田村を与える。	『南中』3－2924
田利通実の押妨を止め、山内通氏に和田村を与える。	『南中』3－2925
備後国小童保領家職への押妨行為が継続中。	『南中』3－2928
備後国小童保領家職への押妨行為が継続中。	『南中』3－2928
備後国小童保領家職への押妨行為が継続中。	『南中』4－3243
備後国小童保領家職への押妨行為が継続中。	『南中』4－3244
天龍寺領三谷西条凶徒の退治を新見九郎に命じる。	『吉舎町史上』「竹田家文書」
三谷西条地頭職の当知行を主張。	『南中』4－3409
三村氏とともに遵行使節。	『南中』4－3436
小童保押領人の退治を命ず。	『南中』4－3446
備後国小童保領家職への押妨行為が継続中。	『南中』4－3473
備後国小童保領家職への押妨行為が継続中。	『南中』4－3473
備後国小童保領家職への押妨行為が継続中。	『南中』4－3531
備後国小童保領家職への押妨行為が継続中。	『南中』4－3531
山内通継らとともに遵行使節。	『南中』4－3540
備後国小童保雑掌への沙汰居できず。	『南中』4－3733
備後国小童保への押妨行為が継続中。	『南中』4－3809
備後国小童保への押妨行為が継続中。	『南中』4－3823
小童保領家方中分目録にて「仁賀殿手作」あり。	『南中』4－3830
小童保領家方半分西方を知行。	八坂神社記録「社家記録」
小童保領家方半分東方を知行。	八坂神社記録「社家記録」
山中領家職を下地とともに高野代官へ引き渡す。	『南中』4－3957
広沢藤三郎の安芸国竹仁村が闕所地化。	『南中』5－4607
浄土寺領徳良郷への押妨行為。	『南中』5－4701
備後国小童保への押妨行為。	『南中』6－5330
備後国小童保への押妨行為。	『南中』6－5330
備後国小童保への押妨行為。	『南中』6－5330
備後国小童保への押妨行為。	『南中』6－5330

南北朝内乱期広沢氏一族活動一覧

	和暦年月日	西暦	人名表記	名字	実名
1	延元１年４月日	1336	〈広沢安芸弾正左衛門尉〉藤原高実	広沢	高実
2	暦応１年11月28日	1338	広沢孫三郎子息小法師丸	広沢	
3	暦応２年８月４日	1339	広沢孫三郎子息小法師丸	広沢	
4	暦応３年４月21日	1340			
5	暦応４年３月28日	1341	広沢五郎	江田	頼実
6	暦応４年３月28日	1341	広沢五郎	江田	頼実
7	康永２年５月21日	1343	広沢五郎	江田	頼実
8	貞和１年６月18日	1345	ひろさわのよ三入たう	広沢	行実
9	貞和３年５月16日	1347	堤五郎（号広沢一族）	広沢	
10	貞和３年５月18日	1347	堤五郎（号広沢一族）	広沢	
11	文和２年２月10日	1353	ひろさわのたりの四郎五郎	田利	通実
12	文和３年７月２日	1354	広沢四郎五郎	田利	通実
13	文和３年８月４日	1354	二加四郎左衛門尉	仁賀	
14	文和３年８月４日	1354	光清左衛門尉	光清	
15	延文２年７月22日	1357	広沢四郎五郎	田利	通実
16	延文２年⑦月６日	1357	広沢四郎五郎	田利	通実
17	延文２年⑦月６日	1357	広沢四郎五郎	田利	通実
18	延文２年８月９日	1357	広沢筑前守	和智	資実
19	延文２年８月22日	1357	広沢四郎五郎	田利	通実
20	延文２年８月22日	1357	広沢四郎五郎	田利	通実
21	延文２年９月７日	1357	二加四郎左衛門尉	仁賀	
22	延文２年９月７日	1357	光清左衛門尉	光清	
23	貞治２年８月24日	1363	二加四郎左衛門尉	仁賀	
24	貞治２年８月24日	1363	広沢中務丞	広沢	
25	貞治４年８月２日	1365	三谷西条凶徒		
26	貞治４年８月３日	1365	広沢掃部助諸実	和智	師実
27	貞治４年11月18日	1365	広沢次郎左衛門尉	広沢	
28	貞治５年１月19日	1366	押領人	広沢？	
29	貞治５年６月24日	1366	二加四郎左衛門尉	仁賀	
30	貞治５年６月24日	1366	広沢中務丞	広沢	
31	貞治６年４月14日	1367	広沢中務丞	広沢	
32	貞治６年４月14日	1367	日向五郎	広沢？	
33	貞治６年６月６日	1367	広沢信濃守	和智	師実
34	応安２年７月29日	1369	広沢中務丞	広沢	
35	応安３年９月23日	1370	広沢中務丞	広沢	
36	応安３年11月19日	1370	広沢中務丞	広沢	
37	応安３年11月	1370	仁加殿	仁賀	
38	応安５年12月７日	1372	二加入道	仁賀	
39	応安５年12月７日	1372	広沢中務	広沢	
40	（応安５）極月19日	1372	広沢信濃守	和智	師実
41	康暦２年５月10日	1380	広沢藤三郎跡	広沢	
42	（永徳１）５月２日	1381	広沢仁賀勘解由左衛門入道	仁賀	
43	明徳２年２月19日	1391	広沢	広沢	
44	明徳２年２月19日	1391	二加	仁賀	
45	明徳２年２月19日	1391	光清	光清	
46	明徳２年２月19日	1391	石田一族	広沢？	

月の丸数字は閏月。

物が、隣国悪党人と合力して因島に城郭を構え当知行を主張していることがみえる。

〔史料1〕暦応四年三月二十八日「室町幕府引付頭人奉書案」[27]（傍線筆者、以下同）

東寺領備後国因嶋地頭方雑掌朝祐申濫妨事、訴状如此、広沢五郎以下輩、相語隣国悪党人等、構城郭不叙用使節之間、厳密破却要害、追出狼籍（藉）人等、可沙汰付雑掌之旨、去年被仰之処、于今不事行云々、何様事哉、不日遂其節、載起請之詞、来月中可被申左右、若猶違期者、可有其咎之状、依仰執達如件、

暦応四年三月廿八日　修理権大夫（吉良貞家）判

当国守護所

史料1の「広沢五郎」を「松田系図」に捜してみると、広沢氏庶流の江田実綱の子に仮名を五郎とする頼実を見出すことができる。先述したように同系図では、建武政権期～南北朝内乱初期に江田実村・実綱が「備後国上御使」と記される。南朝方であり、地域への検断権を行使する存在である「備後国上御使」江田実綱の子息であることを考慮すると、「広沢五郎」は江田頼実に比定できよう。さらに頼実が当知行を主張した因嶋荘は、かつて北条泰家の闕所地として尊氏によって東寺に寄進されており、もともと北条得宗領であった[28]。広沢氏嫡流系統が得宗被官であったことに鑑みると、頼実の因嶋荘における当知行主張は、庶流系統も得宗被官化し、かつ因嶋荘での地頭代ないしは給主としての権益が背景にあったことをも示唆していよう。江田頼実の悪党行為は、得宗被官としての権益に起因するものであったと考えられる。

3　地域流通と広沢氏

こうした広沢一族の一連の諸活動を図示したものが「広沢氏一族紛争関係地図」である。地図には近世段階の交通

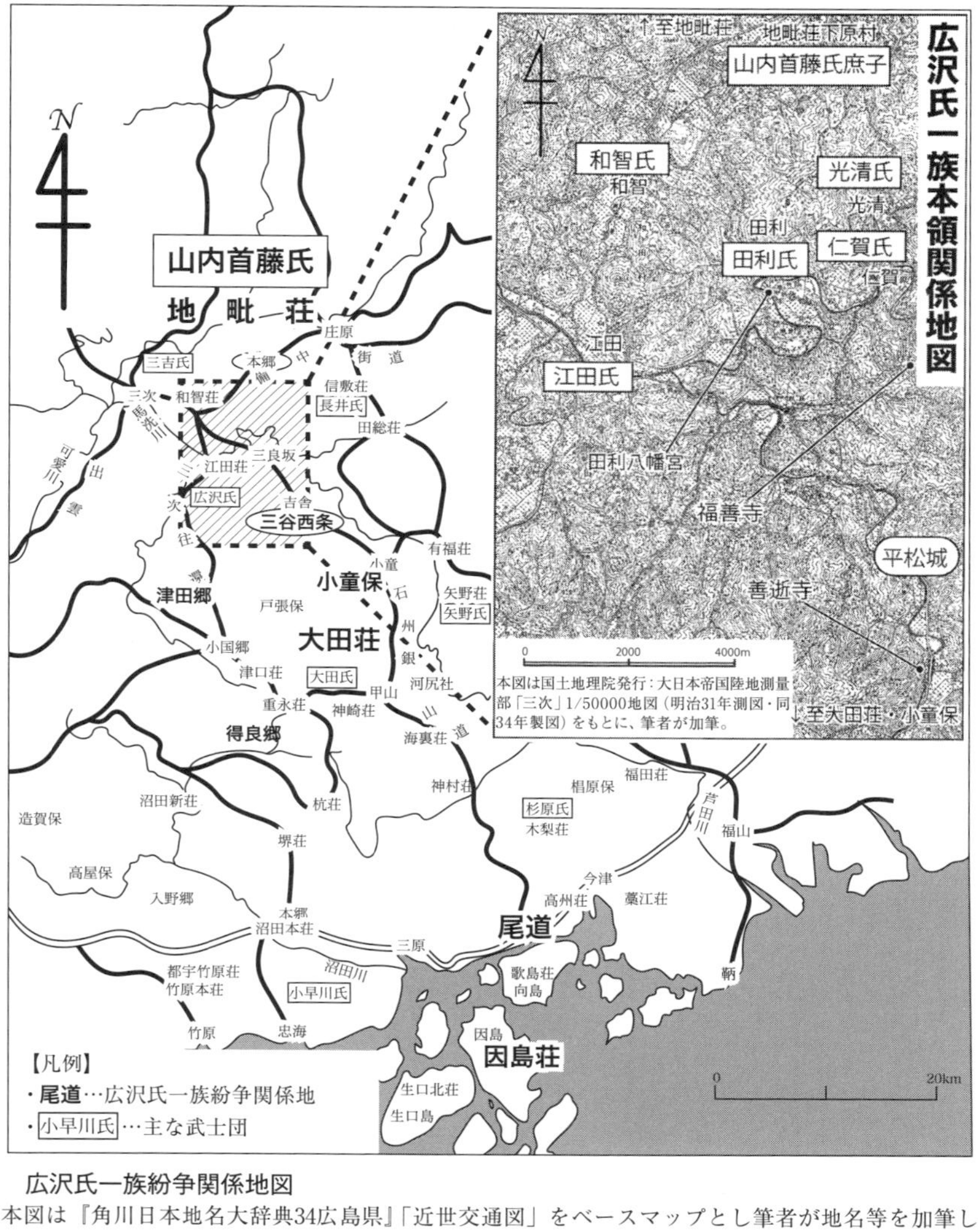

広沢氏一族紛争関係地図

本図は『角川日本地名大辞典34広島県』「近世交通図」をベースマップとし筆者が地名等を加筆したものである。

路を記載しているが、かつて大田荘から倉敷地尾道浦までの中世交通路を復原した戸田芳実氏の研究による近世石見路（地図の石州銀山道）などをベースとしており、中世交通路の位置を理解する上で参考になる。[29]三谷西条は出雲に至る石見路の北側延長線上にあり、石見路が三谷郡中心部を南北に通る。つまり、地図にみえる広沢一族の押妨関係地の港湾都市尾道—大田荘—小童保—三谷西条は、まさに石見路のルート上で結びつく立地環境にあるのである。鎌倉後期において、大田荘預所淵信の請所が瀬戸内海地域だけでなく出雲国某荘まで及ぶと言われたことは、[30]こうした山陽—山陰を結ぶ中世陸上交通が存在していたことを示していよう。地図を見てみると、広沢一族による押妨行為は、全て南北交通拠点において発生していることがわかる。

そもそも古代の三谷郡は、郡家が置かれ国衙所在地の府中から北上する、南北交通の要衝でもあった。[31]また津田郷和田村は近世三次往還道が南北で通り、三谷西条の近隣にある。淵信請所の所在地や広沢氏の押領地など、断片的ではあるものの、瀬戸内海流通に繋がる流通路は後背地域の山間部で広範に拡がっていたと考えられる。[32]すなわち広沢一族は、瀬戸内海流通に直結する尾道・因嶋と本領三谷西条を中核に、徳良郷・大田荘・小童保・地毗荘といった山間交通路上に所領を形成し、かつ瀬戸内海沿岸にかけて権益を有する存在だったのである。[33]北条得宗領が流通の要衝に設定されていたことはすでによく知られ、得宗被官と流通経済の関係が明らかにされている。[34]広沢一族が得宗被官となっていることは、そうした地域流通へのコミットの度合いが高いことの証左でもあろう。

こうした地域交通路や流通にコミットする地域勢力の存在こそ、船上山から山間交通路を伝って移動する後醍醐軍にとって必要とされた勢力であった。後醍醐軍が山間交通路を通過して、短期間で伯耆船上山から播磨書写山を経て京都に至る行程が可能であった事実を勘案すると、地域社会における実質的な武力行使を行え、かつ山間交通路を含む地域流通に関与する存在が必要とされたはずである。市沢哲氏の「南朝は前代の天皇と比べ、戦場との距離を著しく縮めた」という指摘は、後醍醐にこそその端緒を認めることができ、自身が移動し軍勢催促を行うことで有力な地域勢力を武力編成していったと考えられる。広沢氏は伯耆船上山以来の後醍醐による軍勢催促に応じたということもあるが、むしろ山間交通路に立脚する有力な地域勢力であったがゆえに武力編成されていったのである。

三　南朝の武力編成と地域紛争

1　広沢氏の当知行と南朝

さらに詳しく内乱期広沢氏の動向を検討してみよう。

暦応元年（一三三八）、備後国の在地領主山内時通は、近隣領主「広沢孫三郎子息小法師丸」の本領に対する押領行為を北朝方に上訴している[35]。この押領行為は、高師冬に随い関東転戦中だった山内時通の不在時に発生している。上訴の結果、所領の遵行が出されるが、備後守護が石橋和義に交替した後の暦応二年八月四日「上杉朝定奉書」[36]では、「先度雖被仰、不事行」と、広沢孫三郎子息小法師丸の押領が継続中であった。時通不在と度重なる守護交替も手伝って、広沢氏の押領行為の排除は容易ではなかったようである。

一向に解決しない南朝方広沢氏による山内首藤氏本領への押領行為は、備後国守護による使節遵行では排除できず、敵方闕所地として広沢氏本領自体の没収を行う。「天竜寺造営記」では暦応三年四月二十一日、広沢氏の本領である三谷西条地頭職が足利尊氏によって天竜寺に寄進されている[37]。しかし、北朝方が地域の所領紛争を解決するため、そして天竜寺造営のための費用調達として行った広沢一族の本領の闕所地化は、備後地域の大規模な地域紛争を誘発することになる。

前節でみた史料1の暦応四年の悪党事件は、まさに広沢氏本領三谷西条地頭職の闕所地化に連動した抵抗運動であったといえよう。そして、島嶼域での江田頼実の悪党行為は、ひとり広沢一族の所領紛争問題に止まるだけでなく、南朝方勢力全体の軍事行動ともリンクしていくものである。この時期にはすでに、南朝方大将大舘氏明、公家大将四条有資が伊予国に派遣され、暦応二年に征西将軍宮懐良親王が忽那氏と結ぶ。また伊予三島村上氏が南朝方として備後島嶼部に現れるなど、南朝は勢力を拡大しつつあった(38)。康永二年(一三四三)五月二十一日「三吉覚辨軍忠状(39)」では、「於当国因嶋、為大舘右馬亮殿(大舘氏明)大将、構城郭楯籠」とし、大舘氏明を大将として江田頼実が依然として抵抗していたのである。

つまり、史料1でみた江田頼実と東寺との紛争を受け皿として、南朝勢力全体の軍事活動が呼び込まれ、広沢氏一族の頑強な抵抗へと結びついているのである。南朝方江田頼実の活動は、まさに内海ネットワークを活用し攻勢を目指す南朝の動向とリンクしていた。広沢一族が、中央から派遣される新田一族大将のもとで軍勢編成される要因には、在京勢力の嫡流系広沢氏が武者所に編成され、かつ備後国の庶流系広沢氏が上御使となりうる勢力であったこと、が関係していよう。

2 南朝の武者所と地域紛争

当該期の興国元年(一三四〇)八月二十一日「武者所牒(40)」は、南朝武者所の活動徴証を示すとともに、その職員に四条隆資・洞院実世ら建武政権の中核メンバーが参入していたことが知られる(41)。すでにこの時期、雑訴決断所は機能を終えており(42)、武者所は南朝の軍事と所領とを所轄する重要行政機関になっている。先行研究の指摘を踏まえると、建武政権と異なり、地域紛争に介入し続ける(し続けなければならない)南朝にとって、武者所の機能とは、畿内近国という枠組みだけではなく、広範な地域社会との関係においても重要な機関であったと考えられる。実際に、伯耆船上山より後醍醐に従った伯耆国金持広栄は、「武者所結番」にも名を連ね、先の興国元年の「武者所牒」では兵粮料所の知行を認められている。兵粮料所の宛行は、金持広栄の武者所職員という立場に起因する可能性が高い。さらに四国に派遣されている公家大将四条有資は武者所四条隆資の子息である。

瀬戸内海沿岸部での南朝が攻勢であったことの背景には、広沢氏を含めた武者所職員とその一族関係者が大きく関与していたという事実があった。広沢氏は地域の有力な武力を保有する存在として建武政権に認知されており、こうした存在が南朝における軍事行動でも重要視され、地域紛争の際の受け皿となって、中央の新田一族大将が送り込まれていたのである。

だが、こうした紛争も、康永元年に北朝方が細川頼春を総大将として、芸予地域島嶼部の南朝方勢力排除に乗り出したことにより、局所的には終焉を迎える。康永二年、「追落大将大館右馬亮殿、爰城主広沢五郎、同五月十九日降参之条無子細者也」と、大将大館氏明の敗走によって城主江田頼実は降伏したのである。しかし紛争はこれで終熄せず各地に飛び火していく。

3　地域紛争の連動とネットワーク

貞和三年（一三四七）、浄土寺領尾道浦において悪党事件が発生する。

〔史料2〕貞和三年五月十六日「杉原親光注進状」(43)（端裏書は省略）

備後国浄土寺塔婆造営事、自去二月廿七日有事始、二重被組立之、為造作最中之処、高野領当国太田庄先預所大夫房不知実名、并堤五郎不知実名、号広沢一族、相語近隣悪党人等、今月一日乱入当寺敷地尾道浦堂崎百性〔姓〕住宅、擬致追補〔捕〕狼籍〔藉〕、依之、被閣造作候、凡就当寺塔婆事、云料所云寺中、致警固、可注進造営成否之旨、被成下御教書之上者、令退治彼等悪行、可成造営功之由、寺家頻雖被申子細、為料所外狼籍〔藉〕之間、無左右難退治之候、此条可為何様候哉、以此旨可有御披露候、恐惶謹言、

貞和三年五月十六日　　民部（杉原）烝〔丞〕親光（裏花押）

進上　御奉行所

広沢一族と称す堤五郎が、高野山領備後国大田荘先預所と結託し、近隣悪党人と合力して浄土寺領尾道浦堂崎百姓住宅への狼藉を行っている。「堤五郎」と因嶋城主「広沢五郎」の関係は未詳ではあるものの、広沢氏が因嶋荘に権益を有していたことを勘案すると、近隣の当該地域において「号広沢一族」することが一つの正当性を有していることが窺えよう。[44] この悪党事件によって浄土寺の塔婆造営事業は停止してしまっている。

広沢一族と結ぶ先預所も未詳である。しかし、備後国大田方預所と浄土寺との間で賦課をめぐる紛争が内乱初期に確認できる。建武二年（一三三五）、和泉法眼淵信以来知行してきた「尾道浦浄土寺・曼荼羅寺、免田畠在家等」に対して、大田方預所が寺免にも関わらず不当な課役を賦課している、というのである。[45] かかる相論は荘園領主高野山の裁定によって、浄土寺の進止権が承認され、預所の非法行為が排除された。大田荘の高野山支配が、預所淵信一族を請負代官とした年貢収納体制から、鎌倉末期に寺僧を預所とする体制へと変化する、という指摘を踏まえるならば、[46] 淵信一族と関係の深い浄土寺・港湾都市尾道と、大田荘預所との間で、少なからざる亀裂が生じていたと考えられる。史料2の悪党事件は、荘園内部の対立関係に広沢一族が関わっていたことの証左と捉えられよう。

観応の擾乱後、備後地域の紛争は備北でも激化していく。再び地図・表を見てみると、備北での主な紛争について、仁賀氏・光清氏・田利氏等といった領主の押領行為を抽出することができる。先述したように、彼らは皆三谷郡

内広沢氏庶流である。仁賀氏・光清氏等庶流は、八坂社領小童保へ押領行為を明徳二年（一三九一）まで断続的に働き、浄土寺領徳良郷への乱入も確認できる。小童保に関しては、結局、仁賀四郎左衛門尉が領家方半分西方を、広沢中務丞が領家方半分東方を知行することになっている。また津田郷和田村では、田利氏と備後国山内首藤氏庶流との間で相続問題に起因する所領紛争が発生しているのである。

本領三谷西条地頭職の闕所地化を契機とする広沢一族の関与する地域紛争は、瀬戸内海沿岸部から備後国北部にかけて広範に展開する。こうした地域紛争とその中核勢力が受け皿となり、南朝の軍事行動が呼び込まれていくのである。かかる活動は、前節の山間交通路の存在とそれに立脚した広沢氏の領主支配を考慮した場合、個々の紛争は決して孤立分散的なものではなく、連動したものと考えられよう。換言すれば、こうした地域ネットワークの存在こそ、広沢氏の抵抗運動を下支えし、ひいては、こうした地域勢力が南朝の局所的な軍事活動を支えたのである。当該の地域社会における広沢氏の優位性こそ、建武政権・南朝の武者所に編成された最大の要因であると考える。そして、南朝の瀬戸内海沿岸部での軍事行動の事例をみると、中央と地方の軍事行動を媒介する存在に、広沢氏のような武者所職員を見出すことができるのである。

4　温存される地域勢力―生き延びる広沢氏―

それでは、内乱期において広沢氏は、どのような結末を迎えるのであろうか。貞治四年（一三六五）八月三日「足利義詮御判御教書案」をみると、

〔史料3〕貞治四年八月三日「足利義詮御判御教書案」(47)

追仰、

於諸実同心合力之仁者、為処重科、可注進名字也、

天龍寺領備後国三谷西条地頭職事、広沢掃部助諸実不叙用数ヶ度施行、結句構平松城、令濫妨云々、罪責所至極也、早矢野上野介相共莅彼所、縦雖支申、不日破却件城、追出諸実、打渡下地於寺家雑掌、全所務之様、可加扶持也、且可合力之由、仰太田備前々司等之上、諸実尚及異儀(議)者、任法可致沙汰之状如件、

貞治四年八月三日 御判(義詮)

山内肥前守(通継)殿

とあり、尊氏による天竜寺領への寄進から約二十年程経ていてもなお、広沢氏の本領三谷西条への当知行は継続され、本拠地の平松城にて広沢掃部助諸実(師実)が武力抵抗していることが看取できる。(48) 北朝方は近隣領主の矢野氏・山内首藤氏らを遵行使節として派遣している。この広沢師実は、広沢氏庶流の江田氏から分出した一族の和智氏である。すでに江田頼実が内乱初期瀬戸内海方面で南朝方へ与同し、北朝に降伏しているが、和智氏の系統は依然として三谷西条の当知行を主張し、抵抗活動を継続していたのである。(49)

しかし、二年後の貞治六年では状況が一変する。左の史料をみてみよう。

〔史料4〕貞治六年六月六日「足利義詮御判御教書」(50)

造天龍寺領備後国重永庄桑原方六郷、山内四郷、敷名郷、神崎庄、并尾道津倉敷等事、注進状披見訖、当所者、為三谷西条替、寄附当寺之処、矢野上野前司并太田備前々司直康等、無是非追出雑掌、及打擲刃傷云々、難遁其咎、早広沢信濃守相共、於彼所々者、沙汰付寺家雑掌、可申左右、於彼輩狼藉篇者、為有其科、可注申所領在所、使節更不可有緩怠之状如件、

貞治六年六月六日 (花押)(義詮)

山内肥前守（通継）殿

史料4より、天竜寺領三谷西条の替地として重永荘桑原方六郷以下の所領が寄進されることになる。寄進地内に所領を有す矢野・太田両氏はこの寄進によって新たに、入部してきた雑掌を排除したため、北朝方によって広沢信濃守諸実(51)・山内肥前守通継を遵行使節として派遣される。つまり、史料3では排斥対象の広沢諸実、遵行使節の矢野・太田両氏が、二年後には排斥対象が矢野・太田両氏に、遵行使節が広沢諸実に入れ替わっているのである。これは鎌倉期以来、地域の有力な武力行使を担う存在であった広沢氏の立場に起因するものと考えられる。つまり遵行使節の山内首藤氏・矢野氏・太田氏では広沢氏の当知行を打倒することなどできなかったのである。これは、当該地の検断について地域勢力の優劣に依拠した形でしか実施できなかったことをも示している。

北朝方による広沢氏の敵方闕所地化は完遂されなかった。南朝に与同し、また北朝方に対して抵抗活動を続けてきた広沢一族は、北朝方による再三にわたる武力行使にも関わらず地域から排除されることはなかった。彼らの当知行は追認され、そのまま北朝方に編成されることになる。北朝方は、広沢氏が鎌倉期より築いてきた地域ネットワークを破壊することはできず、取り込んでいくことによってでしか地域紛争の終熄化を図ることができなかったのである(52)。なお矢野氏や太田氏の所領も結局替地となったようで天竜寺領として確認できない。

内乱期広沢氏は漸次北朝方に帰順していったようで、和智氏においては、延文二年（一三五七）に北朝方の遵行使節を勤める広沢筑前守資実が見え(53)、明徳三年（一三九二）では、一族の広沢実綱が将軍足利義満の相国寺供養随兵として供奉しており、室町期では在京勢力であったことが確認できる(54)。その後の広沢氏は、備後有力国衆として存続する。本領三谷郡内にその足跡を多く残し(55)、近隣領主田総氏等と姻戚関係を結び(56)、近世では長門萩藩士となって生き延びていくのである。

おわりに

本稿では、建武政権期武者所職員の広沢高実を事例に、建武政権・南朝の武者所と地域勢力の武力編成という観点から、南朝の軍事行動と地域社会における広沢氏の実態について考察を加えてきた。明らかにした点は以下の通りである。

①伯耆船上山動座を契機とし、後醍醐に従った広沢氏は、庶流は上御使として建武政権の地方支配を担いうる存在として、嫡流は在京勢力として武者所に編成されていた。

②広沢氏の編成理由には、同氏が都鄙間交通に立脚した地域勢力として広範なネットワークを形成し、地域流通にコミットした存在だったことが挙げられる。そのため同氏は鎌倉期に得宗被官化され、建武政権期に武者所・上御使となる。内乱期では軍事部門武者所の重要性が増し、同氏は南朝の軍事行動にて中央—地方を媒介する存在として、また地域紛争の受け皿として活動した。

③広沢氏が地域で築き上げてきたネットワークは、ついに上級権力によっては破壊されなかった。むしろこれによって追認される形で取り込まれ、地域勢力は温存される形で室町期地域社会へと引き継がれていく。

建武政権・南朝の武者所には、新田一族のみならず広沢氏のような地域勢力が職員として編成されていた。伯耆船上山動座以降、軍事勅裁権を有する後醍醐の政治姿勢こそ、天皇と地域の距離を縮め、広沢氏などの地域勢力を一本釣りして武力編成していくことに繋がったと考えられる。そして、こうした勢力が広沢氏に限らず武者所に編成されていたと想定できる。

南朝が勢力を減退させつつも常に地域から呼び出され続けてきた理由は何か。その背景を考える上で、本稿でみた南朝を必要とし支える地域勢力の存在は重要である。このような勢力を、北朝との対立構造の範疇で、あるいは地域社会の流動性に帰結する問題としてのみ把握することは、やはり不十分であろう。それらは、結果的な問題なのである。本稿で取り上げた備後国広沢一族のように、地域社会のいわばコアになる存在を早い段階で建武政権が編成し、さらに南朝へと継承していったことこそが、地域から南朝を呼び出し続ける命脈になったと考えられる。その中核となり中央―地方の軍事活動を支えた機関が、建武政権・南朝の軍事部門武者所であったのである。

註

（1）佐藤進一『南北朝の動乱』（中央公論社、一九六五年）。
（2）網野善彦ａ「異形の王権」（同『異形の王権』平凡社、一九八六年）、ｂ「悪党と海賊」（同『悪党と海賊―日本中世の社会と政治―』法政大学出版局、一九九五年）。
（3）森茂暁ａ『建武政権―後醍醐天皇の時代』（中央公論社、一九八〇年）、ｂ『皇子たちの南北朝―後醍醐天皇の分身』（中央公論社、一九八八年）、ｃ『南朝全史』（講談社、二〇〇五年）、ｄ『増補改訂　南北朝公武関係史の研究』思文閣出版、二〇〇八年）など。
（4）市沢哲『日本中世公家政治史の研究』（校倉書房、二〇一一年）。近年では、亀田俊和『南朝の真実』（吉川弘文館、二〇一四年）などがある。
（5）内乱期の地域社会における武力編成について、例えば後醍醐による皇子の地方派遣が考えられよう。これについては森註（3）ｂ書、新井孝重「興良・常陸親王考」（同『日本中世合戦史の研究』東京堂出版、二〇一四年。初出二〇〇一年）などがあるが、地域諸勢力との関係という視点では課題が残る。

（6）　小林一岳『日本中世の戦争と一揆』（校倉書房、二〇〇一年）。

（7）　畿内における南朝勢力の研究として、生駒孝臣「南朝と畿内武士」（同『中世の畿内武士団と公武政権』戎光祥出版、二〇一四年。初出二〇一〇年）がある。

（8）　市沢哲「南北朝内乱期における天皇と諸勢力」（註（4）書。初出一九九六年）。

（9）　建武政権の軍事部門は武者所と窪所が知られる。後者については関係史料が僅少でその実態も詳細ではない。本稿では比較的史料が残り、職員も明らかである武者所を検討対象とする。

（10）　「建武政権の構成と機能」（森註（3）d書。初出一九七九年）。

（11）　山本隆志『新田義貞』（ミネルヴァ書房、二〇〇五年）。

（12）　田中大喜「中世前期上野新田氏論」（同編『上野新田氏』戎光祥出版、二〇一一年）。

（13）　広沢氏の先行研究には、波多野氏一族として分析した湯山学『波多野氏と波多野庄』（夢工房、一九九六年）、和智氏の動向を検討した堀江文江「和智氏について」（『芸備地方史研究』六五・六五、一九六七年）、柴原直樹「守護山名氏の備後国支配と国人領主連合―国衆和智氏の歴史的役割―」（『史学研究』二一三、一九九六年）、武蔵武士としての広沢氏を評価した加藤功「武蔵武士広沢氏の動向」（『埼玉県立歴史資料館研究紀要』二一、一九九九年）、山内首藤氏との関係から検証した服部英雄「地毗荘の景観復原」（同『景観のなかの中世』新人物往来社、一九九九年）などがある。また『吉舎町史　上巻』（吉舎町教育委員会、一九八八年）は広沢氏一族の関係史料が所収されている。

（14）　行実は鎌倉で北条貞時の使者として親玄僧正を訪問している（「親玄僧正日記」正応五年四月十日条、『中世内乱史研究』一四、一九九三年）。宗実は得宗家御使として肥後国阿蘇社に書状を届け（弘安二年二月二十九日「左衛門尉康房書状」『鎌倉遺文』一八―一三四七六）、北条時宗忌日の大斎で三月の結番に定められている（徳治二年五月日「崇演〈北条貞時〉判円覚寺大斎料結番定文」（『鎌倉遺文』三〇―二二九七八）。

(15) 建暦三年には広沢実高（行実祖父）が備後国海陸賊徒鎮圧の使節として下向している（『吾妻鏡』建暦三年六月二十五日条）。「松田系図」の記述内容や、南北朝内乱期には備後国三谷西条に広沢氏庶子が地頭職を保持していたことが確認できるため、後述する押領行為の展開過程などから勘案すると、三谷郡一帯に所領を持つ西遷御家人であった。

(16) 正応三年四月日「大和春日社司解」（『鎌倉遺文』二二―一七三一二）。

(17) （年未詳）五月二十八日「大国荘雑掌舜長注進状」（『東寺百合文書』ヰ函一五四）。広沢氏嫡流の官途は「弾正左衛門尉」であるため「当地頭広沢弾正」は嫡流の可能性が高い。

(18) 森註（3）d書、市沢註（4）書。

(19) 元弘三年五月十日「安芸国在庁石井末忠軍忠状写」（「厳島野坂文書」『新鳥取県史　資料編　古代中世一　古文書編上』一九九号）。

(20) 元弘三年五月十三日「伊達道西軍忠状」（「伊達家文書」『新鳥取県史　資料編　古代中世一　古文書編上』二〇〇号）。

(21) 元弘三年十一月日「須和部円教等申状」（「佐方文書」『新鳥取県史　資料編　古代中世一　古文書編上』二〇六号）。

(22) （正慶元年）三月九日「花園上皇書状」（尊経閣文庫所蔵「三朝宸翰」『新鳥取県史　資料編　古代中世一　古文書編上』一八一号）。

(23) 註（15）史料。

(24) 「国上使」「上御使」については、山口隼人「「国上使」について―建武政権下の一地方官―」（同『中世九州の政治社会構造』吉川弘文館、一九八三年。初出一九七一年）、松井輝昭「「国上使」「国使節」についての覚書」（『広島県史研究』四、一九七九年)を参照。
(25) 註(20)史料。
(26) 元弘三年五月二十七日「足部光円着到状」(「広島大学文学部所蔵文書」『新鳥取県史 資料編 古代中世一 古文書編上』二〇三号)。
(27) 『南北朝遺文 中国・四国編』第二巻(東京堂出版、一九八七年)一〇五。以下『南中』二―一〇五四のように略す。
(28) 建武五年正月十日「足利尊氏寄進状」(『南中』一―七〇四)。
(29) 戸田芳実「備後国大田荘の古道―甲山町から尾道へ―」(同『歴史と古道』人文書院、一九九二年。初出一九九〇年)。
(30) 正安二年六月二十九日「寺町公文道空注進状」(『備後国大田荘史料一』一五三)、正安二年七月一日「雑掌淵信陳状案」(『同二』一五四)など。淵信一族の活動は、水運だけではなく、山間荘園の陸上交通と併せ、複合的に地域流通構造のなかから把握する必要がある。
(31) 註(13)『吉舎町史 上巻』。
(32) 例えば、鎌倉末期尾道歌嶋公文知栄は守護長井氏の被官となり、備後国泉荘・備前国金岡荘・備中国三成郷等の年貢請負を行っている(魚澄惣五郎・松岡久人「厳島神社所蔵反古裏経について」『史学雑誌』六一―三、一九五二年)。
(33) 鎌倉末期の『とはずがたり』には、惣領広沢氏と庶子和智・江田氏という対照的な都鄙領主が登場する。惣領行実は得宗被官であり熊野参詣をするほどの経済力豊かな人物として描かれ、一方の庶子和智・江田氏は瀬戸内海水運と密接に結びついた生活が描かれる。もちろん同作は日記文学であるため、記述内容については慎重な姿勢が求められることは言うまでもない。ただし、都鄙交通に立脚した領主として広沢氏が素材に選ばれていることは、本節で明らかにした広沢氏一族の性格に拠るところが非常に大きいと考えられる。『とはずがたり』の広沢氏は全くの荒唐無稽な武士ではないのである。

(34) 得宗領・得宗被官と流通については、石井進「九州諸国における北条氏所領の研究」（同『石井進著作集四　鎌倉幕府と北条氏』岩波書店、二〇〇四年。初出一九六九年）、網野善彦『日本の歴史10　蒙古襲来』（小学館、一九七四年）など多数ある。

(35) 暦応元年十一月二十八日「上杉朝定奉書」（『南中』一―八一七）。

(36) 『南中』一―八七八。

(37) 地主智彦ほか「鹿王院領の構成と展開」（鹿王院文書研究会『鹿王院文書の研究』思文閣出版、二〇〇〇年）。

(38) 瀬戸内海南朝勢力の諸動向については、河合正治『瀬戸内海の歴史』（至文堂、一九六七年）、松岡久人「瀬戸内海の海賊衆」（山陽新聞社編『シンポジウム中世の瀬戸内（上）』山陽新聞社、一九八一年）などを参照。

(39) 『南中』二―一二六六。

(40) 「通法寺文書」（『大日本史料』第六編―六）。

(41) 森前掲註(3)c書。以下、南朝の武者所については本書の指摘に基づく。

(42) 雑訴決断所については、亀田俊和「建武政権雑訴決断所施行牒の研究」（同『室町幕府管領施行システムの研究』思文閣出版、二〇一三年）を参照した。

(43) 『南中』二―一五三九。

(44) 悪党行動における正当性の存在については、櫻井彦「大僻信仰と悪党事件」（同『悪党と地域社会の研究』校倉書房、二〇〇六年）、同「矢野荘における寺田法念の立場」（同書）などを参照。

(45) 建武二年潤十月二日「高野山衆徒安堵状」（『南中』一―一七八）。

(46)　横山和弘「鎌倉期高野山の荘園支配と預所―備後国大田荘預所の分析―」(『日本歴史』六一三、一九九九年)。
(47)　『南中』四―三四〇九。
(48)　平松城は吉舎町大字三玉の馬洗川付近にある。近隣に和智関係寺院善逝寺(和智資実の位牌、応安二年和智師実寄進「木造釈迦如来坐像」を所蔵)があることから、三谷西条の広沢氏(和智)本拠地と考えられる。
(49)　『萩藩閥閲録』「和智氏系譜」では和智資実に関して、惣領跡として三谷西条が足利尊氏から宛がわれていることが記される。近世系譜の記述内容を全面的に信頼することはできないが、「松田系図」によると、和智氏は江田氏の庶流にあたり、第二節で検討したように、江田氏惣領と思しき頼実が内乱初期に南朝方に与し北朝に降伏している。一方和智氏は、北朝方として使節遵行を行っている。系譜の記述を踏まえるならば、北朝により南朝方与同の江田氏所領が没収され、北朝方和智氏に与えられたことになろう。しかし、史料4では結局、三谷西条地頭職は闕所地化され天竜寺に寄進されていることから、和智氏は一時的に北朝方ではあったが、南朝方として敵方闕所化されていたのであろう。
(50)　『南中』四―三五四〇。
(51)　人名比定は「松田系図」(『続群書類従』第六輯下)の注記に拠る。
(52)　当該期の広沢氏(和智)について、近隣領主間での盟約関係が存在したことが指摘されている(柴原前掲註(13)論文)。かかる関係の前提に、本稿で明らかとしてきた広沢一族の得宗被官化や地域流通へのコミットなど、地域社会での優位性があったと考えられる。
(53)　延文二年八月九日「細川頼之奉書写」(『南中』三―二九一七)。
(54)　「相国寺供養記」(『群書類従』第二十四輯)。同史料に見える「広沢掃部允実綱」に関して、「近世防長諸家系図綜覧」では、和智師実・実勝の兄弟として「実綱　彦二郎　弾正左衛門尉」とある。近世系図であるため全幅の信はおけないが、嫡流官途が「弾正左衛門尉」であり、室町期以降和智氏が有力国衆となっていることを勘案するならば、和智氏が室町期に在京勢力であった可能性がある。

(55) 和智氏の大慈寺・善逝寺、仁賀氏の福禅寺、田利氏の田利八幡宮で足跡が見え、戦国期山城も多数存在する。

(56) 文安四年八月吉日「長井時里置文」（「田総文書」十三『広島県史古代中世資料編Ⅳ』）、文明十七年二月九日「長井豊里置文」（「同」十六『同』）。

南北朝内乱と悪党・地域秩序・幕府
―伊勢国大国荘を中心に―

小林一岳

はじめに

本書のテーマは、南北朝「内乱」の再検討ということである。十二世紀から十六世紀までの五百年間を中世社会とするならば、ちょうどその真ん中に位置するのが十四世紀である。十四世紀は六十年間に及ぶ戦争が戦われた時代であり、同じ十四世紀にヨーロッパで戦われた百年戦争に匹敵する、六十年戦争とも言える時代である。なぜ、六十年間に及ぶ戦争が戦われなければならなかったのか。それを解明することは中世史研究の大きな課題であり、ある意味、永遠の課題であると言うこともできる。

かつてこの戦争は、北朝と南朝に王統が分裂した事による戦争、つまり公戦としてとらえられていた。しかし、近年の研究によって、この公戦と地域社会における紛争である私戦が相互にリンクしていたことが明らかにされてきた(1)。公戦は国家レベルの戦いであり、私戦は村落を基礎とした荘園や領主レベルの戦いである。この両者がどのように関係しているのかを考察することは、やはり南北朝内乱を考える上での重要なポイントである。

しかし、現在の南北朝期に関する中世史研究では、国家論については上部権力の発給文書の集積・分析等により詳細な制度史研究が進められており[2]、また村落論については、「政治集団」としての惣村の形成が明らかにされてきているものの[3]、研究の細分化によって、議論はそれぞれの枠の中に止まり、国家論と村落論を結びつける議論を組み立てるのは非常に困難な状況である。

この国家論と村落論を結びつける議論は、従来では中世荘園制論として議論されていて、最近では室町期荘園制論で大きな成果が出されている[4]。しかし、荘園を国家論から考える立荘論と[5]、領域型荘園内部の荘園村落を重視する議論[6]との分裂は未だ克服されていない。また、国家と村落の中間に存在する地域社会を検討する、いわゆる地域社会論が構想されたが、中世国家を相対化することが主目的となり、地域社会の具体像の解明についての成果は残したものの、なおこの両者を統合するまでには至らなかった[7]。中世国家論と中世村落論の、いわば両極端の議論をどのように統合するのかが、現在の中世史研究の最重要課題である。

このアポリアとも言える課題に対して、一つの突破口となり得るものは、紛争・戦争と秩序形成の議論だと思われる。紛争・戦争は単なる暴力ではなく、中世社会においては秩序を形成するための暴力であるということができる。そして、紛争の結果としての秩序は、地域社会レベルと国家レベルとでそれぞれに形成されるのである。しかも、この両者は決して無関係ではない。

十四世紀内乱の中では、この地域社会での秩序・平和形成と、国家による秩序・平和形成が、対立・衝突しつつも、絡まり合いながら進展しているとみることができる[8]。この両者の絡まり合いの中から、鎌倉幕府から建武政権、そして室町幕府という、国制の変化が生まれてくるのである。そしてその国制の変化に、村・荘園・地域社会は深く関与しているはずである。

もちろんこの問題について、今すぐに全面的に明らかにすることは難しい。迂遠ではあっても、地域にこだわり、地域の権力関係を読み解きながら、探っていく作業を積み重ねるしかない。そこで、本稿では、地域秩序と国家（幕府）秩序との対立や絡まり合いについて、伊勢国大国荘周辺地域をフィールドに、そこで観応の擾乱直前に勃発する悪党事件を素材として考察することにしたい。

一　伊勢国大国荘と伊勢南北朝内乱

ここでは次節以降の検討の前提として、伊勢国大国荘について、及び伊勢国における南北朝内乱の状況について、概観しておきたい。

大国荘は、伊勢国飯野郡・多気郡の郡境に、九世紀初頭に成立した東寺領荘園であり、本田数は一八五町余りとされる。櫛田川右岸及び櫛田川と祓川に挟まれた地域となり、現在の地名としては朝長・弟国・法田・横地・伊勢場が含まれる。荘園の南部には条里地割遺構が残され、また耕地の大部分は櫛田川と祓川に挟まれる、法田・横地・伊勢場の氾濫原地帯となる。そのため、比較的安定している大国の名を残す弟国（オウグニ）が荘園の中心村落であると考えられている。(9) 九世紀から十世紀には東大寺と、そして十一世紀後半から現地の寺院である成願寺との相論が起こるものの、鎌倉期を通して東寺領として存在していた。

大国荘においては、十一世紀中盤から十二世紀にかけて、横道村・伊勢羽村・大国村等の村が成立してきた。この村とその住人及び彼らが形成する地域社会については、前田徹氏による詳細な研究があるので、それに従って述べておきたい。(10)

前田氏によれば、大国荘には、これらの村を繋ぐ存在として「田堵住人等」という結合が存在した。この「田堵住人等」の中でも有力層は、大国荘を超えて伊勢神宮領である近隣の御薗にも御薗別当や御薗司という形で権益を有していた。(11)そして、彼らが大国荘を含み、さらに大国荘を超えた周辺地域にまで広がる、実際的な地域社会を構成していた。この地域社会は、用水を通じての共同や、地域の中心寺社である神山神社の共同祭祀などによって結びついていた。さらに彼らは、伊勢神宮の「内人」や「権禰宜」として神宮権力にも繋がっていたという。このような有力住人層(在地領主層)が中核となる地域秩序が、中世初期に成立し、鎌倉期を通じて存続していたのである。

次に伊勢国の南北朝内乱期の状況について概観しておく。(12)

伊勢国は一三郡から形成されているが、その内、度会・多気・飯野・飯高・安濃・三重・朝明・員弁の八郡が鎌倉期において伊勢神宮支配下となり、神八郡と称された。その中でも度会・多気・飯野三郡は、神宮膝下として最も重要な地域であり神三郡とされた。そして、本来、神宮の勢力が強い地域であった。そして伊勢国における南北朝内乱は、神宮勢力の存在によって複雑化し、しかも激しく戦われることになる。大国荘はその神三郡に含まれ、神宮の勢力が強い地域であった。

建武三年(一三三六)の南北朝分裂後、伊勢外宮禰宜度会家行が、南朝方の北畠親房を支援して度会郡内の玉丸城を南朝の拠点化し、北畠氏を中心とする伊勢南朝方が形成される。一志郡が南朝方と幕府方との境界領域となり、一志郡を流れる雲出川以北は幕府方となるが、神三郡と飯高郡は南朝方の勢力下となった。

暦応元年(一三三八)、全国的に勢力を失いつつあった南朝方の勢力回復のため、北畠親房は伊勢大湊から関東へ向かう。そのため伊勢国では南朝方の勢力が弱まり、神三郡北部の飯野郡・多気郡を中心に戦争状態となる。翌暦応二年、伊勢守護高師秋が南朝方の拠点である神山城を攻撃するが落城することはなかった。神山城は飯野・多気の郡境にあたり、櫛田川を挟んで大国荘に隣接する城郭である(図1参照)。この神山城をめぐる戦争により、大国荘周辺は最前線となったのである。

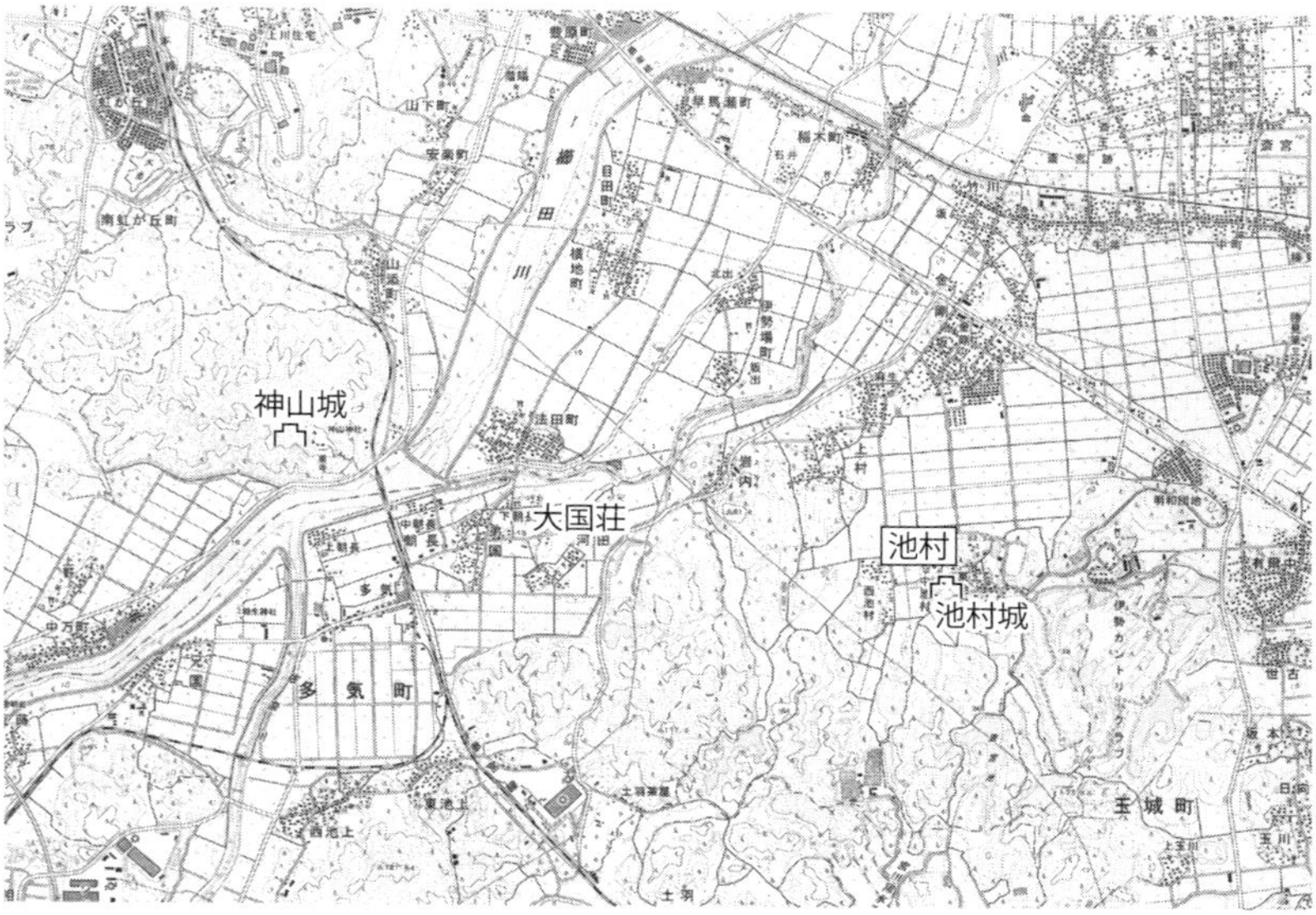

大国荘関係図

康永元年（一三四二）には、伊勢守護として仁木義長が就任し、義長による対南朝戦が本格化していく。義長は神山城に総攻撃をかけて落城させる。そして、この神山城がその後、義長の拠点となる。玉丸城も落城したため、南朝方は拠点を一志郡西部の山岳地帯にある多気城（霧山城）に移すことになる。ここが、この後の北畠氏の本拠となる。そして、伊勢国大部分の幕府方による支配が確定することになる。その後、貞和三年（一三四七）、南朝方の楠木正行に呼応して、度会家行が多気郡近長谷城で挙兵して、仁木氏の拠点神山城と対峙するが、勢力を挽回するには至らなかった。

このように伊勢国における内乱は、特に南朝方と幕府方の境界領域であり、両者の最前線となる飯野・多気郡に大きな影響を与えたものと考えられる。先に述べたように、ここには、神宮に繋がるような御薗別当や御薗司等の有力住人層が存在した。彼らは、地域の在地領主的な武力を有する存在であり、彼らが自らの拠点である御薗の権益や支配を維持するためには、南朝方につくか幕府方につくかという政治的判断が、それを決定するのである。

しかもこれは、彼らが被害者的に戦争に巻き込まれたというだけの単純なものではない。この戦争状況をチャンスとして、新たに権益を奪うために、また失われた権益の回復を狙って自ら戦争に参加した者たちもいたはずである。彼らの形成していた地域秩序の動揺や分裂・抗争が、伊勢南北朝内乱として表現されたということもできる。

二 悪党事件と地域秩序

それではまず、大国荘悪党についての史料を掲げる(13)。

〔史料1〕大国荘雑掌申状幷具書案(14)

(端裏書)「大国庄悪党申状案」

東寺領伊勢国大国荘雑掌謹言上

欲早被与奪当寺本奉行人飯尾左衛門大夫貞兼、被経厳密御沙汰、当国住人池村七郎左衛門入道・同舎弟八郎左衛門尉・九郎右衛門尉・当庄公文四郎右衛門入道祐宗以下輩、不叙用雑掌、無故濫妨当庄上者、任被定置法、被処其身於重科、被仰守護方、被沙汰居雑掌於庄家、当庄領家職間事、

副進

一通 院宣案

一通 寺務御置文案

一通 濫妨人交名注文

右当庄者、当寺務三宝院僧正坊為談義講説聖教書写等、去康永三年忝被申　院宣、被付所務於衆中畢、彼御発願之趣見于御置文、爰彼池村七郎左衛門入道以下輩、今年三月十四日以来打入当庄、濫妨地下、奪取牛馬、追捕民屋之条、希代濫吹言語道断次第也、而間、条々紹隆忽以闕怠、罪科至極禁遏而有余、早被与奪貞兼、任武家被定置之法、被処其身於重科、至庄家者、被仰守護方、被沙汰居雑掌、為致密教紹隆、粗言上如件

　　貞和三年四月　日

〔史料2〕大国荘濫妨人交名案[15]

　大国庄濫妨人交名注文

池村七郎左衛門入道不知実名

同舎弟八郎左衛門尉

同舎弟九郎右（門脱）衛尉

当庄公文四郎右衛門入道祐宗

此他濫妨人雖有数輩、名字不知之間、不及注進者也

右、交名如件

　　貞和三年四月　日

史料1は、貞和三年（一三四七）四月に、大国荘雑掌が大国荘における大国荘公文祐宗や池村七郎左衛門入道等による、「濫妨地下、奪取牛馬、追捕民屋」等について、東寺担当奉行の飯尾貞兼を通じて、幕府に訴えて解決するように東寺に述べた申状である。また史料2は、史料1に副進として添えられた濫妨人の交名となる。

　この事件は、申状の端裏書によれば、東寺によって「大国庄悪党」事件とされた。悪党事件の多くは鎌倉後期に勃

発するもので、南北朝期にはほとんどみられず、興味深い事例ということができる。

この大国荘悪党事件に関連することとして、大国荘は本来「寺務管領之地」ということで、東寺寺務である一長者の支配するところであったが、「依為遷替之職、所務之躰、近年零落候」、つまり一長者が遷替の職であるために所務が零落したことを理由として、康永二年(一三四三)十二月に「聖教書写談義以下興隆之料足」として「供僧学衆致管領」という形で、一長者から東寺供僧学衆に所務職が与えられたことがある。(16)当時の一長者は、三宝院賢俊である。(17)そして翌康永三年三月に、賢俊に対して光厳上皇からこの処置に対する安堵の院宣が与えられ、(18)賢俊は同年五月に置文を書き、供僧学衆に対して「専抽興行之誠、致所務終彼功」として、大国荘の興行のために力を尽くして所務を行うように命じ、後の代々の東寺長者の違乱を止めている。(19)

このような所務職の移動の背景として、前節で述べたように、康永元年に伊勢国における幕府方の優勢が確定し、守護仁木義長の拠点である神山城に近い大国荘周辺地域が幕府方の勢力圏内となったことが考えられよう。これを機に賢俊は、「零落」していた大国荘の所務を供僧学衆に任せることで、大国荘の支配を再興しようとしたのである。供僧学衆は、別の人物を預所(雑掌)に任じ、現地の所務を請け負わせる形で実際の支配を行った。(20)しかし、供僧学衆の所務職獲得の三年後にこの悪党事件が勃発して、雑掌の支配は否定されてしまったのである。

大国荘悪党の構成としては、大国荘公文祐宗に池村七郎・八郎・九郎の兄弟等が合力する形であった。祐宗については残念ながら詳しく知ることはできないが、公文として雑掌の下で年貢の徴収等実際の荘園の経営にあたる、在地の人物とみることができる。この悪党事件では公文が雑掌から離反しているのである。また祐宗に合力する池村氏については、大国荘の東隣に池村の地名が残り、この場所と関係の深い人物であるとみることができる(図1参照)。

池村の地については、後の史料ではあるが、享徳二年(一四五三)の「神三郡内神税徴納注文」に「同(多気郡)池村御薗」とあることから、池村御薗として伊勢神宮領であることがわかる。(21) また、年未詳の「太神宮法楽寺寺領目録」では、「釈尊寺領 米五石六斗三升 池村郷・岩内郷二ヶ郷」とある。(22) 法楽寺・釈尊寺とも内宮関係の寺院であり、伊勢神宮領であるとともに、一部に内宮関係の寺領があったことを知ることができる。この地を名字の地とする池村氏は、第一節で述べたような御薗別当や御薗司等に系譜を引くような在地有力者であるとともに、伊勢神宮とも関係を持つ人物と考えられる。

　現在、池村の集落は東池村・中池村・西池村の三つからなるが、中池村東部の丘陵の西端に、池村城と称する小規模な城郭が存在する。(23) 室町〜戦国期の城郭であるとされているが、池村集落の中心で集落を守るような場所にあり、南北朝期からの池村氏の拠点である可能性もある。

　池村氏と大国荘との関係については、次節で史料3として引用する史料に「池村七郎左衛門入道以下輩、去自正和之比、号可為永代預所由被定置、致押妨」とあって、この事件の約三十年前である鎌倉後期の正和年間から、池村七郎左衛門が大国荘の「永代預所」として「定置」かれていたと号して、この押妨が行われていることが知られる。(24) また、池村七郎左衛門は現地で当知行を行いながら、東寺に対してこの「永代預所」を正当性として大国荘の所務職を要求したようである。(25) しかし東寺の方は、「遷替寺務管領依無其実、縦雖被定補定預所職、於于今者、既被改此儀、永代御寄附所務於寺家」とあって、以前に一長者が遷替のために所務が困難な時に、たとえ「定預所職」に定補せられたとしても、供僧学衆に寄付された今となってはそれは通用しないのだ、と述べている。(26)

　これらのことから考えて、近隣の在地有力者である池村七郎左衛門が、鎌倉後期に実際に大国荘の「永代預所」に任じられていた可能性は高い。東寺は彼らのような在地の有力者に大国荘の実際の所務を請け負わせることで、ようやく年貢の一部を獲得することができていたのであろう。大国荘悪党の主張には、正当性があったのである。

前節で述べたように大国荘周辺には多くの御薗が存在し、御薗を通じての在地有力者による地域秩序が存在していた。そして伊勢神宮のみならず、東寺も彼らの地域秩序に依存する形で、現実的な荘園支配が行われていたとみることができる。大国荘悪党は、大国荘公文と近隣の池村氏との悪党合力という形で史料上に現れるが、この合力関係そのものは、本来あった地域秩序を背景としている可能性が高い。供僧学衆による荘園支配の再興が従来の地域秩序を無視したことで、現地で彼らと雑掌との対立が生まれ、この悪党事件が勃発したのである。

三 悪党と地域秩序・幕府

大国荘悪党事件は、「学衆方評定引付」「学衆方細々引付」等の史料により、事件後の展開を断片的ではあるが追うことができる。そこで、この事件における地域秩序と幕府による秩序形成との関係をみることにしたい。

前節で引用した史料1の雑掌申状では、「任武家被定置之法、被処其身於重科、至庄家者、被仰守護方、被沙汰居雑掌」という表現が出てくる。この「武家被定置之法」とは、前年の貞和二年(一三四六)に足利直義が主体となって発布された私戦禁止令としての故戦防戦法や、年貢押領・抑留の禁止を内容とする一連の法であるとみられる。自力救済を否定し、上からの紛争解決と秩序形成を目指した、直義による「平和令」として位置づけられる(27)。

この「平和令」は、荘園領主にとっては知行を回復してくれる法、つまり荘園興行法として認識された(28)。そのため翌年の貞和三年に各地で荘園領主側からの訴訟が勃発するが、この訴訟もその内の一つである。大国荘雑掌は、この法を利用することで大国荘の支配を回復しようとしたのである。国家による秩序形成のための法は、紛争下にある地域社会に一定度受容され、紛争解決と秩序形成が目指されることになる。しかしそれは簡単に、直線的に進むものではなかった。

大国荘雑掌による申状は、問題を幕府に訴え、幕府の東寺担当奉行である飯尾貞兼を通して幕府で沙汰を行い、守護に命令を下し、強制執行を実施して悪党を排除することを要求するものであった(29)。これが、直義平和令の下での紛争解決の基本ルートであったとみることができる。雑掌の訴えを受けた東寺は、貞和三年五月に、一長者賢俊を通じて直義の側近で内談頭人でもある上杉重能に「池村七郎左衛門入道以下輩」の「濫妨狼藉」の解決を依頼する。直義と関係の深い賢俊の力を借りて、問題の迅速な解決を図ったものであろう(30)。

しかし、直義平和令の下での幕府沙汰といっても問題は簡単には解決されず、一年の時が過ぎてしまう。翌貞和四年六月に、東寺は雑掌定祐を上洛させてさらに働きかけを試みる。その際、東寺は申状を提出する。

〔史料3〕東寺申状案(31)

（端裏書）「大国庄申状案」

東寺申

欲早賜御一行、付進当国守護方、停止池村七郎左衛門入道不知実名以下輩濫妨、令全寺家雑掌定祐所務之様、被経御沙汰、寺領伊勢国大国庄間事、

右当庄者、（中略）而間御寄附以来当寺知行無相違之処、池村七郎左衛門入道以下輩、去自正和之比、号可為永代預所由被定置、致押妨、結句及殺害刃傷之狼藉、不入立雑掌於庄家之条、希代濫吹也、倩案綷子細、遷替寺務管領依無其実、縦雖被定補定預所職、於于今者、既被改此儀、永代御寄附所務於寺家、忝被下　勅裁之上者、争猥可致濫妨哉、違　勅之重科、断罪不可廻踵、（中略）早賜御一行、付進守護方、停止件輩濫妨、令全寺家雑掌定祐所務之様、被経御沙汰、欲被専談義講説料足之状如件

貞和四年六月　日

この史料から、事件に関わっている雑掌の名が定祐であることを知ることができる。申状は、「御一行」を賜って守護方に付し、池村七郎左衛門の濫妨を止めようとするものである。申状の文面・内容からみて、この申状は朝廷に提出されたとみることができる。とするならば、この「御一行」とは光厳上皇の院宣であろう。東寺は担当奉行人を通す正規のルートではなく、朝廷・院を経由するルートを試みようとしているのである。

その際、池村等の行動を「違勅之重科」としているところは重要であろう。鎌倉期の悪党訴訟は、悪党を違勅と認定することで「違勅綸旨・院宣」を発給し、公武が連携して悪党に対する強制執行を行っていたことが従来の研究で明らかにされ、それは悪党召し捕りの構造とされている。(32)室町期にこの構造がどのように継承されているのかについては、室町期の公武徳政の問題と関連して課題であると思われるが、幕府奉行人や賢俊を通じての正規ルートでは埒があかず、東寺は鎌倉期の悪党訴訟と同じように、院宣を要求したとみることができる。

この件について、雑掌定祐は、三宝院に行って賢俊に申し述べたところ、賢俊の返事は、「守護仁木兵部大輔近明紀州発向之後、依計会挙状有其憚、直申院宣者可出挙状」とあって、伊勢守護仁木氏が近々紀州に出陣するので取り込み中であり、幕府に直接挙状を出すのには憚りがある、院宣が出されたならば挙状は出す、というものであった。(33)

その後院宣について学衆方で議論され、院宣そのものは残されていないが、院宣が出されて守護に濫妨停止の命令が下ったと推定される。そして、実際に現地でどのように強制執行を行って悪党を排除するかについて、同年八月に供僧学衆方で評定が行われた。(34)

〔史料4〕学衆方評定引付

（貞和四年）
八月一日

（中略）

一、大国庄事、依池村七郎左衛門等濫妨、入部不叶之間、語工藤九郎衛門所務不可有子細之処、彼仁於京都武家大名両殿奉公之輩内給書状者、以彼□為面可止違乱之由申之□、定祐法橋急速上洛了、（中略）

（八月）七日

（中略）

一、大国庄事、彼工藤所望専執事之内高橋也、仍執遣彼状云々、（後略）

雑掌定祐が大国荘に入部しようとしたが、池村七郎左衛門等の濫妨によってそれが叶わない、そこで工藤九郎衛門に相談したところ、雑掌の所務については問題はない、京都で武家と大名の両殿に奉公している人物の書状があれば、それを「面」、つまり表に立てて池村等の違乱を止めよう、ということであった。そして工藤が所望している書状はもっぱら「執事之内高橋」のものである。そこで高橋の書状を取って遣わすことにした、ということであろう。

まず、供僧学衆と雑掌定祐の所務を認めた工藤九郎衛門であるが、伊勢国で工藤姓を名のり、この状況に相応しい人物として、長野工藤氏がいる。長野工藤氏は安濃郡を本拠とする北伊勢の有力武士であり、南北朝期には幕府方として活躍した。この時期には、伊勢守護仁木氏に従っていて、守護代である可能性もある。雑掌は、伊勢国で力を持つ長野工藤氏を通して強制執行を行おうとしたのである。

しかし工藤九郎衛門は簡単には動かず、京都で武家と大名の両殿奉公の人物の書状をもらってくることを要求する。この武家とは幕府を意味し、大名とは在京中の守護仁木氏を意味するものとみられる。工藤は、幕府と仁木氏の両者に深い関係を持つ人物の書状を要求するのである。

そしてその人物は具体的には「執事之内高橋」とされる、これはどのような人物であろうか。まず執事は、「学衆方評定引付」等の用例では、「御影供執事」というような法会等に関わる役職としての執事がほとんどであり、それはここでは当てはまらないと思われる(35)。用例的にはこの一カ所だけではあるが、内容から考えてこの「執事」は、当時の幕府執事である高師直と考えられよう。とするならば、高橋は高師直と関係する人物であるとみることができる。

この時期、高師直と関係しそうな高橋を名のる人物としては、まず佐々木京極氏の高橋秀宗がいる。秀宗は佐々木道誉の次男であり、幕府内でそれなりの力があるとも考えられるが、この年の一月の四条畷の戦いで戦死していることから、可能性はない。

可能性があるもう一人が、高師直の家臣である高橋英光である。この高橋氏は、元弘の乱で六波羅探題方として隅田・高橋と並び称される得宗被官である。鎌倉末に駿河から備中松山へ移ったとされ、鎌倉幕府滅亡の際には父とみられる光国が近江蓮華寺で自害している。内乱期に英光は、備中守護で高氏一族である南宗継に属するようになる。そして四条畷の戦いや打出浜の戦いでは、「大旗一揆ノ衆ニハ、河津・高橋二人ヲ旗頭トシテ、其勢三千余騎」、「河津左衛門氏明・高橋中務英光、大旗一揆ノ六千余騎」というように、河津氏明とともに大旗一揆として高師直に属して活躍している(36)。高橋は、この高橋英光だとみることができる。高橋英光ならば、高師直及び、観応の擾乱直前のこの時期政治的に師直と近い立場にいる仁木氏の両方に「奉公」する人物として相応しい。

それでは、なぜ守護代の可能性が高い工藤九郎衛門は強制執行ができずに、高橋英光の書状を要求するのか、また池村七郎左衛門等はなぜ高橋の書状ならば濫妨＝当知行をやめる可能性があるのか、については史料で直接的に明らかにすることはできない。ただ、池村七郎左衛門等が仁木義長による神山城奪取の前後に幕府方に属したため、守護・守護代は強制執行によって味方である池村等を排除できなかった可能性は高い。また、工藤が高橋英光の書状を要求した点については、池村等が仁木氏に従って四条畷の合戦に従軍し、師直または高橋となんらかの接点があった可能性も考えられるが、それは想像でしかない。ともかく、雑掌定祐及び供僧学衆は、長野工藤―伊勢守護仁木―師直家臣高橋英光―執事高師直ラインという、いわば裏ルートによって問題を解決しようとしたのである。

高橋の書状が功を奏したようで、翌年貞和五年には、池村等は大国荘から退去したようである。強制的排除というより、退去の合意を取り付けたというものであっただろう。池村等に守護からのなんらかの反対給付があったかもしれない。

しかし、それと入れ替わるように同年九月に今度は野田彦六という人物が東寺長者の下知があると称して現地に入部し、またもや大国荘を当知行してしまうのである。東寺長者はこの下知を「悪党等構謀書」として、濫妨を止めるように供僧学衆中に申し伝えている(37)。その際に「悪党人等名字在所等、具被尋究、可令注進給候」とあって、野田彦六に集団で合力した悪党人等は、「在所」つまり現地の者たちであり、これも現実的には地域秩序を担っていた者たちである可能性が高い(38)。

このように、直義による上からの秩序形成である荘園興行政策や平和令といっても、法が制定されれば職権的に荘園興行が行われるというわけではない。院宣を獲得して濫妨を「違勅」とする、鎌倉期以来の悪党検断の方法を利用したり、またたとえ院宣が出たとしても、実際の強制執行の際には、地域社会で戦争等を通じて形成された、裏ルートとも言える回路を経るしかないのである。

しかも現地では、周辺地域も含んだ在地有力者層が、あらゆる機会をとらえて、正当性を主張しながら「濫妨」や「入部」という形で、武力による荘園の当知行を実行する。東寺にしてみればこれは「悪党」だが、彼らにとってみれば、自らの武力によって紛争解決を行い、正当性の下での地域秩序を実現したということになる。このような状況の中での東寺の荘園興行は、非常に困難であったと言わざるを得ない。

おわりに

以上、伊勢国大国荘周辺地域という限られた地域ではあるが、南北朝内乱期の地域秩序と幕府による秩序の関係について検討してみた。

この地域では、荘園領域を超える地域秩序が中世初期から形成されており、それは鎌倉期には荘園支配を支える形で存続し、南北朝期になってもやはり地域に存在していた。それは一揆のように一見強固にみえる秩序ではなく、緩やかで柔らかなものかもしれないが、構造が柔軟な分、したたかなものであったと言うことができよう。(39)しかもその地域秩序は、紛争と表裏の関係にあり、地域における紛争の主体であるとともに紛争解決の主体でもあった。(40)

幕府による紛争解決と秩序形成は、このような地域秩序に介入することを目指し、自力救済否定を内容とする直義平和令は、その象徴とも言える法であった。しかし、その実現は困難であり、実際には戦争を通じて形成された、当事者主義的ともいえる人的回路を通じての問題解決に委ねるしかなかったのである。

この観応の擾乱直前の貞和年間という時期は、幕府内部においても、紛争解決において直義のように職権的な解決を目指すのか、それとも現実的に当事者主義的な解決を目指すのか、という二つの路線が対立していた可能性がある。この事件において、後者の路線に高師直が出てくるのは象徴的である。ここに、観応擾乱のひとつの要因をみることもできる。

この二つの路線のうち、地域秩序に深く関与する路線は後者であろう。高橋典幸氏は、南北朝期以後の「悪党のゆくえ」について検討する中で、悪党には荘家警固で荘園領主へ取り込まれる道と、被官として守護に取り込まれる道の二つの道があることを指摘している。(41) 大国荘悪党事件の池村氏は、この事件の後に守護仁木氏に接近していった可能性が高い。守護は地域秩序と国家秩序の双方に直接関わらざるを得ず、実際には守護の下で地域秩序と国家秩序が絡まりあっていると考えることもできる。南北朝「内乱」と守護についての、新たな議論が必要とされよう。(42)

しかしそれでも、地域秩序そのものは、たとえ荘園領主や守護に取り込まれ、変質しながらも地域で生き続ける。南北朝「内乱」の結果生まれた、中世後期の地域秩序と国家秩序との絡まり合い、つまり室町期国制については、なお今後の課題である。

註

（1）鈴木国弘『日本中世の私戦世界と親族』（吉川弘文館、二〇〇三年）、川合康『鎌倉幕府成立史の研究』（校倉書房、二〇〇四年）、なお拙著『日本中世の一揆と戦争』（校倉書房、二〇〇一年）で南北朝期の事例を検討した。

（2）従来から研究は数多いが、最近では、岩元修一『初期室町幕府訴訟制度の研究』（吉川弘文館、二〇〇七年）、吉田賢司『室町幕府軍制の構造と展開』（吉川弘文館、二〇一〇年）、亀田俊和『室町幕府管領施行システムの研究』（思文閣出版、二〇一三年）、松永和浩『室町期公武関係と南北朝内乱』（吉川弘文館、二〇一三年）等がある。

（3）蔵持重裕『中世村落の形成と村社会』（吉川弘文館、二〇〇七年）。

（4）『共同研究　室町期荘園制の研究』（『国立歴史民俗博物館研究報告』第一〇四集、二〇〇三年）、伊藤俊一『室町期荘園制の研究』（塙書房、二〇一〇年）等。また、後期荘園を領主と地下が相互依存する柔構造としてとらえた志賀節子『中世荘園制社会の地域構造』（校倉書房、二〇一七年）は、今後検討すべき重要な議論を呈示している。なお、荘園制の最近の研究動向については、遠藤ゆり子・蔵持重裕・田村憲美編『再考　中世荘園制』（岩田書院、二〇〇七年）、悪党

研究会編『中世荘園の基層』（岩田書院、二〇一三年）、荘園・村落史研究会編『中世村落と地域社会―荘園制と在地の論理―』（高志書院、二〇一六年）等を参照。

（5） 川端新『荘園制成立史の研究』（思文閣出版、二〇〇〇年）、高橋一樹『中世荘園制と鎌倉幕府』（塙書房、二〇〇四年）。

（6） 小山靖憲『中世村落と荘園絵図』（東京大学出版会、一九八七年）、同『中世寺社と荘園制』（塙書房、一九九八年）。

（7） 地域社会論については、「特集シンポジウム　日本中世の地域社会」（『歴史学研究』六七四、一九九五年）を参照。なお、川端泰幸『日本中世の地域社会と一揆』（法蔵館、二〇〇八年）、及び熱田順「中近世移行期における村落と領主の関係―丹波国山国荘を事例に―」（『農業史研究』五二、二〇一八年）が、地域社会論に対する今後議論すべき批判を呈示している。

（8） 市沢哲「一四世紀政治史の成果と課題―社会構造の転換期としての一四世紀をどうとらえるか―」（『日本史研究』五四〇、二〇〇七年）では、佐藤進一・笠松宏至により呈示された、上級権力による秩序と在地秩序の二重構造を再評価した上で今後の十四世紀研究の見通しを述べている。本稿もその見通しに学んだ上での、一つの具体的な作業である。

（9） 大国荘についての地理的景観や研究等については、水野章二「大国・川合荘」（『講座日本荘園史6　北陸地方の荘園・近畿地方の荘園Ⅰ』吉川弘文館、一九九三年）参照。

（10） 前田徹「中世初期の地域社会―東寺領伊勢国大国荘とその周辺―」（荘園・村落史研究会編註（4）『中世村落と地域社会』）。本稿における大国荘周辺地域社会の認識については、この研究に多くを負っている。なお、前田が明らかにした地域社会に関連して、田村憲美は、畿内地域において荘園領域とは別の地域・原理による地域有力者〈名士〉が形成する地域社会・秩序が存在したことを明らかにしている。田村憲美「荘園制の形成と民衆の地域社会」（遠藤等編註（4）

『再考　中世荘園制』）、同「中世前期における民衆の地域社会」（『歴史評論』七二一、二〇一〇年）。

(11)　伊勢神宮領についての研究は数多いが、棚橋光男『中世成立期の法と国家』（塙書房、一九八三年）参照。最近では山本倫弘「「給主」からみた伊勢神宮領荘園の構造―御厨・御園を中心に―」（『鎌倉遺文研究』四〇、二〇一七年）がある。

(12)　伊勢南北朝内乱については、『多気町史　通史編』（多気町史編纂委員会、一九九二年）、『玉城町史　上巻』（玉城町史編纂委員会、一九九五年）等、周辺自治体史を参照。

(13)　大国荘関係史料は「東寺百合文書」であり、『三重県史　資料編　古代・中世（下）』（三重県、二〇一五年）、第二部東寺領「伊勢国川合荘・大国荘」に所収され、史料に通番が付されている。以下史料引用の場合は文書名の後に（川合・大国～号）のように、『三重県史』の通番を記載する。なお、悪党についての研究は枚挙に暇ないが、櫻井彦『悪党と地域社会の研究』（校倉書房、二〇〇六年）が現在の研究水準である。櫻井は、悪党が地域社会の中で一定の「正当性」を持っていたことを明らかにし、悪党理解をパラダイムシフトさせた。本稿での悪党理解は、櫻井に多くを負っている。

(14)　「大国荘雑掌申状幷具書案」（川合・大国一三四号）。

(15)　「大国荘濫妨人交名案」（川合・大国一三五号）。なお濫妨とは、当知行によって年貢などを収納（奪取）する行為である。当知行については、前掲註（1）拙著参照。

(16)　「東寺長者御教書」（川合・大国一二三号）。

(17)　「東寺長者補任」（康永二年）、なお、京都大学附属図書館所蔵「平松文庫」の写本の写真がホームページで公開されているものを利用した。

(18)　「光厳上皇院宣」（川合・大国一二六号）。

(19)　「東寺長者法務賢俊置文」（川合・大国一二八号）。

(20) 「久成大国荘所務職請文」(川合・大国一三〇号)によれば、康永四(貞和元)年に久成という人物が年貢の三分の一を得分として、三分の二を年貢として寺納する契約で所務職を請け負っている。

(21) 享徳二年十一月「神三郡内神税徴納注文」(氏経卿引付)『明和町史 史料編 第二巻』(明和町史編さん委員会、二〇〇六年)に一―二二一号文書として所収。

(22) 年未詳「太神宮法楽寺寺領目録」(伊勢国釈尊寺手継案)。同前書に一―一七七号文書として所収。

(23) 『三重の中世城館』(三重県教育委員会、一九七七年)、36多気郡明和町参照。

(24) 「東寺申状案」(川合・大国一四二号)。

(25) 「学衆方評定引付抜書」(川合・大国一四五号)。

(26) 註(24)と同。

(27) 貞和二年の直義平和令は二度に渡って発布され、最初の二月令は、『中世法制史料集 第二巻 室町幕府法』(岩波書店、一九五七年)に、追加法第一五～一九条として、二度目の十二月令は、追加法第二六～三〇条として所収される。内容や発布の背景、適用事例については、拙稿「貞和二年室町幕府平和令をめぐって」(悪党研究会編『悪党と内乱』岩田書院、二〇〇五年)参照。なお、これらの法令を直義と光厳上皇との関係も含めて広く公武徳政としてとらえた研究として、田中奈保「貞和年間の公武徳政構想とその挫折―光厳上皇と足利直義の政治的関係から―」(阿部猛編『中世政治史の研究』日本史史料研究会、二〇一〇年)があり、重要である。

(28) 鎌倉期の荘園興行については、海津一朗『中世の変革と徳政―神領興行法の研究―』(吉川弘文館、一九九四年)参照。

(29) 幕府・守護等による強制執行については、外岡慎一郎『武家権力と使節遵行』(同成社、二〇一五年)参照。使節遵行＝強制執行の理解については、それを国家秩序のみからではなく、地域秩序からとらえ返そうとする外岡の研究に多くを学んだ。

(30)「東寺長者法務賢俊書状案」（川合・大国一三六号）。

(31) 註(24)と同。

(32) 近藤成一「悪党召し捕りの構造」（永原慶二編『中世の発見』吉川弘文館、一九九三年。のち同『鎌倉時代政治構造の研究』校倉書房、二〇一六年に収録）。これに関わる最近の研究として西田友広『鎌倉幕府の検断と国制』（吉川弘文館、二〇一一年）、同『悪党召し捕りの中世―鎌倉幕府の治安維持―』（吉川弘文館、二〇一七年）、及び木村英一『鎌倉時代公武関係と六波羅探題』（清文堂出版、二〇一六年）も参照。

(33)「学衆方細々引付」（川合・大国一四六号）。

(34)「学衆方評定引付」（川合・大国一四四号）。

(35) 京都府立総合資料館ホームページの東寺百合文書の検索システムを利用した。

(36)『太平記』巻二六「四条縄手合戦事」及び『太平記』巻二九「小清水合戦事」。なお、高一族や高氏家臣、大旗一揆の河津・高橋については、亀田俊和『高一族と南北朝内乱―室町幕府草創の立役者―』（戎光祥出版、二〇一六年）、同『観応の擾乱』（中公新書、二〇一七年）参照。なお、後者は、制度史・政治史からみた観応の擾乱についての質の高い概説書であり、本稿も多くを学んだ。ただ観応の擾乱については、地域秩序との関係も含めてさらに考察する必要がある。

(37)「東寺長者御教書」（川合・大国一五一号）、「東寺長者御教書案」（川合・大国一五三号）。

(38) 野田彦六については、現地に地名など残されず、これ以上知ることはできない。しかし、一長者賢俊から宮内卿阿闍梨御房に伊勢国大国荘所務を申し付けた御教書の案文が存在し（「東寺長者御教書案」川合・大国一五〇号）、端裏書によればそれを野田弥六という人物が寺家に「持来」たっている。これが謀書そのものであるともみられ、野田彦六と野田弥六は同一人物か一族であり、東寺になんらかの関係を持つ人物である可能性がある。ただ、野田彦六個人では「入部」という武力による荘園の当知行ができるとは思えず、池村氏等の地域有力者が、一長者を正当性に掲げてこの事件に関与していた可能性は高い。

(39) このような中世初期から存在する地域秩序と、中世後期に出現する荘家の一揆や領主一揆、惣国一揆・一向一揆等の「一揆」との関係については重要な論点である。このうち領主一揆については、呉座勇一『日本中世の領主一揆』(思文閣出版、二〇一四年)、及び拙著註(1)、拙稿「南北朝内乱期の紛争と契約—肥前深堀氏を素材にして—」(酒井紀美編『生活と文化の歴史学6 契約・誓約・盟約』竹林舎、二〇一五年)を参照。なお、市沢註(8)論文、一揆の「公」に注目した川端註(7)著書、及び比較史的な視点からの佐藤公美「一揆の比較史のための予備的考察」(『立教大学日本学研究所年報』九、二〇一二年)は、この問題を考察する上で多くの示唆に富む。

(40) この点に関連して、中世の山野紛争とその結果形成される秩序については、小林一岳編『日本中世の山野紛争と秩序』(同成社、二〇一八年)参照。

(41) 高橋典幸「悪党のゆくえ—荘園領主の動向を中心に—」(中島圭一編『十四世紀の歴史学—新たな時代への起点—』高志書院、二〇一六年)。

(42) この点に関連する最近の重要な研究としては、徳永裕之「室町期の守護使節と使者—東寺領矢野荘を事例として—」(『人民の歴史学』一九四、東京歴史科学研究会、二〇一二年)、及び堀川康史「南北朝期播磨における守護・国人と悪党事件」『史学雑誌』(一二二—七、二〇一三年)がある。

あとがき

一九八八年に発足した悪党研究会は、これまで「悪党」を研究テーマの中心に置きつつも、荘園制や南北朝内乱など、在地社会に関わる諸問題を議論し自由で多様なテーマでの報告の場を提供しながら、ほぼ毎月一回の例会を開催してきた。そうした活動は、『悪党の中世』（岩田書院、一九九八年）、『悪党と内乱』（岩田書院、二〇〇五年）の刊行に結実してきた。さらに、二〇一二年には、シンポジウム「中世荘園の基層」を開催し、翌年に論集『中世荘園の基層』（岩田書院、二〇一三年）を公表して、その成果を世に問うてきた。

今年は当会発足から三十年目の節目にあたる。また今年五月には本会代表であった故佐藤和彦氏の十三回忌を迎えた。二〇〇六年五月の佐藤氏の訃報は、会員一同に大きな衝撃と悲しみをもたらしたが、佐藤氏を失った悲しみを乗り越え、氏の教えを微力ながらも受け継ぎ、研究会活動を継続してきた。気づけば三十年という長い月日が経ち、長い活動期間のなかで、振り返れば様々なことが思い起こされる。そのような当会でも、発足以来、駆け出しの若手として会を主導し支えてきたメンバーたちが近年相次いで還暦を迎え、新規メンバーの参入もあって、世代交代が進んできた。

そうした節目の年を迎えるにあたり、昨今の研究状況に鑑み、若手の問題関心に引きつけて本シンポジウム「南北朝「内乱」」は企画されたのである。あらためて南北朝時代の「内乱」を問い直すという、南北朝内乱を研究するものにとって、また十四世紀という時代を研究するものにとって、永遠のテーマともいえる課題である。これに対し、シンポジウム報告およびコメントを快くお引き受けくださった方に、衷心よりお礼を申し上げる次第である。

こうして迎えたシンポジウム当日(二〇一七年六月十七日)は、午後からの開催という少ない時間にも関わらず、充実した報告と活発な討論を行うことができ、大変有意義な会となった。会場となった早稲田大学では、設営・案内等について、慶應義塾大学・早稲田大学の院生の方々を始め、多くの方々のご支援を賜った。記して感謝の意を捧げるものである。また、討論部分の録音データからの文字起こしに際しては、山本昴伯氏(八王子市教育委員会生涯学習スポーツ部文化財課)のご助力を得ることができた。お礼申し上げたい。

本書は、第Ⅰ部で、シンポジウムの内容を収録し、第Ⅱ部で、当日の報告や討論を踏まえた当会会員による論考の二部構成として、「南北朝「内乱」」の意味を問うたものである。本書をなしたことで、また、あらたな「内乱」を考えるための手がかりを得られたと思う。今後も当会では、南北朝内乱について研鑽を重ね、議論を深めていく所存である。

末筆となってしまったが、出版情勢の厳しいなか、『悪党の中世』『悪党と内乱』『中世荘園の基層』に続いて本書の刊行を快くお引き受け下さり、我々の遅々として進まない編集作業を常に支えて下さった岩田書院の岩田博氏に、執筆者を始め悪党研究会一同、心より感謝申し上げます。

二〇一八年七月

渡邊　浩貴
牡丹　健一

山野　龍太郎（やまの　りゅうたろう）
狭山ヶ丘高等学校教諭　1984年生まれ
「鎌倉期武士社会における烏帽子親子関係」（山本隆志編『日本中世政治文化論の射程』思文閣出版、2012年）、「畠山重忠の政治的遺産」（北条氏研究会編『武蔵武士の諸相』勉誠出版、2017年）など。

牡丹　健一（ぼたん　けんいち）
専修大学附属高等学校非常勤講師　1986年生まれ
「部垂城跡とその周辺—水陸交通からみた部垂城の位置—」（『茨城大学中世史研究』8号、2011年）、「悲劇の征夷大将軍となった護良親王」（関口崇史編『征夷大将軍研究の最前線』洋泉社、2018年）など。

徳永　健太郎（とくなが　けんたろう）
早稲田大学非常勤講師　1971年生まれ
「鎌倉期の地方神社と幕府—河上社における高木氏と神社興行—」（『年報中世史研究』36号、2011年）、「中世宇佐弥勒寺における神功皇后裳腰伝承をめぐって」（池享編『室町戦国期の社会構造』吉川弘文館、2010年）など。

渡邊　浩貴（わたなべ　ひろき）
神奈川県立歴史博物館学芸員　1988年生まれ
「在地領主における嫡子単独相続の形成過程と二つの所領相伝関係—備後国地毗荘山内首藤氏を事例に—」（『鎌倉遺文研究』34号、2014年）、「一四世紀国境地域の山野紛争と荘園村落—東大寺領伊賀国玉滝荘の「五个一味」をめぐって—」（小林一岳編『日本中世の山野紛争と秩序』同成社、2018年）など。

小林　一岳（こばやし　かずたけ）
明星大学教育学部教授　1957年生まれ
『日本中世の一揆と戦争』（校倉書房、2001年）、『日本中世の歴史4　元寇と南北朝の動乱』（吉川弘文館、2009年）など。

【執筆者紹介】掲載順

市沢　哲（いちざわ てつ）
神戸大学大学院人文学研究科教授　1960年生まれ
「南北朝内乱からみた西摂津・東播磨の平氏勢力圏」（歴史資料ネットワーク編『地域社会から見た源平合戦』岩田書院、2007年）、『太平記を読む』（共著、吉川弘文館、2008年）、『中世公家政治史の研究』（校倉書房、2011年）など。

廣田 浩治（ひろた こうじ）
静岡市文化振興財団事務局学芸課係長　1967年生まれ
「中世根来寺権力の実像」（山岸常人編『歴史のなかの根来寺』勉誠出版、2017年）、「和泉・紀北の宿と交通」（木村茂光・湯浅治久編『生活と文化の歴史学10　旅と移動―人流と物流の諸相―』竹林舎、2018年）など。

徳永 裕之（とくなが ひろし）
早稲田大学教育総合研究所 外部研究員　1979年生まれ
「室町期荘園の基層―備中国新見荘の三職の動向をめぐって―」（悪党研究会編『中世荘園の基層』岩田書院、2013年）、「摂津国山田荘における山野紛争と摂津・播磨国境紛争」（小林一岳編『日本中世の山野紛争と秩序』同成社、2018年）など。

佐藤 公美（さとう ひとみ）
甲南大学文学部教授　1973年生まれ
『中世イタリアの地域と国家―紛争と平和の政治社会史―』（京都大学学術出版会、2012年）、「分裂した共同体の抵抗――15世紀ヴァリスのラロン事件における政治言語――」（『西洋史学』265号、2018年）など。

蔵持 重裕（くらもち しげひろ）
立教大学名誉教授　1948年生まれ
『日本中世村落社会の研究』（校倉書房、1996年）、『中世村落の形成と村社会』（吉川弘文館、2007年）など。

渡邊 浩史（わたなべ ひろちか）
日本大学非常勤講師　1958年生まれ
「流通路支配と悪党―東大寺領山城国賀茂庄の悪党―」（『年報中世史研究』16号、1991年）「悪党の正和四年」（佐藤和彦編『中世の内乱と社会』東京堂出版、2007年）、「一遍と賦算・聖地―文永十一年の四天王寺・高野山・熊野―」（『寺社と民衆』5号、2010年）など。

南北朝《なんぼくちょう》「内乱《ないらん》」

2018年（平成30年）10月　第１刷　500部発行　　定価［本体5800円＋税］

編　者　悪党研究会

発行所　有限会社岩田書院　代表：岩田　博　http://www.iwata-shoin.co.jp

〒157-0062 東京都世田谷区南烏山4-25-6-103　電話03-3326-3757　FAX03-3326-6788

組版・印刷・製本：ぷりんてぃあ第二

ISBN978-4-86602-058-7　C3021　¥5800E　Printed in Japan